海外中国研究丛书
刘 东 主编

[美] 艾尔曼 著
赵 刚 译

CLASSICISM, POLITICS AND KINSHIP
The Chang-Chou School of
New Text Confucianism in Late Imperial China

经学、政治和宗族
中华帝国晚期常州今文学派研究

江苏人民出版社

图书在版编目(CIP)数据

经学、政治和宗族：中华帝国晚期常州今文学派研究 /
[美]艾尔曼著. —南京：江苏人民出版社，2005.7(2021.4 重印)
(海外中国研究丛书 / 刘东主编)
ISBN 978-7-214-01962-2

Ⅰ.经… Ⅱ.艾… Ⅲ.经学-学术思想-研究-中国-18世纪 Ⅳ.B249

中国版本图书馆 CIP 数据核字(2005)第 045109 号

Benjamin A. Elman
Classicism, politics, and kinship:
the Chang-chou school of new text Confucianism
in late imperial China
Published by university of California Press
据加利福尼亚大学出版社 1990 年版译出

书　　　名	经学、政治和宗族——中华帝国晚期常州今文学派研究
著　　　者	[美]艾尔曼
译　　　者	赵　刚
责 任 编 辑	周文彬　曹　斌　金书羽
装 帧 设 计	陈　婕
责 任 监 制	王　娟
出 版 发 行	江苏人民出版社
地　　　址	南京市湖南路 1 号 A 楼,邮编：210009
网　　　址	http://www.jspph.com
照　　　排	南京紫藤制版印务中心
印　　　刷	江苏凤凰扬州鑫华印刷有限公司
开　　　本	652 毫米×960 毫米　1/16
印　　　张	19.25　插页　4
字　　　数	257 千字
版　　　次	1998 年 3 月第 1 版
印　　　次	2021 年 4 月第 4 次印刷
标 准 书 号	ISBN 978-7-214-01962-2
定　　　价	58.00 元

(江苏人民出版社图书凡印装错误可向承印厂调换)

序"海外中国研究丛书"

中国曾经遗忘过世界,但世界却并未因此而遗忘中国。令人嗟讶的是,20世纪60年代以后,就在中国越来越闭锁的同时,世界各国的中国研究却得到了越来越富于成果的发展。而到了中国门户重开的今天,这种发展就把国内学界逼到了如此的窘境:我们不仅必须放眼海外去认识世界,还必须放眼海外来重新认识中国;不仅必须向国内读者迻译海外的西学,还必须向他们系统地介绍海外的中学。

这个系列不可避免地会加深我们150年以来一直怀有的危机感和失落感,因为单是它的学术水准也足以提醒我们,中国文明在现时代所面对的绝不再是某个粗蛮不文的、很快就将被自己同化的、马背上的战胜者,而是一个高度发展了的、必将对自己的根本价值取向大大触动的文明。可正因为这样,借别人的眼光去获得自知之明,又正是摆在我们面前的紧迫历史使命,因为只要不跳出自家的文化圈子去透过强烈的反差反观自身,中华文明就找不到进入其现代形态的入口。

当然,既是本着这样的目的,我们就不能只从各家学说中筛选那些我们可以或者乐于接受的东西,否则我们的"筛子"本身就可能使读者失去选择、挑剔和批判的广阔天地。我们的译介毕竟还只是初步的尝试,而我们所努力去做的,毕竟也只是和读者一起去反复思索这些奉献给大家的东西。

刘　东

目　录

中国文化史的新方向：一些有待讨论的意见
　　——代中文版序 / 1

序　论 / 1

第一章　中华帝国晚期江南地区的学派与宗族制度 / 1

　　第一节　学术流派 / 2

　　第二节　宗族与学派 / 4

　　第三节　中华帝国晚期的宗族 / 9

　　第四节　宗族与国家 / 16

第二章　常州庄、刘两族 / 28

　　第一节　庄氏家族的出现 / 28

　　第二节　庄氏家族的崛起 / 31

　　第三节　庄氏家族与明清易代 / 34

　　第四节　科举及第的世家 / 37

　　第五节　庄、刘两族的亲属关系 / 41

第三章　经世之学与常州今文学派 / 52

　　第一节　唐顺之与常州经世之学 / 53

　　第二节　庄起元与晚明庄氏遗产 / 59

　　第三节　庄存与的经世学和举业建树 / 63

　　第四节　学术官僚庄存与 / 68

　　第五节　庄存与与和珅 / 74

第四章　经学传统的重建 / 84

　　第一节　常州汉学 / 84

　　第二节　常州易学 / 90

　　第三节　庄存与与汉学 / 95

　　第四节　庄存与的易学 / 97

第五章　庄存与与公羊学 / 104

　　第一节　《春秋》的功用 / 105

　　第二节　明清之际的《春秋》研究 / 111

　　第三节　庄存与与《春秋》/ 121

第六章　从庄述祖到宋翔凤 / 135

　　第一节　庄述祖 / 135

　　第二节　庄有可 / 140

　　第三节　庄绶甲 / 143

　　第四节　宋翔凤 / 146

第七章　刘逢禄与今文经学 / 156

　　第一节　刘逢禄的仕途经历 / 156

　　第二节　刘逢禄与汉学 / 159

　　第三节　刘逢禄与今文经学研究 / 161

第四节　刘逢禄的《论语》学 / 170

第五节　刘逢禄与《左传》/ 177

第六节　刘逢禄论何休 / 181

第八章　法家与今文经学 / 188

第一节　律与礼 / 188

第二节　律与《春秋》/ 190

第三节　《春秋》与案例 / 191

第四节　经学、法律和新儒家 / 194

第五节　今文经学的现实对策 / 197

第九章　政治、语言和今文遗产 / 202

第一节　政治危机与乾嘉易代 / 203

第二节　语言的政治 / 213

第三节　经世之学、变革与东林遗风的复兴 / 219

第四节　政治学的语言 / 224

结　　论 / 236

附　　表

一　明代常州庄氏家族主要支系表 / 240

二　明代庄氏家族第二房主要支系表 / 241

三　明清之际庄氏家族第二房谱系表 / 242

四　清代庄氏家族第二房主要支系表 / 243

五　明代常州刘氏家族一房、二房主要支系表 / 243

六　清代常州刘氏家族主要支系表 / 244

参考书目 / 246

中国文化史的新方向：一些有待讨论的意见
——代中文版序①

18世纪晚期，清朝的儒家学者章学诚宣称"《六经》皆史也"。从汉代到清朝的两千年来，这些儒家经典一直被奉为"圣经"，再加上《四书》，共同构成了儒家教育的基础。此外，科举考试也把对这套儒家典籍的精通作为担任官员的知识条件。不过，到了章学诚的时代，这些经典正在失去原有的支配性地位，其势虽缓却已无可挽回。相对地，历史研究的势力逐渐形成气候。章学诚的登高一呼，代表着中国学术界演变过程的一个重要转捩点。到了20世纪，史学与哲学已经无可逆转地取代了经书，成为现代中国学术的支配性框架。

如果章学诚活在200年后的今日，他或许会说："廿五史皆文也。"在我看来，20世纪晚期的世界学术也正面临一个转折点，在最宽广的意义上，这次转变对我们所了解的历史研究构成了严重威胁。当今有许多批评史学家的人，认为后现代文学批评乃是未来的潮流。他们质疑历史的权威与真实性，例如他们会说"史学家和小说家无从分辨"，或者"事实是不可知的"，或者"小说家编造谎言以便陈述真实，史学家制造事实以便说谎"。换句话说，后现代主义者企图将史学化解为文学，正如同200年前章学诚将经典转化为史学一样。史学家辩称史学是以客观科学为根基的一门学科，跟小说家与作家所创造的小说和故事本质上不同。后现代的评论者则根本否认有所谓的客观的历史研究，反而将小说和史学一并归入人类主观创制的文学世界。

这类后现代主张无疑地过于夸张，但是史学家也不能因此不假思索地不理会这些批评。至少,史学家必须承认在历史写作里有非常类似小说的成分存在,当今全世界的初级和高等教育历史课本的"国史"里,弥漫的国族主义式的说法,即为一例。举一端而言,历史事件与人物的阐述,和"叙事风格"就十分相似,结果史学家的心态(例如中国的"褒贬"传统)和疑旨(problematique)很难跟小说家的"设局"和"角色刻画"的技巧有所区分。如果史学家连后现代对史学正中要害的批判都无法接受,那么独立于"国史"之外的历史学的未来发展不免遭受伤害,当代的史学研究难免走上一条漫无方向的政治道路,就像两个世纪以前的经学一样。此外,或许是理所当然,文字就不免成为支配性但多元的人类表达形式。

在某些政治条件下,诸如台湾到20世纪80年代止对言论自由的压制,史学家从事研究工作时必须屈从他们所处的政治环境。在这种环境里,他们不能自由取用图书馆与研究机构里具争议性的一手材料,学术界对有关1911年民国革命以来的中国现代史里的任何敏感题材,也多所顾忌。例如在20世纪60、70年代,台湾几乎没有学者敢冒险进入禁忌的领域研究民国史。那些胆敢抗议的人,也都付出了职业上的沉重代价。因此,面临这种历史写作上的明显限制,许多有才华的20世纪作者都转向文学,以之作为抒发感受的工具。在台湾,1947年以来的"台湾史的事实",直到最近都潜藏在台湾文学而非学院期刊或学术著作里。相同地,大陆作家是在小说和故事里,而非在官方的历史叙事里,最成功地呈现了20世纪60年代的"红卫兵恐怖"。有些积极进取的史学家,则设法从明清小说与短篇文学作品里挖掘文化讯息,他们已经发掘出丰富的"小说虚构"矿脉,呈现了传统中国医药、科举考试,以及宗教在民俗文化里扮演的日常文化角色,适足以补充在官方史籍、政府公报、家谱或国家档案里找到的说法。②

那么史学家应该做什么?这当然没有简单的答案,对那些仍然活在严厉惩处异议的政权下的人而言,尤其是如此。但是最低限度,那些身处较自由的学术环境中的人,比如说今天台湾的史学家,应该为自己的学科提出一套辩解,既考虑到后现代的威胁,同时又得体地维护史学的任务,使它与文学的工作有别,但不与文学疏隔。否则,落伍的史学家会渐渐发现他们的学生投向文学,视之为解开历史事件"实情"的工具。仅仅替这种转变贴上"时尚"的标签并不足以成事,因为史学这个领域其实已经陷入自己的虚矫夸言里,却又无法在新环境里再造自身。儒家经学在 20 世纪的没落,应该会让我们警觉到当一个学门失去了生命之后会有什么样的命运。

历史学家在今天所面对的抉择,格外丰富而且复杂。随着西方后现代时代的来临,我们的前辈所执守的旧方法论,日益显得不合时宜。但是许多困扰我们前辈的方法论问题,并没有因为史学界必须处理的当代世界有所变化而解决。曼海姆在他的《意识形态与乌托邦》(Ideology and Utopia)里,曾经力陈社会学化约论的危险。虽然他务求将知识现象联接到它们在社会形构中的位置,曼海姆和他的追随者还是对社会的阶级分析过于执着。到最后,对他们而言,意识形态永远是占支配地位的社会阶级的掌中物。曼海姆的方法论过度决定(overdetermined)了思想的社会起源,却没有在社会形构中,替个人的自主性留下足够的空间。

同样,目的论(teleology)依旧是当代历史里,西方"现代主义"的主要遗产。不论是在观念史或是在社会经济史家所提出的典型"现代化叙事"(modernization narrative)里,两种史学家都以今度古,"现代"(the present)一变,度量的准绳也随之而变。在比较早的"现代"里,中国显然落后且弱于西方诸国时,儒家被揪出来为落后负责。如今中国的"现代"和它的"过去"大不相同了,儒家的形象也从待罪的被告转变为促进现代性的功臣。在很多方面,关键在于用什么样的"现代"来衡量什么样的"过去"(the past);测度的过程端视一开始选择用什么样的"现代"量尺而定。

现代化本身并不是问题所在。太平天国平定之后,中国现代化的过程正式展开,此后史学家在所有的层面上——从思想以迄经济——都必须将现代化过程纳为分析对象。可是,一旦对中国历史上国家与社会构造里尚不见现代化的时代运用现代化模型所提供的概念架构,问题就产生了。换言之,将适用于分析 1860 年以后中国历史现象的框架,用在更早的时期,乃是一种年代错置。最后,我们会以目的论式的论证收场,将历史现象化约为它们从来不是的东西——迈向现代化过程的"步骤"或"障碍"。这种依据"现代化"的量尺,对中国的过去所做的"正面"或"负面"解读,曾经是最近好几个世代史学家的研究典范。这种过度强调"现代"(所谓的"现代性")是"过去"准绳的偏颇之论,其中所包含的反历史偏见,已经被后现代论者成功地揭发了。现代化依然是近代中国史的重要探究对象,但是它已经不再是评价前现代中国的整体框架了。

自从20世纪60年代以来,欧洲结构主义一直势力鼎盛,特别是在法国;其中最重要的遗产,或许正是功能论。在当今的西方文化史里,米歇尔·福柯(Michel Foucault)的"知识考古学"和皮埃尔·布尔迪厄(Pierre Bourdieu)的"文化再生产"两种取向,被广泛用来描述与分析精英在社会与政治生活里,维持其对财富、权力和声望的支配时所运用的文化霸权形式。福柯的论点是现代欧洲的国家及其精英的"霸权",为了将人民控制与圈制在新崛起的资产阶级和资本主义经济之下,组构了监狱和医院。布尔迪厄的"再生产"模型,则明确取代了20世纪60年代初期以"社会流动"(social mobililty)作为评估一个社会的社会动态的主要标准的做法。涂尔干(Durkheim)对于教育在社会固有的"分工之再生产"里的角色,曾经进行先驱性的分析;布尔迪厄则更进一步,赋予关于政治和社会支配之文化形式的研究新的生命,在上一代的马克思主义者手中,这些课题原本是以经济决定论来分析的。

然而,当代历史社会学里新功能论分析的振兴,给史学家带来了许多问题。对于文化现象做功能论的描述,就像先前结构主义的经验一样,不能妥当地处理作用者(agent)的意向和这些意向付诸实践后所产生的社会、政治与经济后果之间的复杂关系。在福柯看来,对于欧洲史上监狱和医院改革在制度方面的结果,所有牵涉在改革过程中的作用者都有责任,即使他们的个人意向跟历史后果千差万别。爱德华·萨义德(Edward Said)追随福柯,认为西方所有研究亚洲的学者,从马可·波罗(Marco Polo)到费正清(John Fairbank),都必须对正当化了的19—20世纪帝国主义在亚洲行径的"东方论"(Orientalism)的产生负责。但是那些学者的真正意图,对功能方面的后果却毫无意义。

这种统括一切的透过说法,乃是将作用者与历史过程之间的复杂关系,过度地偏重在其功能性后果的结果。比如说,布尔迪厄的透过文化资本的累积而再生产社会层级的基本假说,越是未经检验且不加辨别地运用在不同国家的脉络里,越无法适当地说明这种过程在特定文化里的特殊形式。我们能够说清代的中国社会有"文化资本"吗?那时还没有"智慧财产"这个法律概念,甚至没有"经济资本"的概念。布尔迪厄将文化财产类比为私人财产的前提,乃是立基于他在20世纪北非的田野工作,但是在历史的脉络里就过于狭隘了。③不幸的是,我在加州大学洛杉矶校区的某些研究生,掉入了这种功能论陷阱,现在正十分顺手地写到清代士绅投资在科学考试体系里的"文化资本",如何让他们得以"再生产"其"文化霸权"。我们应该抛弃这种精英透过文化来支配平民的粗糙观念,代之以对社会和政治控制的实际模式的精细理解,其中从属的群体不仅积极地参与他们的从属境况,同时也积极地反抗这种从属位置。④

一旦我们在历史观点里考量了形式知识和应用知识的差别,我们就会很快地了解,从属者对支配者的反抗与抗议是比较受日常实践里的情境判断——社会与政治空间——规制,而不是受形式知识所束缚的。⑤因此,像在福柯的著作里那样高估医疗或监狱意识形态的文化霸权,或是像我以前的作品一样,未经检验地假设新儒家学说在明清科举里占有绝对的支配地位,都是走错了路。⑥不过如果"霸权"和"再生产"是过度决定(overdeterminative)的概念,那么,关于"形式知识上的作用者"具有完全"自主性"的相对宣称,则是流于低度决定(underdeterminative)的概念。文化的创造和再生产里所牵涉的,不只是自主的"个人选择",社会、政治和经济的脉络的确会造成差异。身为史学家,我们需要在纯粹的功能论和纯粹的意志论之间找到中间地带,使我们能较自如地在支配的文化形式与个人或群体的抵抗形式之间来回穿引。⑦

在此,如果我们只就中国文化史的领域来谈,我们会发现迄今所谓的"中国思想史",通常只是较为浅显的"中国哲学史"。除了某些重要的例外,无可否认(即使在字面上不忘否认),中国思想史以儒家哲学马首是瞻有其主观的因素。我这里所谓的"中国哲学史",是指中国研究里师法早期研究中国思想的先驱如梁启超和胡适等人的"观念史"取向,那一辈人受到的影响是德国人以"精神史"(Geistsgeschichte)研究哲学史的取向,或是美国的哲学研究取向。后来,亚瑟·洛夫乔伊(Arthur Lovejoy)的"观念史"取向[在哈佛发展成他的《存有的伟大环结》(*The Great Chain of Being*)],对于受美国训练的中国思想史学者开始有影响力,他们独取观念的内在开展,作为阐明传统中国思想和概念的方法论框架。

虽然最近余英时在他实至名归的关于中国商人的宗教价值的研究里,开出了值得欢迎的韦伯(Weber)式新方向,但洛夫乔伊根源于早期德国"精神史"的观念史立场依然居于主流,使得中国思想史大体上还是和社会、政治与经济的脉络脱节(也就是有"自主性")。余英时的一位学生甚至声称,外在历史对观念的内在史没有什么助益。⑧结果,中国思想史只能以叙事方式进行,精于哲学却短于历史脉络。

最近有关戴震在中国思想史里的重要性的讨论,跟胡适对戴震哲学的先驱研究以及余英时饶富价值的后续研究不同,倾向于呈现为一种过度简化的叙事,硬把戴震塞在"新儒家"里。戴震的"新儒家化"已经十分彻底,以至于在他的《孟子字义疏证》最近的英译本里,余英时以及其他人早期有关戴震的训诂兴趣的研究,几乎完全未受理会。戴震讨论科学的作品,也没有获得应有的重视。我们所见到的只是一种"标准"的诠释,认为戴震是一个新儒学的哲学家,虽然质疑新儒家的某些根基,但是基本上同意其整体论述。

日本的戴震研究领先中国和美国,理由很明显。⑨日本学者不会落入"新儒家"议题的陷阱。例如吉田纯的晚近作品便已指出,戴震关于新儒家"以理杀人"的知名抗议与戴震家乡徽州的商人妻子所面对的复杂道德困境有关联。由于丈夫经常离家到外省经商,这些妇女面临社会与道德的压力,结果,当个人行为被社会认为逾节时,新儒家的败德罪名迫使数名妻子走上自杀之途,喧腾一时。从这种观点来看,戴震的论点就有了新的社会意义。⑩

中国思想史家维护这门学问,抗拒社会与经济史家的化约论野心,可以说完全正确。他们因此主张观念有脱离其历史脉络的自主性。当决定论在观念史上运用时,从来未能掌握观念在社会与政治运作过程里的整体复杂性,不论这种决定论参照的是"庸俗马克思主义"抑或曼海姆式的"知识社会学"的标准。可是同样地,如果因此就跳到另一极同样不可信的文化论者的谬误里,以为观念和价值在社会与经济生活中具有决定性,那也是认识不清。最近鼓吹太平洋边缘(Pacific Rim)新儒家意识形态的人士,便有此想法。我们应该抛弃化约论,但是这种立场也不足以支持"不沾人间烟火的思想"。

将中国人的文化、社会、政治与经济生活,化约成儒家和新儒家哲学的演变过程,其错误和早先的经济决定论如出一辙。在中国近代史里,知识分子必须回应许多重大的社会、政治与经济变局,直至今日依然如此。这些影响在任何社会或经济意义上来说,都不具有绝对的决定性。同样地,某些早期的儒家文人,如王夫之,他对明朝败亡与满洲人入关的反应,就和其他人如顾炎武和黄宗羲不一样。他们都经历了混乱变动的年代,可是反应的方式不同。历史的脉络没有决定他们的行动,但是的确有助于我们理解他们为什么会有那些言论。在20世纪,胡适与陈独秀都不免受到民国政府无力在推翻清朝后恢复稳定局面的影响,尽管他们作出不同的回应,但是他们都必须面对时代的困局,提出自己的答案。王国维的自杀悲剧,只是对民国初年动乱的一种极为独特的回应方式。⑪

中国哲学史一旦摆回其原属的哲学领域,它便是中国思想的珍贵记录,而非中国历史的决定因子。"观念史"的取向从而在方法论上为中国哲学提供一条可行的途径,重构儒家和新儒家思想的内在完整性。然而,学说如何变成意识形态,正是一个重要的历史问题。一旦提出这个问题,我们就离开了哲学立场的内在整体性,进入了观念在特殊历史脉络里在政治、社会和经济上如何被运用的层次。观念如何指引和发动行动的问题,带领我们离开"纯粹"哲学和传统观念史的领域。我们不再追问"正文"(text)里观念的普遍"意义",而是要解明这些观念如何显现当事人所处的特定"脉络"(context),因为他们的行动本是由这些观念所指导和支持的。在当代从观念史到文化史的转变里,我们身为思想史家,也从信赖哲学,转向不信任历史。

让中国哲学史规定中国思想史的面貌,会替中国文化史设下不必要的限制。这种限制最明显的表现,就是对新儒家哲学的一心一意的讨论;中国思想史领域一直被这种讨论所支配,结果使它无法在方法论上赶上欧洲、美国和日本的思想史研究。在最近的演变里,"新儒学开展"的研究议程,已加入新儒家的教育理论和当代亚洲资本主义之间的直接对应关系。⑫中国思想史的内在论、观念史取向,已经开始认为儒家伦理能决定现代中国的社会、政治与经济变迁。

韦伯的有名论点曾经指出,基督新教的价值系统与资本主义的精神之间有其关联。到了20世纪新儒家的手上,这个论点有了一个奇特的转折:他们认为,宋明儒学在中国相当于一套精神价值系统(在欧洲即是新教),既属于自由主义,又可开出一套道德规范,是为以信任、勤勉,以及重视教育为基础的经济体制的骨架。乍见之下,这种说法似乎可信,不过若加以深究,持此说者往往把焦点放在12世纪新儒家朱熹(1130—1200)以及其理学门人的哲学遗产上。儒家的资产阶级化,在晚明时期的证据比较明确。⑬如果要把儒学的资产阶级化推回到朱熹,不啻等于欧洲学者主张西方的资本主义精神应推回到中世纪天主教神学家托马斯·阿奎那(Thomas Aquinas,1225—1274)。欧洲学者几乎没有人愿意修正韦伯关于基督教的功能论分析,以将天主教纳入资本主义"精神"的兴起过程,但为何这么多研究新儒家的学者,仍要保留这套机巧的目的论?这样的历史转折足以显示,当新儒家取用韦伯关于"近代初期"新教与资本主义在欧洲北部的选择性亲近之论题时,背后其实有一套"隐藏的议程"。在新儒家的说法底下,隐藏着一套"潜在"的朱熹主义。

将新儒家和亚洲资本主义联结在一起,现已构成了称为"太平洋边缘地区研究"的新领域一组有趣的题材。但是,针对20世纪80、90年代"太平洋边缘的发明"(the invention of the Pacific Rim),我们有必要提出一些警告。在其地理上的所指以外,过去没有所谓的"太平洋边缘地区研究"这种东西。⑭作为一种意识形态的建构,"太平洋边缘"的发明,让人想起1931—1945年太平洋战争期间,日本所"发明"的"大东亚共荣圈"。晚近有关"太平洋边缘"的讨论,忽略了东亚历史发展的各种复杂现实,反而诉诸一个问题重重的"太平洋边缘文化"的整体概念。到目前为止,这种整体并未出现。或许一个世纪以后,太平洋诸国会发展出这样的整体,但是当今的"太平洋边缘"只是亚洲研究里"东方论"第二阶段的新术语,或者如许多批评者所指称的,是一种"新东方论"。

起初,亚洲研究在西方的大学里是"东方研究"的一部分,其中包括了中东、中亚、南亚、东南亚,以及东亚。这种错误的归类,至少有助于开始从事亚洲研究,但是到了20世纪,所有的学院人士都明白了土耳其这个"东方"与中国这个"东方"实在没有什么共同点,而且这种归类方式足以显示,欧洲学者在19世纪所能构想出来的理论架构何等偏失,而他们在历史方面又是何等无知。结果,西方教科书里关于中国与日本的称呼遂由"东方"转变成"远东",再转变为"东亚"。同样,美国大部分的东方图书馆也终于改名为"东亚图书馆",表示馆藏内容主要是有关韩国、日本和中国。

到了20世纪的晚期,新一代的东方论者突然希望将完全不同的东西都纳入"太平洋边缘"这个新范畴里。这大部分是那些专攻当代亚洲研究的人的杰作,对于在太平洋沿岸生活与演变的民族与地区的社会、政治、经济、文化,以及历史的长期轨迹,他们没有兴趣。用"太平洋边缘"这样一个标签把这些民族与社会方便地一网打尽,显然流于简化与误导,重蹈上一代学者使用"东方"这个错误范畴的覆辙。将哲学、史学、人类学、文学、语言学和社会学诸学科,融入"太平洋边缘"这个认识论范畴,当然能很便利地使新儒家研究取得优先性,视它为在东亚太平洋周边民族的文化生活里的共有领域。

不过,"太平洋边缘的发明",也吻合文化与历史方面对20世纪"中华帝国与日本帝国的倾颓"的健忘症,当时儒家在政治与思想生活上都比现在更具支配能力。我们还必须忘记,早期中国与日本的知识分子,曾认为儒家妨碍了现代化,而不是现代化的促进者。研究东亚的学者方才摆脱"东方"这个错误的范畴,没有可能又温驯地回到替代性的"太平洋边缘"范畴,尤其是这个范畴对历史研究没有意义。

中国的哲学家与史学家把他们的学科带入当前东亚有关"现代

化"的论战里,所成就的主要是使中国哲学政治化。对于儒家是否有助于现代化的问题,每个人都被迫选择一个立场。我认为中国思想史不应该是一场关于新儒学的学术投票。反之,它应该是一种附着于文化史的学术工作,以便参照持续变化中的当时社会与政治结构,公允地评估中国人如何运用与误用观念。新儒家哲学还给哲学家;新儒家的意识形态,不论是帝国时期或现代的形式,则交由史学家去评价其政治、社会和经济上的用法。

为了选一个精确的例子来说明我认为中国文化史可以采取的新方向,我在下文将重新评估史学家对晚清今文经学的"叙事性解释"。用我最近出版的关于今文经学常州学派的研究⑮里的证据,我希望能够用实例说明,中国思想史在引用了文化、政治和社会史,替早期的清代思想史的单面分析加上必要的面向之后,会更为丰富。我希望能说服读者相信,中国的思想史家和社会史家,能够从对方学到很多东西。我个人喜欢将这种重叠称为"文化史",但是显然思想史家在包容了这类探究领域后,可以扩大思想史的范域。

乾隆晚期和今文经学

史学家研究中国的角度,一向难以预料。例如现代中国的思想史家很快便得知,到了1898年,今文经学已是激进儒家如康有为和梁启超的最后阵地。在现代中国思想史的叙事性解释里,早期的今文经学者如魏源和龚自珍,被描写为晚清改革家的先驱。晚清学术圈关于今文经学的争议,导致对于孕育与发展这个运动的历史环境的错误呈现。直线发展的解释将历史叙事安排成清楚的阶段,从康有为一直回溯到魏源和龚自珍,正好显示了对现代中国思想史的关键议题与重要人物有一些未经反省的假定。庄存与和刘逢禄在今文经学复兴里的角色,在以1898年为解释对象的线性历史叙事里就只能聊备一格。

为了避免关于清代今文经学的线性历史叙事的固有偏见,我们应该以开端代替终结。这并非轻视今文经学在1898年改革维新里的重要性，而是要将开端当做开端去发掘，不要流于事后聪明的历史目的论。今文经学正是一个学术上的"想当然尔"影响了历史研究的好例子。长久以来大家一直认为，今文经学的历史以"康梁"和光绪皇帝1898年的变法维新为中心。因此，指出年迈的汉人大学士庄存与，跟年轻且受乾隆皇帝信任的满洲宫廷侍卫和珅之间的对立，竟然在18世纪80年代今文经学的勃兴中居于关键地位，的确令人感到意外。

谁是庄存与？在接受了魏源和龚自珍代表19世纪中国的改革精神之说法的史学家笔下，他通常会在注脚里被提上一笔。谁是刘逢禄？在历史叙述里，他通常只是魏源和龚自珍的老师。然而，若是细读常州庄家与刘家的历史档案、家谱和手稿，学者自会感到一阵晕眩。庄存与和刘逢禄站在帝国晚期政治世界的舞台中心，相较之下，魏源和龚自珍乃是边缘角色，他们在历史上的重要性大部分源自20世纪学者的共识。

要掌握清朝今文经学兴趣的完整意涵，我们必须从研究"康梁"转为研究"庄刘"。一旦观察角度有了改变，一系列新问题就出现了。庄存与转向今文经学的政治脉络是什么？庄家和刘家支持常州的今文经学派的社会作用是什么？如果研究目的只是呈现思想总结于"康梁"的今文经学的内在演变，那么上述问题并不重要。再者，新观点不会把今文经学的演变化约为中国社会与政治史，但是它的确让我们得以呈现演变开始时的18世纪脉络。我现在要仔细探讨这些议题，以便显示中国思想史超越了中国哲学史的藩篱之后的可能成就。

在16—19世纪间，常州的庄氏宗族发展为一个强大的亲属组织，其势力包括在地方上的高度社会声望，在全国政治上相当程度的政治影响力，以及书香世家的学术名声。例如清朝时庄氏宗族共有29人考取进士，其中11人在三年一度的北京殿试上表现优异，因此立即进入了翰林院，直接协助皇帝的日常政务。刘家在清朝则出现了13位以上的进士，其中数人也进入翰林院为翰林。比如说庄存与是1745年殿试的榜眼；他的弟弟庄培因则是1754年的状元。

庄、刘两家有姻亲关系，合为一个宗族来看，在清朝就有42个人担任高官。乾隆朝中期，他们在地方与全国政治圈里的显贵地位达到巅峰,当时刘纶是清帝国最重要的行政机构军机处的军机大臣,而庄存与则是内阁学士兼礼部侍郎。刘纶和庄存与安排了刘纶之子刘召扬和庄存与之女的婚事,是为当时地方和全国最重要的联姻。这桩婚姻所出的长子刘逢禄,在19世纪初期为庄、刘两家获取了学术上的领导地位。

然而,奇怪的是1780年之后,庄、刘两家开始远离北京的帝国政治,而专注于家乡的家族事务。在1788年庄存与去世到20年后刘逢禄成名之间,两个常州宗族都退出了全国舞台,为什么?刘纶之子刘召扬通过了乾隆皇帝于1784年南巡时诏办的特别省试,获得第一名,而且年迈的皇帝很高兴自己喜爱的重臣之子表现优异。刘召扬之兄刘跃云在这之前则以卓越成绩考取进士,并且在进入翰林院后又任大学士。但是刘召扬从未到北京参加进士考试。反之,他跟妻子庄氏、儿子刘逢禄留在常州,满足于教学研究的生活,为什么?庄存与的侄儿庄述祖,在生父庄培因早逝后由庄存与抚养,后来通过了1780年的殿试,但是回到常州后就没有担任官职,他成为著名的民间汉学研究者,同时照顾他的寡母。这是纯粹出自孝心还是有其他原因?

庄存与在18世纪80年代转向公羊学,时间上正好跟庄、刘两家退出全国政治舞台一致,这使得谜团更为复杂了。因为庄存与是乾隆晚期满洲头号政治家之一阿桂的密友与同事,阿桂曾经要延揽庄述祖为部属,但是庄述祖宁愿参加科举考试。不过当他在1780年通过考试后,还是宁愿退休过学者生活。在18世纪80—90年代,庄述祖将他的今文经学传给刘逢禄,刘逢禄小时候曾随外祖父庄存与学习,直到后者在1788年去世为止。因此,刘逢禄的今文经学是庄存与的公羊研究和庄述祖汉学的合成品。

当我在1983年春天,翻读收藏在北海的北京图书馆珍本室的魏源《古微堂文稿》的手稿时,终于解开了庄、刘两家退出北京政治圈的谜团。《魏源集》的编者曾经采用这些手写资料来编纂广为流传的两卷本文集。这些文稿里包括了魏源替庄存与1820年出版的文集《味经斋遗书》所写的序言的两个稿本。在这两个稿本里,魏源追记庄存与作为"真汉学者"的为学历程,指他没有落入清朝大部分汉学家的琐碎训诂研究。不过，在其中一个稿本里，魏源写到了政治方面的事情。魏源描述庄存与在担任大学士的后期，如何同恶名昭彰的满洲宫廷侍卫和珅共事皇帝。和珅从18世纪70年代晚期起，凭借贪污和罪行建立了一个私人帝国，规模为晚明宦官以来所未见。魏源写道，庄存与跟和珅不和流，而且庄存与在这段抑郁的年代里所写的经籍研究，充满了对和珅日益权重的忧虑和失望。

考量了当时文人对和珅贪腐的激烈反应的其他证据之后，这个重要线索就更有意义了，而这股反对势力，正好是由庄存与的满人朋友阿桂以及一批来自常州的文人所领导的。首先，虽然《魏源集》的编者收印了提到和珅的稿本，但是他们没有注明在《味经斋遗书》真正刊行的版本里，序言中有关和珅的部分被有意地删去了。换言之，即使在道光初年，魏源也不敢公开提到和珅事件，或者是庄家成员要求在序言里不要提这件敏感的事情。然而，重读庄存与的作品可以明白，和珅事件的政治余波乃是解释庄存与为何转向非正统的《春秋公羊传》研究的重要线索。借着经学的遮掩，特别是孔子褒贬传统的历史掩饰，庄存与可以间接表达他对当时政治的批判，以及他对和珅及其同伙的不满。虽然庄家有能力在早些时候就出版这些作品，它们却直到庄存与死后几乎40年才面世。

稍后，在查阅汪喜荀的《且住庵文集》中关于庄述祖生平的讨论时，和珅事件对庄、刘两家的影响就更为明白了。例如在1780年的殿试，庄述祖的考卷原本名列前茅，因此可以像他的父亲庄培因、伯父庄存与一样直接进入翰林院。但是和珅的同党恐怕阿桂在掌权的翰林院多一位同盟者，于是在呈给皇上前将试卷次序弄乱（皇帝通常只亲阅前三名试卷）。庄述祖的试卷被放在二甲之中，因此失去了进入翰林院的机会。庄述祖从政坛退隐，部分乃是对这种宫廷政治腐败的反应。

同样，刘召扬在通过1784年的特别考试后，决定留在常州执教，此事具有象征上的重要性。1784年以后，和珅的权力高涨到他的对手不得不考虑如何在他的淫威下存活的地步。在这种情势里，刘召扬决定不跟随杰出的父亲和岳父的脚步，不仅代表他自己的立场，也是庄、刘两家的立场，因为他们如果直接反对和珅及其同党，将会遭受极大损失。在混乱腐败的年代里,有目的的退隐是由来已久的儒家传统,庄存与在他的春秋研究里重新发现这一点。庄、刘两家在他们的宗族里延续这种传统,直到和珅死去。

反和珅的带头人之一是翰林洪亮吉,他在1799年因向嘉庆皇帝上疏而险些丧命。洪亮吉是常州人,幼时曾在庄家私塾学习。此外,洪亮吉的妻子也是庄家人。因此,洪亮吉在嘉庆初年(乾隆皇帝当时退位为太上皇)参加阿桂的反和珅联盟,其后的背景有着常州的"关联"。洪亮吉于和珅被迫自杀之后写给皇帝的著名上书里,有好几处提到乾隆皇帝的早期顾问对于和珅建立起贪渎帝国时的乾隆晚年统治感到震惊失望。正是在洪亮吉写这封信的同时,嘉庆皇帝的教师和洪亮吉的朋友朱珪,替庄存与的《春秋正辞》作序。

今文经学兴起的政治时势是和珅事件。士人必须对这种明显违反王朝正当性的作为有所反应。其中一种回应是庄存与转向公羊研究,他将之传给宗族里的庄述祖、庄有可和庄绥甲,以及有亲戚关系的外孙刘逢禄和宋翔凤。探究庄存与的公羊学或刘逢禄的今文经学的细节,已经超出本文的讨论范围。有兴趣的读者可以参考我最近著作《经学、政治和宗族》的第四至七章。以这种新观点来阅读,庄存与的作品就获得新一层的意义,不能化约为近来所认为的是出自庄存与的乾隆晚期"大一统"的爱国心。⑯乾隆晚期并不是一个这种空泛的古典口号的时代。

现代化叙事的终结

我希望前面的讨论足以显示,思想史家若忽略了所处理的哲学问题的社会与政治脉络,会掌握不到他们所欲描述的事件、人物和观念的重要面向。更甚者,由于过度强调"现代中国"和康有为的思想,训练与博学均远胜于我的中国和日本史学家,竟误解了清代今文学派的性质。

在我开头的讨论里,我说明了一些我认为美国的中国思想史研究正在采取的新方向。其他人或许有不同的看法,但是即使如此他们也必须面对后现代主义的挑战,并且承认单以中国思想史来解释中国历史的兴衰是不够的。帝制晚期,尤其是清朝,美国吸引了中国史研究里最有天分、训练最好的一代史学家。他们逐渐不满其美国前辈的研究纲领,这些前人通常在潜意识里,在他们史学研究的"深层结构"里,陷入了源自西方的"现代化故事"。

马克思在19世纪50年代替《纽约先锋论坛报》所写的社论里,曾经夸言资本主义的使命是摧毁传统的印度和中国社会,韦伯也曾指出中国儒学未能产生现代资本主义。此后,中国思想史的研究便死盯在儒家中国无法发展资本主义、无法产出现代科学,或不能现代化的课题上。可是突然之间,在20世纪80年代,学者却不得不将当代的"太平洋边缘"描写成儒家的成功故事。早期的中国思想史研究,不是将前现代的中国思想——尤其是儒学——视为西潮来临前阴郁的强记之学,就是过度正面地决定了新儒家的哲学理念为现代中国历史演变的文化基础。

前者主要以西方的革命性冲击来解释现代中国,但是却无法适当地回答儒家帝国如何以及为何在1911年以前可以存活那么久。后者以新儒家的价值观解释台湾、香港地区和新加坡在20世纪的成功,但是对儒学体系在19世纪的崩溃却无言以对。现在,我们发现中国思想史家在急切地准备一个新的"现代化叙事",藉以描述中国思想史。他们不少人其实是在不自觉地延续康有为在20世纪初首度整理出来的儒家议程。不过,20世纪晚期的学者所用的已经不是康有为充满理想的"今文经"儒学,而是宋明"新儒家",以之作为维持中国的政治、社会和经济"硬体"走上现代性道路的必要"软体"。他们至今没有察觉到眼前的"后现代"浪潮,或者虽然察觉到了,但仅仅视之为一种"风潮"。

晚近阐释魏源为一个"自由主义"经世学者的尝试,是当代学界在新儒家和太平洋边缘意识形态之间挂钩的好例子。一份美国期刊最近要求我匿名评审的一篇论文就企图将魏源的19世纪经世思想,联结上被称为"自由主义"的经济观点。说来耐人寻味,新费正清(Neo-Fairbankian)学派的魏源研究,在开始强调需减低19世纪西方冲击的重要性之后,⑰反而可以与哥伦比亚大学狄百瑞教授(William Theodore de Bary)最近在香港中文大学钱穆讲座上呈现的既有"自由主义"式的"新儒家演变"说法配合。魏源因此同时是一个"自由主义"的新儒家,和一个进步的经世思想家。当我指出这种对魏源的阐释有点牵强时,编者和作者明智地放弃了这一条论证。但是,最近要出版的魏源《皇朝经世文编》的英文摘译本似乎注定要将魏源呈现为一个具"辉格党"(Whig)形象的自由主义经世学者。

前现代的中国改革者和近代中国的知识分子,不幸地一直是我们的顺手炮灰。在先入成见影响下,我们将早期的中国学者同化到我们自己未明言的议程里。我们还没有放弃黄宗羲是"中国的卢梭"的错误形象,我们也还没有克服颜元是杜威式的美国实用论者的错误形象。在大陆学界,王夫之依然被当做是中国哲学的唯物论先驱。很不幸,在20世纪90年代情况并没有好转。庄周最近成了一个德里达(Derrida)式的解构主义者。在布尔迪厄自己的《学院人》(*Homo Academicus*)里,李贽成了一个像布尔迪厄的反学院的学院中人。如今我们则见到像魏源这样的19世纪经世学者,被当成是辉格党式的自由主义者。我们当然可以做得更好,不是吗?

最近另外一个在解释上过度决定的例子,是当前美国的中国研究里有关将哈贝马斯(Habermas)的"公共领域"(public sphere)和"市民社会"(civil society)观念应用在中国现代史的研究的论战,美国东西岸的学者为此已经几度交锋。争论的要点乃是应该如何界定1600—1900年,帝制晚期的国家和士绅社会之间的复杂关系(特别是长江三角洲地区)。支持中国有个"公共领域"的人认为,晚明都市中心的士绅——管理精英已经开始变动,迈向在国家之外具有自主性的政治和经济领域。反对此说者则认为,将"公共领域"用在中国史上,是未经批判就把哈贝马斯的资产阶级"公共领域"当做丈量中国士绅社会的量尺,因此忽略了帝国和士绅精英之间独特的政治和社会妥协。这种长期妥协,成功地钳制了明清两朝任何地方性的走向政治自主的趋势。⑱

不过,这场论战经常忽略了西方的"公共"概念和中国/儒家有关"公"的说词之间的距离,这使得中国帝制晚期已有公共领域的说法显得摆错了时代。比如说,现代的人类学家和社会学家认为前现代的中国宗族组织,是士绅社会里具有排他性和分割性的特色,或者是阻碍能采取现代政治形式的"市民社会"之发展的要素。但是帝国的儒家官僚却在宗族组织里看到了亲族关系和公共利益的汇合,两者透过义庄的法律制度整合起来,并且因而达到了经由社会来公平分配财富和资源的平等主义理想。士绅的政治结合如果是基于非亲族的纽带,就会被界定为"私"(即自私),而且会遭到禁止,基于亲族关系的社会组织则受到鼓励,称之为"公",正好和现代西方的命名相反。我们不难理解帝国支持亲族团体为"公"的理由。儒家的训诲,乃是将环绕着祖先崇拜的日常实践,概念化为社会、历史和政治的形式,鼓励以亲族的纽带作为道德行为的文化根基,并认为这对国家有利。所以,我们不能像主张中国有"公共领域"的人经常犯的错误一样,假设国家的权力和亲族团体的发展之间,有负向的相互关系。1900 年以前中国宗族的发展,不是出自"私人"对国家的对抗,反而是国家和士绅精英之间"公共"互动的演变结果。运用哈贝马斯"市民社会"的模型,无法正确地阐明这种历史现象。[19]

年轻的美国学者逐渐将"二战"后"现代化叙事"的错误抉择抛在身后,拒绝重蹈他们前辈的覆辙。他们已经展开整合中国思想史和中国社会、政治与经济史的艰巨工作。这种思想史的史学整合过程,已从欧洲研究扩展到美国史与日本史,它在欧洲的最佳范例是 60 多年前出版的赫伊津哈(J.Huizinga)的《中世纪的秋天》(The Waning of the Middle Ages)。目前美国的史学家在语言与文化的资源方面,已经足以在中国研究上跟中国和日本的学者竞争,我们可以期待美国的中国文化史研究会继续兴盛发展。在 20 世纪 50、60 年代,反动派和左派对于中国的幻觉,曾经糟蹋掉美国两代中国史学家。除非这类幻觉再度出现,我期待 20 世纪 90 年代及以后的美国史学家共同指出一条路,将我们对帝国晚期的中国文化的理解和中国的其他久远遗产整合起来。

我们脱离了"现代化叙事"后,需要有新的观点来引导研究和教学。老旧的教科书应该重写。新的陷阱,不论是出以旋起旋落的运动形式如"解构主义",或是替社会科学中完全客观的旧幻象披上新衣,我们都必须予以辨明并且避开。但是最重要的是我们必须继续好好地训练学生。如果学生不能妥当地阅读和解析古典文献，那么复杂的理论对中国思想史并没有多少专业用途。如果学生不能将他研究的古典作品，联结上这个领域里较大的问题，语言的优秀技能也只是浪费。换言之，在理想上我们的学生应该能够鸟瞰森林，获取"巨幅图像"，同时又能够穿越森林，辨明它的特殊性质。美国人擅长"鸟瞰"森林，但是常常无法穿越它。中国学生则被教导要仔细且熟练地穿越他们的领域，但是在过程中，他们无意地产生了对理论的高度嫌恶。因此，像我们自己一样，我们的学生必须多多互相学习。学习如何在重构中国文化史时，尽力在历史理论和熟练技术之间达到适当的平衡。

注　释

① 赵案：根据原著者的意见，此文在收入本书时，个别字句、段落有所改动。

② 例如 Christopher Cullen 的"New Windows on Chinese Medicine: Sickness and Healing in a Sixteenth-Century Novel", The Joseph Needham Lecture, Cambridge, May 2, 1991。

③ Raymond Murphy, *Social Closure: The Theory of Monopolization and Exclusion* (Oxford: Clarendon Press, 1988) pp.174—75.

④ Ivor Goodson, *School Subjects and Curriculum Change: Studies in Curriculum History* (London: The Falmer Press, 1987), pp.192—93.

⑤ Freidson Eliot, *Professional Powers: A study of the Institutionalization of Formal Knowledge* (Chicago: Univ. of Chicago Press, 1988)讨论了官僚体系中形式理论的稀释和妥协。

⑥ Elman, Benjamin, "Social, Political, and Cultural Reproduction Via Civil Service Examinations in Late Imperial China", *Journal of Asian Studies* 50, 1(1991): 7—28. 我目前正在修改此文。

⑦ David Hamilton, *Towards a Theory of Schooling* (N.Y.: The Falmer Press, 1989), pp.150—51.

⑧ 王汎森《古史辨运动的兴起：一个思想史的分析》(台北：允晨，1987)，134 页，注 53。

⑨ 例见滨口富士雄《戴震的考据》，《秋田大学教育学部研究纪要》36(1986)：17—36。

⑩ 吉田纯《〈阅微草堂笔记〉小论》，《中国—社会と文化》，第四号(1989)：182—86。

⑪ 参见我的"Wang Kuo-wei and Lu Hsun: The Early Years", *Monumenta Serica* 34 (1979—1980): 389—401.

⑫ 参见 W.T.de Bary et al., *The Unfolding of Neo-Confucianism* (N.Y.: Columbia Univ.

Press，1975)和 John Chaffee and de Bary, eds., *Neo-Confucian Education: The Formative Stage* (Berkeley: Univ. of Calif. Press, 1989)，特别是其中的导言。对后者的批评可以参见拙著 "Education in Sung China"，*Journal of the American Oriental Society* 111, 1 (Jan. —March 1991): 83—93。

⑬ 除了余英时最近的作品之外，可以参见 Cynthia Brokaw, *The Ledgers of Merit and Demerit: Social Change and Moral Order in Late Imperial China* (Princeton, 1991)与 Richard von Glahn, "The Enchantment of Wealth: The God Wutong in the Social History of Jiangnan", *Harverd Journal of Asiatic Studies* 51, 2 (December 1991): 651—714。

⑭ 我在题为"Education in Sung China"的评论里批评了我称为"太平洋边缘意识形态"的出现。

⑮ *Classicism, Politics, and Kinship* (Berkeley: Univ. of Calif. Press, 1990).

⑯ 王汎森《古史辨运动的兴起：一个思想史的分析》(台北：允晨，1987)，133 页，注 50；汤志钧《近代经学与政治》(北京：中华书局，1989)，78 页。

⑰ 相关讨论参见 Paul Cohen, *Discovering History in China* (New York: Columbia University Press, 1984), pp.149—98。

⑱ 参较 William Rowe, "The Public Sphere in Modern China", *Modern China* 16, 3(July 1990): 309—18 和 Philip C.C. Huang, "The Paradigmatic Crisis in Chinese Studies: Paradoxes in Social and Economic History", *Modern China* 17, 3(July 1991): 320—21。

⑲ 相关的讨论请参见拙著 *Classicism, Politics, and Kinship*, pp.23—35。

序　论

　　历史的理路总是神秘难测，现代中国的史学家就很快发现，中国帝制时代最早为官方认可的儒学体系——今文经学，到1898年竟成为儒学激进改革者的最后阵地。在那个风雨如晦的关键时刻，思想多变的今文经学倡导者康有为以及康的同道梁启超、谭嗣同引起了光绪皇帝的注意，他在康有为等的支持下，在北京举行了轰动一时而转瞬即逝的"百日维新"。①在20世纪对近代中国思想史的论述中，龚自珍、魏源等早期今文经学家被视为中华帝国末期维新运动的先驱。在魏源死后40年发生的百日维新中，今文经学学说传奇般地取代了宋明理学的正统地位，推动着广泛的政治维新运动。

　　不过，中华帝国晚期学术界围绕今文经学展开的激烈争论，导致了对今文经学赖以孕育与发展的历史环境的错误理解。现代中国的学术史论著对一些重大事件和关键人物的论述含有某些未经检验的假设，它们最为经常地反映于从康有为追溯至魏源、龚自珍的直线型历史论述之中。1900年以来，出版了数量相当可观的有关康、梁、魏、龚的论著，中国、日本和西方的学术刊物还在继续发表有关论著。尽管数以百计的论著讨论过19世纪今文经学的兴衰变迁，可是，除少数浮光掠影的论述外，探讨18世纪今文经学起源的论述寥寥无几。庄存与、刘逢禄在今文经学复兴中所扮演的角色固然得到肯定，但也仅是被置于以解释19世纪变法运动为目标的线性叙述框架以内。②

　　今文经学可谓学术研究者的期待左右学术研究本身的不幸范例。

长期以来,今文经学的论述一直集中于康有为及1898年光绪皇帝主持的变法维新。因此,人们自然对下列论断不免大吃一惊,官位显赫而年迈的内阁学士庄存与与年轻的满洲卫士、受皇帝恩宠有加的和珅之间的对立在18世纪80年代的今文经学复兴中发挥着关键性作用。

谁是庄存与?在那些满足于龚自珍、魏源即代表19世纪中国变法呼声的历史学家们的笔下,他通常会在脚注里被提一笔。谁是刘逢禄?历史著作仅称之为魏源和龚自珍的老师。可是,有关庄、刘两人的历史档案、族谱、抄本一旦汇集起来,一个令人炫目的反差即出现了。庄存与曾置身于中华帝国政治舞台的中心位置,相形之下,龚、魏尽管被20世纪的历史学者一致赋予重要位置,但在当时不过是位处政治边缘的小人物。

除此而外,尤值得注意的是,与中华帝国晚期正统学说相对立的儒家学说并非出现于鸦片战争之后,而是最早兴起于明末。18世纪后期,今文经学在经历许多世纪的湮没之后,又重新崛起,它的倡导者重新提倡17世纪兴起的政治学说。这些学说在满洲灭亡明朝后受到排斥。西方的入侵固然开始改变中华帝国赖以生存的政治、经济、军事、社会结构,可是,在西方入侵60年以前,儒家学说已流露出寻求可供选择的政治话语的兴趣,这是为什么?

这样的政治异议牵涉到儒学及其与中华帝国的关系史中的许多复杂问题,它们迫使我们重新审视儒家政治文化的内在张力,恰是这种内在的张力产生出诸如今文经学的批判思潮。西方入侵之前的儒家政治话语存在何种连续性?今文经学为何复兴于18世纪,它为什么会首先出现于富庶江南地区的大运河商业中心的常州府。常州府曾是17世纪20年代士大夫们进行批评明廷宦官擅权的政治活动的中心。

有关戊戌变法的论著常将今文经学视做19世纪晚期政治史和思想史上各种在他们看来"较为重要的"事件的集合。我将从中华帝国晚期左右经学诠释的长时段政治斗争的背景重新讨论今文经学的崛起,以扭转这种偏向。18世纪常州今文经学的重新崛起还为我们提供了一个西方入侵之前中华帝国后期政治与学术相冲突的有趣事例。

清代今文经学的起源将向我们透露中华帝国晚期长时段历史发展的信息，其数量之多或许超过它在1898年政治影响达到巅峰时所能揭示的。当时，康有为在北京为时极短地跻身于帝国的显要位置。1898年，今文经学尽管仍然在知识、学术界影响很大，但仍只是一般的政治力量。18世纪的常州今文经学却揭示出士绅阶层与社会生活的众多重要特征。庄、刘两家从1450—1850年一直在常州府拥有很高的社会地位，具体展示出常州今文经学兴起过程中经学、宗族与政治的三向互动。

本书论述的焦点将避开龚自珍、魏源、梁启超或康有为的业绩，以尽量避免对清代今文经学通行的直线型分析先天带有的偏见再次出现。他们的学术业绩只有在有助于阐述庄、刘学术建树时，才会为本书所提及。开端取代了结局，这种转换是否经得起时间的考验尚不清楚。我的初衷绝非要贬低今文经学在1898年的变革中的重要性，而是要剔除"事后诸葛亮"式的历史目的论，将历史的开端当做"开端"加以研究。

在我早先的著作中，我已指出，清代考证学派掀起的哲学批评运动为今文经学家阐发涉及社会与政治的学说提供了舞台，本书将试图证实这一点。今文经学应被置于与经学、小学相关的视野中加以考察，否则就会被视为完全仰赖19世纪西方影响而产生的儒学畸态。③

清代考据学者倡导重建古代佚散遗产的计划。他们先从唐及东汉入手，以克服宋明理学的羁绊。相对而言，东汉经学遗产因未受到影响唐、宋、明儒学的佛道理论的污染，而得到17、18世纪要求清理经典的学者们的尊敬和关注。

汉学和宋学信徒之间的争论集中于语言学方法层面，由此产生的政治影响却相当可观。汉学的意义远远超乎古董家的嗜古之癖，它向因为皇权辩护而受到满洲统治者崇尚的儒家意识形态提出质疑。小学与经学相结合，就包含着政治内容。

18世纪汉学的重建导致东汉古文经学的复兴。古文经学大大不同于西汉风行的今文经学，它即使不占主导地位，至少也是最具影响力的学术力量。今文经学失去政治权威后，为人遗忘达1500年之久。

严格地说，汉学仅指18世纪中叶苏州兴起的一个学术流派，惠栋及其弟子在江南地区倡扬汉学宗旨，积极反对宋学，转而研究东汉经说，特别是会通今、古文学说的郑玄的经旨。这些经说因比唐、宋经说接近经书编纂的年代，所以被认为更有可能揭示经典的本义。

18世纪今、古文之争的重新出现使一些清代学者从新的角度审视儒学传统。常州学者是第一批探讨西汉今文经学的学者。他们首先研究东汉古文学者郑玄的对手——何休。何休曾为西汉今文经学作过辩护。清代今文学者恢复何休之学后，又转向西汉董仲舒正统的今文学说。今文经学因而为人称为"西汉之学"。内在而深刻的无法调和的差异在崇尚经典考证的汉学序列中出现了。常州今文经学家引发了汉学自身的分裂。④

如下所述，今文经学家断言，许多被宋明理学及清代考据学奉为正统的学术遗产，事实上大多是汉朝的篡权者王莽统治时代的儒生伪造的。今文经学家主张以《公羊传》取而代之，因为它是西汉保存下来的惟一一部完整的今文经学经典著作。《公羊传》用今文记录，同其他西汉著作一样，把孔子描述为一位具有超凡魅力的政治改革者——即所谓的"素王"。

公元前2世纪中叶，用汉以前文字抄写的经文文本在今天山东省孔子的故居被偶然发现了。他们后来被呈送到朝廷的档案机构。据西汉学者所言，这些古文经典是用周代通行的篆书书写的。由于古文经是以更为古老的文字书写的，它们的支持者就想加以推广，同时贬低"今文"经典。后者是以西汉通行的隶书书写的，隶书是秦统一中国及焚书运动之后出现的，兴起较晚。

在皇家档案机构保存的古文文献中，也有一部注释《春秋》的著作，即著名的《左传》。此书没有将孔子视为具有超凡魅力的人物，而是将其描绘为一位令人敬仰的教师和经典知识的传播者。这种观点为东汉古文经学提供了依据。东汉灭亡后，这些经典直到7世纪的唐朝再未得到系统的整理。《左传》在18世纪常州学者提出质疑之前，一直被奉为对《春秋》正统的诠释。⑤

汉代今、古文之争并不限于经典本身。对某一经典的专门造诣是担任地位显赫的太学博士的先决条件。太学是朝廷为保证经学的延续而建立的。博士的弟子完成所学课程后，接受考试，考试合格后，即被授予官职。这种简单的录取程序实际上是唐宋时代建立的复杂科举制度的先声。因此，经典及有关注释成为维护经典研究中家法传统的政治忠诚的基础。18世纪常州今文经学家再次掀起今、古文之争时就意识到，他们触及的不是一个无关痛痒的文献学课题，他们是在重建一种学术性的，实质上又是政治性运动的前途，这场运动曾为其他学术运动所取代。⑥

本书一、二章将探讨16、17世纪常州江南地区社会、政治和学术环境。本书将从16、17世纪江南士绅反对帝国政治权力的清议运动探讨庄、刘两族在常州府的崛起。

第二章将讨论明清两朝庄、刘两家成功的应付科举考试的过程。第三章将重构常州府的经世学说传统，以解释庄存与出现的学术和社会背景。庄存与是一个地方望族的杰出后代，他家世代有人在北京翰林院等显要机构任职。庄存与曾是乾隆帝的文臣，他在为官的后期转向《公羊传》，假借经典的外衣，表达对和珅擅权的不满。和珅使18世纪后期的常州士绅联想到臭名昭著的宦官魏忠贤。明朝末年，魏忠贤曾轻而易举地控制朝政，清洗那些与兴起于无锡县附近的东林党有联系的政治异议人士。

第四至七章将分析今文经学沉晦1500年后重新崛起的学术环境，并力图把握服务于政治话语的经学研究的中心内容，以及明清两朝赋予经典的各种相互冲突的解释。在中华帝国晚期，宋明理学扮演着帝国正统学说的角色。这就使我们能够估量今文经学赖以出现的周期性学术争论的政治意义。

第五章将讨论庄存与是如何借助经典的神秘色彩抵制汉学扩张及其存在的琐碎考证的流弊。庄存与特别重视《周易》的一元论宇宙观，《公羊传》阐发的唯意志论主张。第六章将探讨庄氏家族的后人是如何继承、发展庄存与学说的。本书还将探讨理学是如何相继让位于汉学及与庄存与公羊学相关的今文经学。

第七章将论述刘逢禄的政治经历与学术成就。庄存与是今文经学崛起的标志，刘逢禄则在19世纪将外祖的公羊理论学说与考证方法结合到一起。到刘逢禄之时,今文经学成为一种对孔子为后代创写《六经》的预言家形象的再诠释。刘还借助考证寻求一种能使其他汉学家信服的学术方法,以使他们相信古文经的可疑之处和今文经的优越性。

了解清代士大夫汉宋之争的范围将有助于我们准确理解庄存与转向《公羊传》的经学变革,以及他的后代及亲友重构经学传统并将其遗产发挥至极致的方式。刘逢禄对今文经学清晰通贯的阐述是庄存与传给刘逢禄的庄、刘两族家族传经与文化资源的必然结果。刘逢禄又将其传予魏源、龚自珍。

本书第八、九章也即结论部分将把今文经学的兴起置于19世纪初叶清议传统、文人之争的综合广泛的环境中加以考察。今文经学的兴起与和珅死后清议传统复兴的趋势同步进行。对古代今文经学研究的复兴势头与19世纪初叶出现的"东林式"的政治关怀是常州经世学术遗产的双胞胎。

第八章将讨论清代今文经学家在追溯西汉律礼一体、儒法合流时重构的有关实用主义与现实政治的基本课题。在第九章,我将继沟口雄三之后,再次强调指出,晚明政治异议尽管遭到镇压,但是未完全消失。18世纪晚期,当和珅及同党结成一个明末宦官干政以后从未有过的私人经济"王国"时,专制朝廷与地方士绅的利益冲突再次出现了。和珅擅权时期是清朝政治急剧腐败的时期,为集权政治辩护的儒家学说衰弱了。文学表达的政治内涵陡然转向赞同文人的不满。⑦

本书将以对常州文人恽敬改革主张的论述作结。恽敬确立了今文经学超越常州今文经学创立后将要选择的政治取向。他在1800—1809年间,先后撰写了一系列政治论文,文中包含魏源、龚自珍、康有为后来阐发的政治学说的萌芽。今文经学与古文被恽敬融为一体,标志着19世纪初叶士大夫政治异议的崛起。

本书的主要目的在于探讨清代今文经学形成过程中经学、宗族、帝国正统意识形态三者互动的过程,并由此说明,思想史的研究与政治史、社会史的研究一旦结合起来,中国学术史研究的内容将会是何等的丰满。我们将会看到,常州今文经学是一种家族学术理念的体现,它的传衍仰赖于特定社会、政治环境中的宗族纽带。常州的思想史反映出儒学一旦要解决国家或地方性难题时，必须依赖自身没有自觉意识到的社会结构。

今文经学是士绅集团向清廷逐步衰落的王权诸多挑战的一部分，在农民起义与西方入侵的多重压力下，这种挑战到1911年随辛亥革命与帝制终结而达到高潮。早在1800年，新的思想力量已在迟暮的中华帝国出现，考察江南地区常州的今文经学，将使我们能够发掘出上述诸多挑战中的本土性与内在性的变化因素。这些挑战的支持者注定要在西方观念的影响下，展开重建帝制体制与传统意识形态的激进式的重构工作。

注　释

① 见梁启超《清代学术概论》，85—110页。有关修正性讨论，见昆《百日辉煌》，相关评论见汤志钧、艾尔曼《1898年变法的再评价》。

② 这种趋势的一个例外是On-cho Ng的《语境中的经典：清代思想中的今文经学》（博士论文，夏威夷大学，1986），我在完成本书初稿时看到此书。

③ 列文森在其《儒教中国及其现代命运》卷一79—94页的论述仍是对今文经学最有影响的解释。另参梁启超《清代学术概论》，3—34页；黄宗智《梁启超与中国自由主义》，13—24页；肖公权《近代中国与新世界》。

④ 详参魏源《书古微》序的有关评论。关于东汉今、古文之争，见达尔《历史引论》，338—411页；另参周予同《周予同选集》，93—95页。

⑤ 有关古文经学对这些事件的看法，详参刘歆《移太常博士书》、司马迁《史记》卷一二一、高本汉《左传作者考》、马斯伯乐《左传写作年代》。

⑥ 达尔《历史引论》，338页。详参卢元骏《经学之发展》。

⑦ 沟口雄三《中国前近代思想的曲折和发展》。

第一章　中华帝国晚期江南地区的学派与宗族制度

中国的社会史研究与思想史研究在许多方面都可相互补充。明清两朝的思想世界在一个由醒目的社会和经济力量操纵的历史环境中发展着。可以断言，这些力量是中唐开始的经济革命的延续。那场革命随着两宋时期蓬勃的城市化运动而达到高潮。与此同时，富庶的江南三角洲地区成为中国的主要谷仓。明清时期多数居主导地位的艺术、文学和学术变革的发动者均为南方人。

经济与文化资源转入政治领域。17世纪，明廷与逐渐觉醒的士绅们的冲突使许多人转向回溯经典，寻找治愈皇权膨胀的政治药方。在江南，常州府（无锡县）的东林党人联络士绅，反对宦官擅权，维护自身利益。18世纪，常州府（武进县）的庄、刘两族又转向今文经学，寻找现实政治的出路。

我们将会看到，在1600—1700年的常州府，东林党式的政治联盟为另一种精英阶层可以流动的社会形式如庄、刘两族所取代。在同时代的欧洲，广泛的宗族网络相对而言较为罕见，而中国的士绅们因历史环境的限制选择宗族关系而非政治联盟来保护自身的利益。19世纪之前，中国的政治异议已无需党社就可成功地交流沟通，并受到宗族的支配。

第一节　学术流派

我的早期著作主要集中于江南地区,也即江、浙、皖三省交汇地区,它是中华帝国晚期交通、文化、商业中心。我采用地域性分析的方法研究考据学及相关的致力于汉学研究的学术团体。这种方法既有助于同时又限制对历史的研究。可以肯定,一种宏观性的历史视角将允许我能够展示一幅更为广泛的地域性图画。

就长江三角洲地区而言,这种方法将有助于我们揭示那里不同学派在思想及学术方法上相互促进的场景。汉学内部存在许多分支,但是,它们之间某些一致的学术特征超越了彼此的学术界线。清代学者治学的侧重点和兴趣尽管千差万别,但是,大多数学者仍按公认的尺度界定自身。这些尺度都以实证研究为基准,同时允许不同学派保留自己的特点。①

一种更为开阔的历史视角自然会降低地域性因素的重要性,恰是这些因素形成地域性差别。我早期对江南学术共同体的描述主要讨论考据学,重点在于较大规模的学术共同体中的学术流派。江南地区地域广大,它的某些特定地域尤其值得注意。本书将探讨常州今文经学赖以兴起的社会和学术环境。②

清代学者往往根据江南地区通行的学术派别划定不同思想的差别。不同学派的差别理所当然地被学者们视为确定自身学术属性的明证。这些学者因为个人和地域性团体的差别,文学或哲学宗旨的不同,或师承关系的区别而被界定为家学。这些学派有时折射出所谓两汉时期"家法"的余晖。清代汉学的倡导者常用汉代经说否定宋学的正统性。各种地域性学派同时是江南地区围绕某一城市的特定的亚共同体的代表。③

清代学术思想的不同派别可透过传统的学术视野加以区分,认识到这一点极为重要。这种差异产生的原因值得进一步探索。在中国绘画史研究中,高居翰(James Cahill)业已指出,吴派与浙派是清代绘画历史与理论发展的中心,他怀疑两个流派的划分有无必要,高居翰声言,自己是"一块碎片"而非"一座山峰",他断言,绘画的地域性特征与画风的相互关系真实可辨。④

类似的难题出现于致力于清代中国众多学术流派的界定上。传统意义上的"派"、"家"、"家学"的内涵及界线要比传统学者及现代中国学者力图界定的范围模糊得多。有些时候,一个学派可能是拥有共同的文献学传统、地域上的接近、个别党社思想主张的一致、风格的相似,或这些因素的综合。在许多场合,一个"学派"仅仅是指为某种组织所作的辩护,这种序列化为某一地区特有的学术活动的中心内容准备谱系或使之系统化。

纳桑·席文(Nathan Sivin)就把学派界定为某一大师特有的学说或技术的传授过程,这些技术或学说通过私人传授由其信徒代代相传。这一定义强调权威性经典在世代流传过程中的完整性,私人传授能够保证对这些经典的正确理解,并使其继续被准确地转录和传播。学术的谱系不是固定的历史实体,然而,学派在字面意义上反映出某些个体或群体要与他们的先辈建立联系的要求。在私人传授过程中,文献的流传至关重要。⑤

但是,我们可以以更充分的依据用"学派"界定特定时期特定地域的学术,如中国学者常说的"苏州学派"、"扬州学派"或"常州学派",这类说法固然不能完全避免上述提及的流弊,但有助于我们评价跨地域范围内包括的众多学术现象。

大谷敏夫初步分析了清代扬州与常州的学术生活。他指出,来自皖东南的徽商对江南社会与学术活动产生过至关重要的影响,商业联系是徽学向扬州(通过戴震)、常州(通过戴震的弟子)传播的社会背景。常州地区学者转向汉学,也是同苏州学者对北方的影响、扬州学者对南方的冲击分不开的,本书第四章将予以进一步的讨论。⑥

在汉学运动中,常州学术的确居于次要地位,但这无法解释常州今文经学的开创性,它并非苏州或扬州学派的复制品。事实上,扬州的古文经学的家学和常州的今文经学传统表明,18世纪江南地区学术界内部存在巨大的对立和差异。因此,我们必须以常州士大夫自身开创的学术流派探讨今文经学的起源。⑦

在中国,构成一个学术流派的基本内容是什么?这是我们关注的焦点,我们将尽力把18世纪今文经学的重新崛起与常州(明清两朝江南重要的文化和经济中心之一)地区的社会史的发展结合起来考察。我们还将讨论学术主张及风格的地域性特色。

要探讨常州今文经学兴起的历史背景,必须解决下列三个问题:一、晚明无锡县的学术运动在常州府扮演的角色;二、清代常州地区学术界的领导地位从无锡转向常州庄、刘两族的原因;三、晚明常州学术思潮与清初今文经学重新崛起的异同。这些都反映出在广阔的江南学术共同体中府、县一级地区学术发展的地域性特点。

第二节 宗族与学派

儒学的发展趋势,往往集中体现于个人身上,这容易使人忽略家庭与宗族在儒家社会政治价值实践中扮演的角色。历史学者不应将士大夫与他们所处的社会环境割裂开来。学术史学者也不应忽略中国社会宗族共同体的复杂结构。⑧儒学家们不能凭空杜撰出一套政治文化图式。他们的精神形态镶嵌在广泛的、以宗族血缘纽带为核心的社会结构中。宗族对中国传统社会的巨大影响固然不应夸大,但是,与此同时也应看到,在士绅的日常生活中,儒家精英通常是根据宗族关系界定的,文化资源主要集中用于宗族的形成与发展。

一 苏州惠氏

庄、刘两族并不是惟一凭借学术成就赢得政治声誉的家族。惠氏家族的学术传统与18世纪苏州汉学的兴起关系密切。惠栋的学术是以曾祖惠有声、祖父惠周惕两代为基础的。他们的学术被授给惠栋的父亲惠士奇。苏州汉学传统揭示了一个家族内部流传的文化财富变成社会性显学的过程,而维护一个家庭乃至一个家族的儒学传统是保证他们的子孙顺利中举的代表性政治策略。经典是科举考试的惟一依据,这样一来,它们常受到宗族关系构成的家学传统的重视,并被长期沿用,以扩大宗族的地方利益及在科举考试中的优势。

然而,苏州惠氏的汉学传统表明了社会声望与私家传统的紧张。家学的排他性可以为地域性学风所调整。家学传统一旦在社会上风行起来,就会提高家学的声望。因此,家族可以根据相对于周围社会环境而独立的一个特定家族的文化策略,履行排他性的角色。苏州的汉学与常州的今文经学都代表着不同时期特定家族的独特学术观点和一个学术流派应有的学术主张。

惠氏祖籍中国西北的陕西省,公元997年,渭河流域(汉唐时代中国文明的中心地带)发生战乱后,惠氏开始南迁。明代,惠氏住在苏州,没有什么名望,到了明末清初,惠氏家族的学术成果为世所知后,惠氏才有了一些声望。⑨

惠周惕是惠氏家族的第一个进士。他后来在名声显赫的翰林院任职,这使惠氏家族地位显赫。他的儿子惠士奇1708年中举人,1709年,如其父一样,中进士。惠氏两代子弟进入翰林院,成为保证政治权力和影响的立足点。与苏州惠栋息息相关的汉学就是从惠氏四代积累的文化资源中派生出来的。⑩

惠栋凭借自己家族代代相传的"古学"和"经书"倡导汉代学术遗产,贬低唐、宋、明的经注。惠氏致力于汉学的重建,重视古代的《五经》,贬抑宋代学者编定的《四书》。⑪ 18世纪惠氏家族经济实力和学术声望允许惠栋从事难免奢华之嫌的学术研究,创建苏州学派。

家学尽管存在着排他性,但惠栋家族对苏州学界成就显著的影响表明,家学传统具备私人优势和社会影响这双重因素。吴学(苏州学派)的系统化基于惠氏对本族以外的居住于苏州地区的学者的学术传授。嘉定籍士子王鸣盛、钱大昕于1750年到苏州求学,由此进入了汉学圈。他们成为18世纪80、90年代汉学全盛期的知名学者。

惠栋毕生是一个学者,他以藏书宏富闻名于世。这种独立的学术传统得力于惠氏家族早先的成功,它将游离官方的学术标准,最终汇入考据学派经典考证的学术风气之中。惠栋的学术生涯同样表明在乾隆朝最初的十几年间,私家汉学传统和宋明理学控制的国家科举考试存在的距离。⑪

二 扬州王氏、刘氏家族

扬州王、刘两族同苏州惠氏一样,维持汉学传统,扬州地区的汉学研究因王懋竑的努力地位日趋重要。王懋竑动用考证学方法研究朱熹的生平和学术。他给朱子编著了一部内容翔实的年谱,该书自始至终将朱子尊为理学圣人。后来,扬州学者将考据学追溯到王氏,但很少有人真正接受、传播他的学术主张。⑫

扬州学者深受苏州惠氏汉学的影响,江藩即是一个典型事例,他在苏州几个惠氏嫡系信徒门下受业,经常受到同乡阮元的资助,阮是18、19世纪之际最著名的汉学赞助者之一。江藩在阮元的支持下,后来完成汉学名著——《国朝汉学师承记》,该书曾引起争议。⑬

对扬州最直接的影响来自大学者戴震及其学术主张。戴震本人是以徽州为中心的徽州学派的成员,1756—1762 年期间一直住在扬州。他最初做王安国的家庭教师。王安国颇有先见之明,让其子王念孙受教于这样一位汉学巨子。王念孙得到戴震的教导,受到训诂、音韵学训练,又将其传授其子——著名学者王引之。王念孙和王引之都是清代最著名的学者,为扬州王氏增光添彩。⑭

戴震考证学研究的科学取向是徽州学术传统的产物,继西方耶稣会士和梅文鼎将西方科学成果介绍给中国知识界之后,徽州学术界开始致力于古代天文历算的重建。戴震及其门徒超越吴派汉学樊篱(他们过分尊信汉代学术路径,视之为经学考证的圭臬),建立了一套更为客观的考证方法,力图建立一种更为规范的知识标准尺度。著名学者汪中曾这样描绘当时扬州的学术状况:

> 是时,古学大兴,元和惠氏、休宁戴氏咸为学者所宗。自江以北,则王念孙为之倡,而君和之,中及刘拱台继之。才力所诣,各成所学。⑮

这种学术思潮同样流行于扬州刘氏家族,当地的学者(如王氏)致力于汉学专门研究。刘文淇(1789—1865)开始研究《左传》,此研究后来成为刘氏的家学,一直延续到20世纪的刘师培。刘师培在转向政治激进主义之前,一直致力于家学研究。

扬州刘氏致力于古文经典籍《左传》的研究,与常州今文经学呈对峙之势。19世纪下半叶,刘师培之父刘贵曾,其祖刘毓崧都从事《左传》研究,恪守古文经学传统,推崇东汉经学遗产。⑯

今文学者康有为与古文学者刘师培的争论闻名于20世纪。这场争论起源于扬州刘氏与常州庄、刘两族的学术对立,这一点长久以来为人忽略了。1838年,刘文淇撰写《左传旧注考注》,1805年,刘逢禄撰写《左传春秋考证》,阐述常州今文学家对《左传》的看法。(详参第七章)

刘氏家族的研究计划为刘文淇之子刘毓崧继承,但直到20世纪尚未完成。这个计划旨在推翻东汉以后的《左氏》注,主要是《左传》杜预注。他们认为,这类经说没有正确地阐释根据《左传》推断出来的《春秋》的"例"。刘文淇的研究是汉学的主流,得力于惠栋学术和戴震的扬州弟子焦循的学术建树。⑰

此外,刘文淇推崇凌曙的《公羊礼疏》、陈立的《公羊义疏》,两书都以古文经学的观点解释《公羊传》,认为它可补充《左传》史料之不足。凌、陈均强调《公羊传》的史料价值,认为公羊学传统是"空言",他们认为这些"空谈"是东汉何休窜入经典的荒谬不经之论。⑱

起初,扬州刘氏与常州庄氏围绕《春秋》解释存在的对立仍是学术上的,极少掺杂政治因素。这场冲突反映出一个专治与政治无关的汉学传统的扬州家族同一个让子孙进入政坛的常州家族的冲突。庄氏家族与刘氏和王氏不同,他们用今文经学表达对乾隆晚期前所未有的政治腐败、社会动荡,以及对当时非政治性的考证学运动影响日益扩大的忧虑,我们将在以下的章节讨论庄氏家族对今文经学的运用。

三 桐城方氏和姚氏

除扬州、苏州外,皖南的桐城也因方氏、姚氏世代不断的学术传统闻名于世。两家从明代延续到清代。桐城派与徽州学派不同,他们受唐宋古文运动影响甚深,在学术上推崇程朱理学,并因此在19世纪为世瞩目。[19]

方、姚两族崇理学、尚科举的家学传统为宋明理学在桐城的传播提供了系统网络和学术资源。有清一代,14名方族成员和21名姚氏成员精通理学、中进士,方氏家学传统可上溯到明代,方以智也是其中一员。方东树等后代学者尊方以智为桐城派正统学说的始祖。

方苞及其一家早先曾受到清朝的严厉打击,但是,方苞到晚年却成为官方正统学说的代言人。他为长期受人非议的《周礼》的真实性进行辩护,讥讽那些持汉代学者刘歆伪造《周礼》及其他古文经典论点的学者。他力图改变汉学家的观点,使之归依宋学。他甚至认为,李塨长子之死是对李倡导"异端学说"攻击朱子的报应。

在《春秋》研究中,方苞把古文派的文学遗产和孔子《春秋》所阐发的有关世界秩序的学说联系起来。他把桐城派正统学说的代表性观点——"义法"等同于《春秋》的历史内涵,后者隐含褒贬于言词之中。方苞认为,《左传》精心发挥、发展了《春秋》大义。在方苞看来,8世纪的韩愈复兴的古文传统重新把握住古代文学形式所拥有的道德力量。[20]

18世纪后半期,桐城姚家通过姚鼐(1732—1815)、姚莹(1785—1853)的努力取得了当地正统学说的领导权。这部分原因在于方苞于1711年因文字狱牵连被迫离开祖居。姚鼐强烈反对扬州等地汉学家热衷的骈体文风,倡导古文文风予以抵制。他的努力受到后成为其竞争对手的常州阳湖派的支持。姚鼐还为宋学辩护,批评汉学琐碎的考证。[21]

姚莹同其他观点近似桐城学的学者一样,认为汉学无论在政治上,还是个人道德修养上,都对宋学构成威胁。他们慷慨激昂地为程朱学派辩护。姚莹指出:

> 古之学者,学道以正其心;今之学者,学文以害其心。……古之学者志在道,故以忠信则学,以孝悌则学,以事君敬长明礼而通

其义则学。今之学者志在文,苟可以为荣则学,苟可以为利则学,故文非文也。

从上述不同家学的差异中,可以看出,汉宋之争还波及文学领域。汉学家偏爱骈体文,宋学家崇尚唐宋古文,这意味着任何一方的写作都要求适当的文学表达方式,汉学家需要骈体文,而宋学家则要用古文阐述心性之学。苏州、扬州的王、惠、刘诸家族在家学内都特别重视为汉学接受的有关写作的文化和语言训练。

桐城方、姚两族都视古文为阐述道德哲学的媒介。他们认为,古文与内圣之道密不可分,古文是表达理学义理的适当媒介;力图融汇古文与程朱义理于一体,实现古文与宋学的融会贯通。㉒方、姚都把苏州、扬州汉学斥为异端,指责他们道德败坏。18世纪末、19世纪初,姚鼐在著名的钟山书院形成一股庞大的势力。姚鼐、姚莹、方东树尽管都以理学闻名于世,但是,都不得不重视考证方法的重要性。1798年,姚鼐为谢启昆的名著《小学考》撰序,他在序中呼吁维护汉学与宋学在儒学教育中的平衡。㉓

类似的联盟也在常州出现,当地一些学者与阳湖派和常州派关系密切。他们同样徜徉于宋学、汉学之间的文学和哲学领域。他们与苏州、扬州的同行不同,对汉学的兴趣较为淡漠。中华帝国晚期宗族文化资源的简要事例表明,宗族是解释长江中下游知识分子赖以生活的社会和政治制度的独特而有效的切入点。我们在详细讨论常州庄、刘两族之前,将首先探索扬州地区宗族组织得以跻身于地方与国家政治事务显赫位置的社会、政治、文化因素。㉔

第三节 中华帝国晚期的宗族

在儒家控制下的中国,个人从来不是以自主的身份出现的,西方史学家强调从先辈继承的个体自主性,因而难以理解儒生往往要以宗族成员的面貌出现的现象。宗族不是一个抽象的社会群体。根据詹姆斯·L·瓦特森(James L. Watson)的观点,宗族对其每个成员而言,是他们个体认同的一个整体。儒家伦理学说既可补充宗族组织的艺术式管理,又能体现于宗族组织的管理艺术之中。㉕

众所周知,中华帝国晚期的各个宗族的形成过程不尽相同,这一时期的庄、刘两族既是地域性实体,又是血缘群体。地域、历史这双重因素加强了地域性色彩极为浓厚的宗族网络的多样性。中华帝国晚期是由众多政治和社会力量所构成的,它们都将宗法血缘群体视为一种理想制度和社会典范。对于政治、经济与社会秩序而言,传统社会的宗族制度与其说是一种被动的反应者,不如说是一个积极的支持者。㉖

某些家族在个别地区居领导地位,他们在中华帝国晚期的社会中扮演着至关重要的组织化的角色。他们拥有族产、祠堂、家谱,大多可追溯到宋代,是血缘群体代代相传的产物。16世纪,他们的社会地位日显重要,人数不断增多。与此同时,明中央政府对地方的控制日趋衰落。宗族拥有地方士绅经常举行赈济所用的族产,他们作为农业商品化和市场专业化的力量,改变着14世纪以后江南地区的社会面貌。㉗

一　晚明的士绅阶层

作为国家的臣仆、地方的领导,士绅是14世纪晚期朱元璋建立的控制乡村机构的一部分。明代国家既想加强皇权,同时又要依赖乡村共同体征收赋税,适应农村商品化的里甲制度是二者妥协的体现。各村庄的每个家庭承担社会和财政义务,每个家庭实质上处于地方精英控制的统治序列之中。㉘

14、15世纪社会、经济的新变化为乡村社会注入新的内容,帝国政府却落伍了。1400—1600年,中国人口约在6 500万~1.5亿之间,这是与经济条件的改善同步出现的。朝廷及其官僚机构逐步失去对土地和劳动力资源的控制。明代根据14世纪人口、土地、劳动力、纳税人口而建立的赋税制度,迅速过时。㉙

土地被遗弃,大量税收随之流失,官田被非法上市交易,诡寄之风流行,人们借士大夫拥有的赋税豁免权逃税,后果之一就是越来越多的税收转嫁到农户身上。江南地区,财产常常被转到官绅名下,这种风气在晚明相当流行,苏州、常州、扬州诸府尤为盛行。

官员享有的赋税豁免权成了最大的税收漏洞,穷户放弃自己的经济自主性,将土地交给那些有免税特权的大户,这进一步加剧了农村社会的分化。江南的税额征收从官田转向私田。㉚

江南等地区商品经济的发展使赋税征收从实物和劳役方式变为货币方式,这种转向也加剧了里甲制度的衰落。土地主人的逃亡,农民向城市的流动,诡寄之风的蔓延,村民赋税制度强固性神话的破灭,里甲制度和赋税制度相形之下业已过时,国家最终丧失了通过赋税制度调整经济的能力。㉛

16世纪实施的一条鞭法改革是晚明解决赋税问题最重要的举措之一。这场著名的改革完全按土地征收赋税,因此合并和重估了许多赋税种类,赋税按成丁和田亩数平摊,土地税和劳役都折成白银缴纳。㉜

随着地方贸易的发展,城镇的经济功能不断扩大,1500—1800年,市集总数增加了两倍,江南地区的许多村镇也成为地方贸易的中心,农业共同体中集镇商业运转的许多重要功能和业务都为地方士绅把持。政治权力从地方行政官员转到地方士绅手中,这种转向强化了士绅对地方的控制。㉝

苏州、扬州、常州诸府的大集镇与周围各县乡村集市建立起密切的联系。明代后期,江南地区许多县级以下的集镇的手工业和商业发展出现分工的趋势。稻田开始改种经济作物,专业化城镇发展迅速。例如种棉业,它的种植和加工随着劳动分工,逐渐成为不同的行业。长江流域太湖沿岸地区的地方性商品生产从明初传统的一家一户手工业生产转向手工工场生产。㉞

在专业化集镇出现的丝、棉、稻米市场得益于江南稠密的水陆交通,这些市场加速了农村经济的商业化,刺激了城市商业的发展。良种的改良,种植模式的改革,新品种的输入(大部分来自新大陆),使谷物产量增加两倍,成为1500—1600年单位面积产量增加的重要来源。

手工业的商品化生产意味着农村经济的变化将导致社会秩序的

相应变化。城市手工工场与农村家庭手工业存在着差别,这种差别使农业生产者对市场力量和中间商产生依赖,后者有形的经济关系瓦解了儒家为乡村社会中地主官僚和农民间规定的社会道德义务。[35]

儒家设想出的相互支持的道德经济范式,尽管是不现实的,但是,它是基于国家和士绅在地方社会所扮演的保护性角色而提出的。然而,商业活动促使越来越多的地主、士绅迁入城镇,士绅的离开又导致士绅阶层在乡村社会地位和道德声望的下降。到1600年,集镇的人口主要由商人、雇工、离乡士绅组成。晚明城市生活的主要居民是外来客。消费的扩大、狭隘的地域主义的减弱、城市文化的勃兴,所有这些反映于晚明小说中的社会众生相都是江南地区特有社会条件的产物。[36]

从14世纪到16世纪,朝廷、士绅、农民三者复杂的关系开始变化,帝国官僚机构开始放弃对乡村事务的直接控制,这意味着晚明至清初士绅统治地位的加强。精英阶层成功地适应了这种变化,江南士绅阶级在中央集权的官僚制度庇护下,从事以地租和商业经营为基础的多种有利可图的经营活动,同时又在官僚队伍中占有相当比例。

二 宗族组织

晚明时期,那些建立起强有力的地方宗族势力的士绅填补地方事务的管理真空,维护对地方政治、经济的控制。宗族是在家庭和县一级管理系统之间活动的社会群体。当晚明过时的里甲制度日趋式微,逐步让位于相对自主的乡村和士绅控制之机,宗族组织却处于抓住晚明经济机遇的有利位置。宗族一方面负责管理朝廷土地税的征收,另一方面,又抓住有利时机从农村手工业和日益发展的农业商品化中牟利。[37]

晚明及清代,确凿地说,由于朝廷行政管理的鞭长莫及,江南地区有势力的宗族(有代表性的宗族是按地域划分,并拥有显赫的科举功名获得者)对地方政治、经济的影响力远远超过本族人口在当地所占比例。这种趋势并非一种自治管理的理想模式。中央集权的有限削弱是晚明时期中央政府与江南士绅利益冲突的产物,也是乡村有限自治权的保证。明政府将限制那些威胁中央集权的党社和书院,但是,地方士绅的社会权力未受到挑战。17世纪,地方士绅势力按强大的血缘群体和近亲社会、政治策略重新界定。㉚

有明一代,土地收入与商人利润之间早期存在的明显界线被突破了,这说明士大夫对可获取财产的认识发生了变化,也是对中举者及其家族参与地方经济事务的一种辩护。在中国,尽管儒生存在着轻视商人的偏见,但是,并没有像近代早期欧洲及德川幕府时代的日本一样在商人与士绅之间划定明确的界线。儒家倡导士农工商这样的社会秩序,但这是一个与社会现实脱节的理想秩序,清代社会精英是由士商一体组成的。

由于经济精英与社会精英关系密切,其中任何一个领域的成功常常有利于另一个领域的成功,士大夫阶层以外的家族群体向士大夫群体的转变需要的巨额财富不仅来源于土地,而且来源于商业。一个财力雄厚的家族,其集体投资并不限于农业,商业、高利贷、官职也是宗族的财富来源。恰恰是这些财富加强了宗族的地方声望。

新的族产并非宗族的每一代都能出现的。只有那些身居显要的宗族成员,才能提供一笔丰厚的产业。每份族产往往交由那些具备必要的地方声望、社会阅历、政治活动能力的士绅管理和组织。族产不断合并,以便于长期管理,这种合并过程日渐常规化,为每个家族的文化声望、政治权力的积累过程提供必要的组织机制。族产是众多族内个人利益的集体性组合,是士绅家族集团的共同财产,是家庭集合财产管理的科层化。

江南地区高效率的稻、桑、棉经营迅速积累起巨额财富,这些财富有助于族产的组织化,推动了大宗族的产生。那些大族利用农业或商业收入,维修宗祠,支付私家学校费用,应付与其社会地位相称的婚、丧、嫁、娶的开支。㉛

族产又是宗族权威的象征,受到以宗族的名义制定的道德规范的保护。血亲关系维系的同盟保证宗族内在凝聚力的长期延续。族产得到国家的认可,宗族成员必须捐资帮助需要救助的成员,提供必要的婚、丧费用。作为一个带慈善性色彩的组织,族产享有一些税收优惠,还可免于可能出现的财产纠纷。

哪些特定的法律特征赋予族产以政治上的合法性,这是一个有待深入讨论的问题。尽管如此,宗族采用族产的办法缓和了财产因继承而不断被分割所带来的损失,这一点是显而易见的。在大宗族中,那些有政治地位的精明士绅可以为自己的亲友发挥许多作用。他们的作用近乎现代美国社会中具有合法地位的可信赖的财产托管人的角色,后者也是要竭力维护美国精英家族的财富和声望。士绅精英在强有力、秩序井然的宗族内扮演着准托管人的角色,这意味着那些接近族产经济来源的成员将首先从各种税收优惠中捞到实惠,分享族产的收入。[40]

宗族尽管强调宗族的凝聚力,但是,这并不是说宗族是一个公平社团,其中的每个成员能均等享有宗族拥有的财富或声望。那些财富显赫的宗族成员,以及与族产捐助人有亲属关系的成员,控制着与族产有关的复杂的社会、经济利益。血缘群体处于一个等级分明的社会政治制度之中,网罗了社会各个层面的成员。宗族成员得不到一视同仁的待遇,经济条件、政治地位的差异使宗族的有些支系不必在乎血缘、辈分、年龄等在家族礼制方面的制约而享有更多的发言权。

在中国传统社会中,那些有势力的宗族与相对弱小的宗族相比,可以在地方获得更多的好处。他们垄断了地方与外界的联系,因此,那些有权有势的宗族成员成为在政治、经济、文化方面与穷困族人交流的媒介。[41]

三 宗族与文化资源

如果按帝国的正统性衡量,宗族社会与经济努力不仅与科举考试的成功有密切关系,而且与对地方文化资源的控制息息相关。宗族需要一些长于文学、地位显赫的人物,他们为维护宗族利益,要善于在地方文人圈内活动,能够结交省、府、县各级官员。财富众多的宗族——特别是江南富裕地区的宗族拥有的经济势力为宗族内部富裕支系的成员提供了更多受教育的机会,这种机会是科举考试成功的保证。科举考试的成功还有利于获取宗族以外的政治、经济权利和资源。较多的受教育机会又保证族内的富有成员拥有比较多的管理宗族事务的知识和机会。㊷

宗族要保证自身长久不衰,就需要充足的经济来源,以保证族内有志青年接受长期儒家教育所需的开支。宗族内的所有天资聪颖的男性青年,要通过令人望而生畏的科举考试,钱是关键因素。与寒门贫家子弟相比,那些书香门第的后代在地方事务中,往往先天享有许多优越性。那些农民或者艺人出身的子弟,要与官绅人家子弟竞争,显然是极其艰难的。

教育不只是社会身份的标志,在一个充斥着文盲或只会讲方言土语的社会中,那些掌握经典书面文字的人就拥有政治优势。家谱的编写、契约文书的制订,典当及其他经济契约的确定,都极需专业知识和社会关系,所有这一切,惟有家族内部士绅精英才能提供。对于一个雄心勃勃、志在跻身中华帝国晚期社会等级序列的家庭,一个进入士绅阶层的文化模式是十分明确的。㊸

江南商人以赞助学术,支持扬州、苏州、杭州地区的学术活动闻名于世,其结果导致士商双方社会策略和文化兴趣的融合。中华帝国晚期,江南及其他地区商人在文化生活中位居前列。例如,要想区分扬州汉学界的盐商和士人,几乎是不可能的。商人在地方,特别是常州、无锡等中心城市社会生活的成功,明显反映出商业利润与显赫社会地位的结合。经学的繁荣,以及图书收藏与出版的空前发展在一定程度上也都是商人赞助的结果。㊹

为通晓儒家政治道德话语而掌握相关的语言工具和教育手段被视为保证宗族地位和声望久盛不衰的必要前提。科举中第及随之而来的封官授职使得那些与士绅关系最密切的人直接获得权力、声望。但是,地方性声望的扩散循着家族和血缘的不同脉络而逐步扩大,甚至那些家族内部的寒微成员等也能在一定程度上认同、分享其他成员的声望。㊺

宗族内有义学。它是赈济性机构、教育、慈善活动多样合一的又一个例证。宗族捐助开办的学校为族内寒家弟子上进提供了许多机会,相形之下,那些微族提供的类似机会就少得多。宗族成员整体上得益于那些中科举的族人,不管他们出身何等卑微。因此,在一个家族内,那些无法世代保持中举者地位家庭的损失往往为其他支系举业的成功而弥补。家族的社会流动性,作为一个集合性整体,与个别家庭不同。

族学、书院等为商人弟子开办的学校成为一笔令人羡慕的私人产业,许多地方精英在这里彼此争夺社会、政治、学术的声望。本章最初几节讨论的宗族,到明末转向经学研究,结果,他们能够将供族内男性学生应试前所受教育需要的文化资源挪作他用,而资助那些中举的经学家。江南地区的宗族最有能力提供昂贵的长期文化投资。⑯

对遗产继承制度、婚姻、宗族、教育、土地所有权、政治组织的分析,无不显示出有力的意识形态学说往往是透过宗族结构而阐发的。清代出现的常州今文经学就是范例。常州今文学派与常州庄氏的宗族传统及其与刘氏家族的长久姻亲关系休戚相关。庄、刘两族可以通过两家持续三个多世纪的文化世家的声望,分享宗族资源。宗谱显示,他们都是建立在财产、教育、亲属、婚姻联系上的城市化地方精英。⑰

我们对庄、刘两家及其于明清之际在常州崛起的探索,将描绘大宗族在中华帝国晚期地方社会扮演的角色。为讨论江南宗族与学术的关系,我们将讨论庄、刘两族所处的政治环境,在这种环境中,庄、刘两族代替东林党,成为士大夫交往的媒介。

第四节 宗族与国家

我们通常认为,国家权力与家族群体存在一种反向关系。宗族内部的血缘凝聚力、宗族在地方社会的潜在竞争力与中央政府并不完全合拍。许多官吏,特别是县级官吏,往往只默认宗族组织有限的自主权,只要后者不直接冒犯中央政府在地方的权威。而且,广泛的亲属集团成员常与其他宗族联合起来,形成显赫的派系(根据虚构或真实的

宗亲关系),迫使省级大员保护他们适当的自主权和税收豁免权。㊽

有趣的是,国家尽管有时采取措施压制强族发展,但是,它还是鼓励地方社会中宗族的发展。例如北京著名范氏的族产,从北宋起一直存在并始终享有赋税优免权。没有国家的支持,以免税族产为基础兴起的范氏家族就无法长盛不衰。

我们不难理解国家支持地方性宗族发展的原因。儒家系统化的社会、历史、政治观点都是围绕祖先崇拜展开的,宗族关系被奉为道德行为的文化基础。忠孝等宗法观念又被外化到国家层面。因此,宗族秩序的道德影响作为地方社会的建设性基石,被国家认为是有益的。㊾

更重要的是,地方宗族是县级行政体系下控制的稳定农业社会秩序的重要力量,因此有利于地方官员的管理。此外,地方社会礼—法原则的集体性义务不仅适应于里甲制度中的家庭单位,而且适应于中国农村的家族制度。至于税收和地方诉讼,我们已看到,宗族组织的影响常常在稳定乡村秩序上帮助国家。宗族同里甲一样,对国家来说,都是县级以下的非正式辅助性机构。

宗族因而不会最终发展为国家的对立面,而只是国家与地方性社会经济力量互动的产物。他们代表着存在于各种非宗族形式的共同体内部的一种以血缘关系为基础的社会组织形式。地方士绅们的利益通过国家认可的组织形式——宗族得到实现。这种社会发展最明显的特征即在于他们得到儒教国家的授权准许。㊿

一 明清之际的儒学派别

中国家庭和家族的思想观念将维护家庭、亲属间的和谐关系置于首要位置。这极易等同于士绅阶层的内容更为广泛的意识形态,同时,它还维护自己在国家与公众之间调解人的角色。明清时期,血缘关系成为地方社会整合的首要手段,官方对此没有提出意识形态方面的非议。官方在这个问题上的宽容立场,与他们向士绅阶层建立的以非血缘关系为基础的党社(中国17世纪无锡地区出现的东林党社及其消亡是其明显的例证)穷追不舍的严厉打击,形成鲜明对比。

东林党人的影响曾一度左右整个帝国知识分子的注意力,并因此达到其顶峰,它是晚明时期儒家道德哲学与经世意识汇合的产物。但是,作为一个以常州为根基的社团,东林党不是按血缘关系建立的社团,在传统儒—法政治制度中,找不到多少可以为其辩解的先例。在为人广泛征引的《论语》一书中,孔子就说"君子无党"。另一部为人经常引用的经典《尚书·洪范》也特别强调,政治共同体应消除门户党派偏见,即"无党无偏"。㉛

儒家政治理论斥责那些地位相同或相近而组织朋党的人为个人私欲和地位的追逐者。儒家的理想是无党无偏,政府官员应遵循以君臣之间等级关系为基础规定的行为准则。那些站在东林党对立面的人,往往就可以以儒家道德学说为依据,指责东林党人建立朋党,惟个人私利是求。㉜

不过,东林党之类的党社仍有自己的道德根基。宋代以来,儒士开始提出忠党与奸党之分。儒臣范仲淹即声称,如果士人建立友情,为国家利益而一起工作,这不会产生危害。不久,欧阳修于1045年向皇帝呈送一篇文章《朋党论》,这篇文章以范仲淹的立论为依据,赋予宗派风气一种道德声望的标记。欧阳修为了聚集力量支持范仲淹及他本人相继倡导的改革,同时重用改革的支持者,强调合法性派别的忠诚与公心。㉝

其他人对于以党派形式出现的文人集团的看法有矛盾之处。司马光——一位保守派的领导人,一方面认为党派是个人私欲的产物,一方面将其出现归咎于最高统治者造成的政治气候。他认为,朝廷如出现朋党,统治者应反躬自省,不应责备臣下,朱熹——未来帝国正统学说的代言人,在这个问题上则不那么宽容,他认为朋党本质上是一种背弃"天理"的政治"私欲"的产物,他从理论上否认了士人结社的合理性,在他看来,士人结社背弃了儒家政治秉持的"天理"。㉞

尽管如此,16世纪中叶以后,一些地区的私人书院仍建立党社,举行集会,讨论教育、文化、政治问题,这种现象已是司空见惯之事。这类社团只有得到地方官员的支持及附近地区士绅、商人的参与才能形成。与社团有关的私人书院的房舍成为各地文人官僚聚集、休憩之所。

不过，也有许多官员将私人书院出现的独立社团视为对现存政治秩序的威胁。[55]

私人书院同宗族一样，形成了一种可以在文化、政治事件中将个人与地方统一起来的组织。17世纪新出现的东林书院，在其发展的顶峰，就是社团、俱乐部、党派的松散联合体。它公开提倡那些酝酿一个半世纪之久的主张，党社是私人书院长期隐蔽发展的结果。[56]

常州东林党人自然欣赏欧阳修的《朋党论》，这暗示他们的主张不是出于私欲，而是基于道德认知的共识。顾宪成就严辨"正人""清议"与那些基于私利的小人之间的差别。顾死以后东林派的领导人高攀龙也明确地指出，文人社团能在公共事务中扮演有用的角色。

他们的支持者诉诸"公党"的理想，将其作为文人参与国家事务的理想渠道。与过去的"私党"不同，他们声言自己志在寻找一种允许人们为公共福利聚集起来的选择。[57]

二 晚明政治的混乱

1530—1630年，在这一个较短时期内，帝国政治受到精英阶层对"正统儒学"起初隐蔽、而后公开的批判的威胁。当时，皇帝每日不理政事，中央政府出现权力真空，宦官与官僚派别争权夺利。地方行政机构的衰弱同样加强了各地士绅在地方的势力。

士绅组织起来的地方书院与中央权威的矛盾到17世纪早期达到顶点。当时，无锡东林书院与武进、宜兴等地邻近的书院相呼应，这样，常州地区内存分歧的强大文人党社足以影响北京朝廷的政策。他们的势力到1621—1624年达到顶点。随着魏忠贤——年轻天启皇帝最宠幸的宦官的得势，东林党人经受了一系列挫折，东林党人的代表尽管位居高位，还是逐步被阉党攻击并被罢官免职。

对东林党人的迫害到1625年夏达到高潮，许多东林党人遭到逮捕或遇害，随之而来的是朝廷对私人书院这种具有政治批判倾向的组织的指责。全国的私人书院被下令取缔。1625年，东林书院被部分破坏，第二年被朝廷下旨拆平。北京颁布的一项特别法令摧毁了常州、苏州两府的全部书院,这主要是因为当地书院均为东林党社关系网络的一部分。1625年的这场迫害尽管是由阉党分子出于自己的目的发起的,它的理论依据仍是帝国政府拥有的限制有组织的士绅参与国家事务的特权。对于一个持续了一个世纪之久的难题,阉党对东林党迫害的理论就是按照专制朝廷的政治现实界定以书院、社团带来的威胁。魏忠贤对东林党的残酷清洗,反映出在许多受过良好教育的士大夫们中间存在的普遍担心,要建立一个追逐个人私利的政治组织是十分错误的。

随着官方取缔东林书院,各种党社受到冲击,它们的活动已达到明代的政治生活的极限。党社与通常由国家统治者体现的起码是观念上的公共利益发生冲突。至少在晚明国家政治舞台上,士绅强化自身权益的努力失败了。㊳

然而,魏忠贤的恐怖手段,并未能摧毁东林党衍生的政治力量。1627年,魏失势后(不久自杀),私人书院和党社重新兴起,宗派之见在席卷明末的政争中导致派系林立。那些最成功、组织最严密的党社都与复社运动有联系。这场运动席卷17世纪20、30年代的苏州。复社是一个令人望而生畏的组织,它专力支持其成员参与左右晚明政局的政争,它甚至是帝国官僚结构内部出现的最庞大、最复杂的政治利益群体的代表。

明朝在农民军与清朝的相继打击下灭亡了。此后,复社活动停止了,各种党社消失了,东林党与复社都试图寻找一条为士绅提供政治声望的途径,其努力结果均失败了。当时的士人即将明亡归咎于它的专制,同时认为,门户党派丛生是士大夫在政治上取得共识的障碍。㊴

如果士绅通过东林党、复社之类合法社团已可以影响省级、国家政治,那么,儒家政治文化释放出何种政治力量?有些学者推测,晚明出现了改革国家的趋向,它们显示出与西方国家反对绝对王权和走向议会体制趋势相似的特征。㊵

晚明的门户之见尽管被看做明朝以及延续到1662年的南明诸政权灭亡的主要祸首,事实上,人们怀疑,即使东林党上台,儒家党社也未必一定能取得合法性。士绅阶层畏惧农民起义更甚于满洲占领,他们懂得,自己的社会经济特权依靠国家政治权力,于是他们又很快入仕了。严苛的清朝皇帝又恢复了皇权在政治生活中的主动权,制定了一系列直到19世纪动乱时才可能受到异议的政策。

在这场即将消逝的冲突中,最新奇的内容不是帝制集权政府维护自身利益的极端手段,而是士大夫们批判朝政的大胆态度。晚明时期,学校、书院的出现促使一个日渐扩大的受教育阶层的增加。数以千计的儒士加入东林党和复社,他们提出的诸多改革方案超出了明朝集权政府制定的反叛罪所指控的范围。㉛

明代经世意识的失败应在帝国范围内城市秩序独立性增加的背景下加以考察。对于明朝政府过度集权的批评一直延续到清朝初年。甚至晚明经世思潮被成功地中止后,情况依然如此。黄宗羲、顾炎武等明遗民令人惊叹的思考、观察——若置诸17世纪明亡的语境中考察,就标志着17世纪中国在反省儒家政治学说与集权国家相互关系方面的重要成就。㉜

东林党人的初衷体现着什么?它在17世纪的失败是否就是帝制中国与变革中的欧洲历史轨迹本质不同的标志?东林党的失败,究竟是皇权过于强大,还是儒家政治学说的自戕所致?对于士绅来说,抗议晚明皇权也就等于犯杀头之罪。士绅的联合遭到禁止,殉难必定无疑,东林党之类党社能够在儒家政治文化中取得适当的政治地位吗?当我们考察与晚明政治失败形成鲜明对比的江南大族的发展背景时,这些问题就会立刻摆在我们面前。㉝

三 家族与政治合法性

现代人类学、社会学者将家族视为中国社会特有之物,同时视其为一种阻碍现代政治形式赖以发展的社会共同体出现的障碍。但是,儒教中国及其意识形态代言人将宗法联系与共同体利益融为一体,它体现着经由这种社会机制公平分配财富和资源的广泛的平均理想。1736年,常州府阳湖县人蒋炳在一篇呼吁官府支持宗族的奏议中,强调了宗族内在凝聚力在社会生活中的重要性。

孟子云,人人亲其亲,长其长,而天下平。良以人各有亲,人各有长,由亲长推之,则人各有宗族,此亲长之理,可由一家而推暨天下也。从来人心风俗转移,自世家巨族为之倡,而教化之行又先自贵者始。

蒋还描述了宗族制度一旦被破坏,社会可能为之付出的代价。

近世士大夫于宗族亲党,固有好行其德者,亦有只知自私自利者,且有妻子食粱肉而手足糠秕不继者,奴仆乘坚策肥而族党冻馁不顾者。

蒋的解决方法是,政府应鼓励相互帮助,倡导宗族内部的责任感,以使地方风俗与国家利益不致发生冲突。㉝

若有能捐产入宗祠周济族人者,请令有司别列其田数于籍,免其杂徭并交部议叙。其士庶之家在千丁以上,许本族公举谨厚者一人以为长,训迪族众。三年之内,族人无干礼犯法涉讼公庭者,州县给匾奖励;五年无犯,督抚给匾奖励。若遇荒欠之举,凡族人能周恤族众,不使流离失所者,督抚酌其轻重,或给匾奖励,或题请给以顶戴荣身。

康熙、雍正帝也有类似的论述,他们也希望在宗族中找到一种可以维护社会稳定的结构。康熙"圣谕广训"的第二条即是"笃宗族以昭雍睦",对此的有关解释就是鼓励民众"立家庙以存烝尝,设家塾以课子弟,置义田以赡贫乏,修族谱以联疏远"。

在非血缘性党社组织被宣布为"私党"的地区,以血缘性为纽带的社会组织被宣布为"公党"。明清时期,救济性族产享受税收优惠,这是因为在儒家宗族理想中,族产是古代通过救济均分财产理想的体现。因此,只要大族的运转没有超出国家官僚权力规定的范围,他们在理论上就能获得维护自身存在的强有力支持,这种支持还得到国家、社会认可。⑥

政治与道德话语对宗族制度的一致承认,与士大夫阶层围绕"公党"朋党参与儒家政治文化的合法性所展开的长期的、17世纪达到高潮的争吵形成鲜明对比。在官方儒家的规定和理论中,非血缘性的组织从理论上被斥为追逐个人利欲的手段。

明清之际,政治型社团崩溃,宗族势力延续,这种变迁可以解释大族兴起成为江南士人利益代言人的历史原因。17世纪,无锡东林党人倡导的"党派"意识,在18世纪转为常州庄、刘两族的以今文经学为基础的革新主张。在这种转变中,我们可以看到,一种以垂直的血缘关系为纽带的士绅利益集合得到强化,以横向的非血缘性党社基础上关注政治主导权的利益群体则受到弱化。地方性权力的这种重构过程事实上创造出新的地方机制,庄、刘两族即是从这种机制中获得社会地位和权力。

东林党人效法北宋先驱,力求建立超越血缘关系的同盟。当宋代为党派辩护的努力失败、元朝征服中国后,只有恢复宗族才能保护士绅的地方利益。晚明时期,士大夫们为党社争取合法性的尝试来得太晚,很快为满族的入侵所荡涤。士绅只得再次求助于宗族制度。17世纪初叶以来,宗族的形成日渐成为常州府的党派联盟的一种选择。晚明士绅政治运动的失败,满清于17世纪中叶消灭明朝势力,这些变动均未损害当地土族,他们分毫未损,后来成为清代地方社会最重要的社会组织之一。康熙帝在清初将维护宗族利益作为国策实施后,他们得到国家的保护,成为合法的组织。⑥

宗族被等同为具有赈济性和慈善性目的的公共机构,因而有充足的理由逃避对士绅的种种限制。由于宗族可以以组织方式应付商业化与社会分化——这二者均为晚明时期人口骤增、农业衰退导致的难题,宗族是一种减轻地方贫困和饥饿的有效、合法的方式。城市家族可以为贫困的同宗成员提供救济。清朝的胜利适时地消除了一度比血缘性士绅组织更为兴盛的其他士绅组织形式。⑥

晚明时期常州及其他地区留下的一笔重要政治遗产就是血缘性

地方组织在地方社会作用的扩大。明清易代之际，常州地区具有影响力的大族是那些通过宗族组织方式进入地方权力顶端的家族，他们一般回避建立社团一类的方式。

在这些大族中，庄、刘两族顺利地躲过明亡的浩劫，他们凭借内部的凝聚力，以及彼此密切的亲属关系，到清代，将他们的声望从地方扩大到中央政府。常州今文经学因此为我们提供了独有的窗口，由此，我们即可审视精英社会和学术史，这段历史涵盖了明代政治清议的失败，以及中华帝国晚期地方士绅借助宗族制度对地方控制的延续。

注　释

① 详参拙著《从理学到朴学》，8—13 页。

② 详参施坚雅《农业中国的市场和社会结构》。

③ 更详尽的讨论见拙著《清代的学派》。

④ 高居翰《告别海岸》，135、163 页。

⑤ 席文《哥白尼在中国》，96 页。详席文为拙著《从理学到朴学》所作的序。

⑥ 大谷敏夫《扬州常州学术考》，319—321 页。徐珂《清稗类钞》卷六十九 19—20 页的有关论述早已注意"常州学派"与徽州学派的联系。

⑦ 拙著《清代的学派》，12—15 页。

⑧ 崔彻特《一种评论》，33—34 页。

⑨ 有关惠氏家族详参《惠氏四世传经图册》；杨超曾《纪录》；达莱斯《陈氏家庭》。

⑩ 卢见《周易述》序，1b 页。布迪欧《实践的理论》171—183 页有关符号资本的讨论。

⑪ 哈默尔《清代名人传》，138、357—358 页，拙著《从理学到朴学》有关"专业化学者"的讨论。在 1905 年废除科举制度前，《四书》、《五经》是教育制度的骨干。《五经》包括《易经》、《尚书》、《诗经》、《礼记》、《春秋》，《乐经》早在春秋战国时代已佚失。《四书》包括《论语》、《孟子》、《大学》、《中庸》。

⑫ 梁《清代学风之地理的分布》，20—21 页。

⑬ 近藤光男《汪中与国史儒林传稿》，64—69 页。

⑭ 详参拙著《清代的学派》，12—14 页。

⑮ 汪中《述学》外编，3b。

⑯ 张伯英"序"，1 页。哈默尔《清代名人传》，534—536 页。

⑰ 刘文淇《青溪旧屋文集》，3.9b 页。

⑱ 同上书，1a—2a 页；凌曙《公羊礼疏》，862.15b 页，有关讨论见杨向奎《清代的今文经

学》,190—196页。陈立如第七章所论,同样受到刘逢禄今文经学的影响。

⑲ 徐珂《清稗类钞》卷六九,7页;卷七十,30—34页。

⑳《方苞集》,16—21、58—59页;哈默尔《清代名人传》,235—240页。方苞及家属先被关押,后来,有的被发配为旗丁为奴,有的被流放到东北。详参青木正儿《清代文学评论史》,518—526页;比蒂《中国的土地和宗族》,51页;埃伯莱《清代中国宗族类型》。

㉑ 姚鼐《古文辞类纂》及其1796年为《惜抱轩九经说》所做的序,1a—1b页,姚莹《东溟文集》,3.2b页;也见盖《四库全书》,140—156页。

㉒ 姚莹《东溟文集》,2.14a—14b页;爱德华茨《分类指南》,770—788页;青木正儿《清代文学评论史》,526—533页;博拉德《中国文学的考察》,140—157页。

㉓ 姚鼐《惜抱轩全集》,4.22a—23b页。

㉔ 赵《常州词学的批评》,151—188页。我的家族讨论仅限于上述方面,以免脱离本书的论题。

㉕ 弗里德曼《中国宗族和社会》;瓦特森《土地继承制度》,176页。

㉖ 有关论述详参瓦特森《一个中国家族的考察》,95—99页;帕斯特纳克《界线的作用》,551页;伯克《中国家庭与宗教》;艾亨《中国宗族的支系》,1—15页;弗里德曼《中国社会研究》,399页。

㉗ 崔彻特《范氏族产》,97—98页;埃伯莱《宗族组织发展的初期阶段》,53—56页。有关晚明社会的变化,详参重田德《士绅作用的起源和结构》,337—385页;威恩斯《财政与农业管理制度的变迁》,53—69页;埃伯哈德《传统中国的社会流动性》,31页;丹纳拉《宗族发展中的赈济活动》,53页。

㉘ 黄仁宇《政府财政和税收》,1—24页;黄《里甲制度》,103—155页;布鲁克《明代地方管理》,29—37页;王毓铨《明代劳役制度》,1—44页。

㉙ 黄《里甲制度》,120—145页;王毓铨《明代劳役制度》,24—25页。

㉚ 威恩斯《变迁》,61—65页;黄仁宇《政府财政和税收》,154—162页;王毓铨《明代劳役制度》,16—21页;滨岛敦俊《明代江南农村社会研究》,215—261页。

㉛ 黄宗智《华北地区的小农经济》;威恩斯《地主与农民》,3—34页;川胜守《中国封建国家的精英结构》,440—445页。

㉜ 重田德《清代社会经济史研究》,155—201页;黄仁宇《明代税收制度》,112—133页;Yamane《劳役制度改革》,279—310页;另参威恩斯《中国近代早期的棉纺织业》,515—534页;莫里《明代的士绅》,31—38页。有关棉花生产,见蒂利希《中国近代早期的棉花文化》,130页;Nishijima《中国早期棉织业》,27页;Tanaka《江南农村的手工业》,81—100页。

㉝ 方行《中国封建社会的经济结构》,126—130页;刘《对城市化的一些思考》,126—130页;布鲁克《明代地方行政管理》,2—3页;《商业网络》。

㉞ Shih-Chi Liu《一些思考》,14—19页;威恩斯《棉纺织业》,519—522页;方行《经济结构》,124—131页。

㉟ 帕金斯《中国农业发展》,13—53页;何炳棣《中国人口》,264页;王业键《中华帝国土地税》,7页。

㊱ 威恩斯《棉纺织业》,522—530页;《地主与农民》,28—34页;川胜守《中国近代都市的社会构造》;傅衣凌《明清农村》;叶显恩《明清徽州农村》。农村剩余产量的水平仍不清楚。晚明是中国小说发展的繁荣时期,详参海格尔《中国小说》,67—130页。

㊲ 徐扬杰《封建宗法制度》,70—78页;弗里德曼《中国社会研究》,338—339页;《宗族组织》,114、125、138页。

㊳ 比蒂《中国的土地和宗族》,86—87页;徐扬杰《封建宗法制度》,30—33页;柯尔《绍兴》,112页;丹纳拉《新华赈济产业》,26—29页;瓦特森《兄弟间的不平等》,37—38页;弗里德曼《中国宗族和社会》,20—21页;肖公权《农业中国》,263页。

㊴ 崔彻特《一种评论》,33、37—38页;波特《土地和宗族》,134页;弗里德曼《宗族组织》,53—54、75页;瓦特森《不平等》,4、36—40、53、115、168、172、174页;丹纳拉《婚姻、生育和救济》,201—202页;马克斯《美国家族王朝》,224—241页;车尔道夫《地方宗族》。

㊵ 马克斯《美国家族王朝》,221—223页;胡《中国宗族的功能》,22—26页,该书53—63页详细讨论了宗族的司法功能。

㊶ 崔彻特《一种评论》,38页;弗里德曼《中国宗族和社会》,97—117页;尚钺《中国资本主义关系的发生》,257页;丹纳拉《新华赈济产业》,19—70页;《婚姻、生育和救济》,204页;瓦特森《不平等》,104、117—125页。

㊷ 布迪欧等《再生产》,71—102页。

㊸ 何炳棣《成功的阶梯》;弗里德曼《宗族组织》,56页;瓦特森《不平等》,105页;胡《中国宗族的功能》,64—80页。

㊹ 何炳棣《盐商》,130—168页;大久保英子《明清时代书院的研究》,221—361页;弗里德曼《宗族组织》,58—59、128页;帕特森《瓠瓜》,67—72页。

㊺ 布迪欧《实践的理论》,157—197页,特别是165、169—171页。

㊻ 崔彻特《范氏族产》,122—123页;瓦特森《不平等》,7、98、175页;柯文《宗族发展》,11页;弗里德曼《宗族组织》,54;罗斯基《教育与人口识字率》,28—32、85—88页。

㊼ 帕特森《瓠瓜》,25—35页;大谷敏夫《扬州常州学术考》,313—314页;瓦特森《中国宗族的再考察》,601页;马克斯《信托作用》,239页。

㊽ 瓦特森《中国宗族的再考察》,616页;胡《中国宗族的功能》,95—96页;肖公权《农业中国》,323—370页。

㊾ 崔彻特《家庭管理文献》;《范氏族产》,108页。弗里德曼《宗族组织》,64、114、

138 页。

(50) 胡《中国宗族的功能》,53—63 页。我对宗族对国家的辅助功用的解释表明,这是明代税收制度的意外结果:有关讨论见佛莱《中国农业社会》,12—13、164—165、178—179 页,该书认为宗族的产生是官方政策的意外收获。

(51)《尚书通检》24,0499;《论语引得》,13/7/31 页;劳英译《孔子》,90 页;魏斐德《自主的代价》,41 页;朱倓《明季党社研究》。

(52) 孟洛《趣味论》,182—183 页。

(53) 欧阳修《欧阳文忠公集》,3.22—23 页,英译见狄百瑞《中国传统的源泉》,391—392 页;刘子键《欧阳修》,52—64 页;小野和子《东林党考》,《东方学报》55(1983),307—315 页。

(54) 司马光《资治通鉴》卷九,7899—7900 页;朱熹《朱文公文集》,12.4b、12.8b 页。

(55) 梅克尔《学术与政治》,149—153 页。

(56) 同上,155—163 页;梅克尔《明代中国的书院》,87—96 页;小野和子《明末结社运动的考察》,45,2.37—67 页;45,3.67—92 页。

(57) 胡克《东林运动》,143 页;小野和子《东林党考》,589 页。

(58) 羊淇《明末东林党与常州》;布施《东林书院》。有关原始材料见《东林始末》以及黄宗羲《明儒学案》的有关部分。另见林丽月有价值的概述,《明末东林派的几个政治观念》,20—42 页;古德里希《明代传记辞典》,702—709 页。有关东林遇难者的一般记载,见金日升《颂天胪笔》,1a—24a 页。

(59) 阿特威尔《从教育到政治》。

(60) 司徒琳《连续与变化》卷九,1 页。

(61) 关于地方东林党活动的政治特征,见 Tanaka 的《普遍起义》,181—183 页;丹纳拉《许都》,124—125 页;星源《城市骚动》,296、309 页。

(62) 侯外庐《论明清之际的社会阶级关系和启蒙思潮的特点》,26—35 页。有关东林党人的情况,见黄宗羲《明儒学案》,613—642 页;古清美《清初经世之学与东林学派的关系》;狄百瑞《中国的专制主义》。有关顾炎武,见古德里希《文字狱》,75—76 页。

(63) 胡克《儒学》。

(64)《皇清名臣奏议》,23.30a—33b 页。我修订了胡的译文《中国宗族的功能》。孟子引文见《孟子引得》28/4A/12;劳英译《孟子》,122—123 页。有关宗族与现代性,见韦伯《儒教与道教》,241—242 页。

(65) 丹纳拉《新华赈济产业》,22—23、44—45、52—53 页;《大清会典事例》397.2b 记载了这道诏谕。肖公权《农业中国》,348—349 页。

(66) 丹纳拉《新华赈济产业》,24—28 页。海姆斯《政客与绅士》,122—123 页。

(67) 史密斯《仁慈的团体》。

第二章　常州庄、刘两族

庄存与是18世纪常州今文经学的奠基人,他的外孙刘逢禄是他的学说在19世纪著名的提倡者,这些都意味着常州学派对常州庄、刘两族的政治、经济及文化资源的依赖。在开始研究这些江南显族之前,我将首先考察他们是如何度过前文论述的明末社会经济、政治的变迁。

研究晚明常州精英社会还将表明,清朝重新稳定江南局势后,地方士绅的权力不仅经受住满清征服的考验,而且繁荣如昔,我们的研究将探讨意识形态的变化如何体现于特定社会、历史环境中的特殊群体之中。常州庄、刘两族的显赫地位,他们与18世纪后期常州今文经学的密切关系,还使我们可以探讨中华帝国晚期学术生活背后隐含的社会基础。

第一节　庄氏家族的出现

庄氏家族,特别是庄存与所属的第二房在15世纪下半期在常州崭露头角。与江南其他家族一样,庄氏家族也将其家族源流追溯到女真南侵致北方人口南迁时期。当时,金人南侵后,中国经历着剧烈的社会和经济动荡。11世纪,庄氏已在江苏有一支系,他们住在长江岸边的镇江,大运河在这里继续南下,联结常州、苏州、杭州。

罗伯特·哈特威尔(Robert Hartwell)指出,公元750—1500年人

口分布的变化,是中国社会深刻变迁的主要标志。明朝开国前的六个世纪内,源源不断的北来移民充斥着江南各地。随着人口迅速增长,江南稻作区的开发与北方移民在这些地区的定居同步进行。①

庄氏家族的一部分成员也是这场意义重大的人口变动的参与者,他们离开镇江(1089—1092?),迁到金堂县以寻求财富。这种向江南腹地迁徙以寻求发展,是大家族的各支迁移发展的典型代表。金堂庄氏的第五代庄以世(音译),在 1102—1106 年间在常州府获得声誉,后被授以翰林院之职。此后,庄氏各支继续在江南各地发展。

常州庄氏起初比较弱小,后与江南腹地的另一个家庭结盟,到 15 世纪后期被视为常州一族。金堂庄氏八代庄休九和一位常州江氏结婚,江家没有男性后裔继承财产,庄休九入赘,迁到常州。早在宋代,以妻族为中心就是江南大族发展的重要策略。一个社会地位较高的家庭的男子可以迁到另一地域,娶一未有男性财产继承人的家庭的妇女为妻,建立家族新的支系。入赘的男子进入女方家族后,并不沿用女方家族的血缘谱系(入赘婚姻通常的惯例),而是继续使用自己的姓氏和谱系。庄休九迁到常州后,可以利用与金堂庄氏关系密切的在常州有根基的家庭的有利条件。这样,到 15 世纪,庄氏另一支开始形成了,他们从庄休九迁居常州追溯自己的谱系。②

常州庄氏从第四代(庄休九系)起社会地位开始提高。1496 年,庄𬋖中进士,庄𬋖中举及随之而来的封官晋爵,为庄氏家族提供了经济来源,附表一中的庄氏四支就是从这一来源发展起来的。常州庄氏的第二房,也即庄𬋖之后,在明清两朝均地位显赫。他们每代都有出仕政府高官,这主要是因为举业顺利。庄氏家族的第二房通过婚姻方式,与常州其他大族建立联系,这是常州庄氏与当地其他家族分庭抗礼、地位提高的标志。现在,庄氏家族可以自视为一个以婚姻方式为基础建立的有声望宗族构成的共同体。

庄齐(1488—1566)的长女嫁与明代著名学者唐顺之(1507—1560),庄齐的孙子庄以临是庄氏第二支的重要族长,他娶唐顺之之女,成为唐氏至交。唐家是明代常州最著名的家族之一。唐顺之和薛应旂(1500—1573)对常州文士生活的各个方面影响深远,他们还是无锡县东林领袖们的导师。③

唐顺之是著名儒士,他兴趣涉及文学、经世之学各个领域,他以经典阐述的理想化的宗族凝聚力为宗族族产辩护。

> 古者因族而立之宗。人有余财,则归之宗,不给也则资之宗。其族人如胸胁手足之相与为一体;其财货如津液之经纬,溶贯于其间,惟其所虚则注焉,而无有乎臃肿赢乏之处。是以举族无甚贫甚富之人,而天下之为族者,莫不有宗。是以天下无甚贫甚富之人,岂非所谓人人亲其亲,而天下平者哉?④

按照唐的看法,作为一种理想化模式,宗族的凝聚力在后代衰落的原因在于私欲逐步渗入中国社会的各个角落。

> 井田废也,而始有以赀甲于乡;宗法废也,而始有赀甲于族,甚则有童奴厌膻肉,而族人操瓢者。仁人君子恻然隐之,于是以其力之所及,为之义田以赡其族,盖犹大宗之遗焉。

古代社会的理想模式体现于孟子描述的井田制中,唐顺之承认,这一制度已衰落至极,宗族关系是曾经保存过"公"义的个别残余。唐顺之十分清楚商品化、市场化对理想化的传统观念的影响程度,及对宗族关系赖以出现的社会环境的改变力度。

> 义田非甚厚有力之人不可以为,而大宗则百金之产,亦可以相通。义田非仁人与族为体者不能以相公,而宗法虽纤啬鄙薄之嗣,亦不得而相吝。是以义田之为制也狭而偏,大宗之为制也均而溥。⑤

但是,唐顺之继续倡导强调亲族关系,以重建古代的亲属关系范式。在一个重视家庭、轻视亲族关系的时代,广泛的亲属关系至少是一种克服当时社会私欲的方式。

然仁人君子,其知即足以及乎此矣,卒莫有推而及乎彼者,岂古今之势然耶？抑亦以义田出于力之可以自为,而宗法非上之人为之制,则固莫能相联属也。何其宜及焉而莫之及也？

唐顺之承认,地方权力已转移到士绅和大族手中,他寻求在这样一个不可逆转过程中的最佳选择。如果说,古代社会理想已不能在16世纪农业社会复活,那么,基于善意的宗法团体至少能通过为亲族提供族田的方式接近古代经典提出的均分财产的理想方式。唐顺之算不上是一个公平无偏的旁观者,他是常州唐氏家族的关键人物,与庄家关系密切。唐氏观点反映出晚明时期江南大族秉持的道德观点。⑥

第二节　庄氏家族的崛起

晚明时期,庄氏家族迅速崛起,庄氏家族特别是其第二支,在常州的声望和影响超过唐家(见附表二)。对社会媒介的分析[庄氏家族先将族内妇女嫁给有名的宗族,再娶弱族(如刘氏)妇女为他们地位显赫的儿子做新娘]揭示出庄氏家族地位迅速提高的方式。庄氏家族社会地位如此迅速的提高为族内妇女提供了更多受教育的机会。下面,我们将作进一步讨论。直到18世纪,常州庄氏采取的婚姻策略仍始终不变,族内家庭可以为子女成功地安排有声望的社交关系。

1580年,庄氏家族二房主要子女之一庄以临注意到,庄氏家族应编纂族谱。这一事件表明,庄氏家族子弟一致认识到,庄氏已成为一个显赫家族。他们将谱系追溯到庄休九,要求分享经庄以临传下的财产。宗祠、祭田(专供祭祖费用的族内旧产)、族谱是维系族内凝聚力的主要因素。⑦

庄氏家族于1611、1651、1699、1761、1801、1838、1883、1935年多次编纂过家谱。此外,庄氏家族还是一个以城市为根基的显赫家族,他们充分利用了城市的经济、文化优势。庄氏家族最显赫的第二房族人城市化程度相当高,住在常州城内的二支族人以"东庄、西庄"闻名全城。常州庄氏实现地方化后,庄氏家族还将江南各地,乃至广东、福建等地的庄氏支裔著录于自己的族谱之内。⑧

　　仅将常州庄氏的出现看做宗法制度的一部分,显然是不准确的。这种观点忽略了晚明家族制赖以形成的历史条件。我们需要了解类似庄氏等家族兴起的社会条件。庄氏家族的发展,是精英阶层回应明末经济变化、政治动乱的一部分。庄氏家族对那些外在的非宗族因素的成功回应为他们带来了一个大族拥有的声望和地位。晚明最活跃的经济氛围推动着宗族的发展,庄氏家族在17世纪建立的强有力组织帮助他们在清代的常州府争夺土地、财富、权力。

　　明亡前,武进地区类似庄氏的家族开始面对税制改革的需要。与声望显赫的武进唐氏通过唐鹤征——东林党税制改革的倡导者、唐顺之之子,娶庄氏女——建立的亲属关系表明,某些常州家族倾向于接受税制改革。这场改革在明代始终没有实施,直到清代才得以实施。1605年,唐鹤征主编的武进县志特别强调当地令人吃惊的特殊税收的豁免范围。⑨

　　15世纪开始的税收豁免政策应置诸武进土地政策长时段演变的背景下加以考察。常州族谱指出某些家族的相互关系,暗示出某些家族成员支持晚明社会税制改革。在明清易代之际家族群体的连续性意味着一些士绅已意识到,他们的利益与地方改革计划是一致的。⑩

　　在第一章,我们看到,明代税收制度因大量授予士绅税收豁免权而受到削弱。地方劳役被分摊到那些缴纳土地税的民户身上。他们除土地税外,还应为官府支服劳役。常州府的东林党人极为熟悉这种不平等的处境。但是,16世纪的唐顺之不仅关注宗族凝聚力问题,还预见到东林党人的改革建议。他在致苏州府官员的信中,指出土地诡寄与士绅赋税豁免权之间的关系。

　　　　大户诡寄,起于官府之滥免,则此二弊,其实一弊也。夫滥免诡寄之弊,谓某官例得免田千亩,则自有田万亩。或自无田而受诡寄田万亩,则散万亩于十甲,而岁免千亩,实则万亩皆不当差也。⑪

唐顺之的朋友薛应旂,在武进东林领袖中很有影响,曾叙述了他家的窘境。他说,劳役税迫使许多常州有前途的才俊,因应付家庭承担的劳役,而放弃儒学研究。许多无锡下等士绅(如刘大中)只得尽量在劳役税迫使其放弃学术研究前,力求一个生员身份(也即有资格参加乡试的士人)。刘大中与薛应旂、唐顺之生长年代大致相同,但是,其父早亡,刘承担赡养母亲的义务,同时还要应付他家所欠的劳役负担。薛应旂在为刘作墓志铭时指出,这种负担限制了他的好友与薛、唐两人一道争取地区和国家的科举功名。⑫

16世纪后期常州府的赋税改革主要针对纳税不平等状况的加剧。劳役税降临到那些能支付这一税收的家庭。16世纪90年代,常州地方官员试图建立均田均役的赋税制度。他们是70年代实施均平税役改革的后继者。尽管土地持有者反对滥用赋税豁免权,士绅仍偏袒自己的家属。常州知府欧阳东凤(1604)和江阴知县郝敬曾呼吁士绅帮助弥助"赋役"不足,但没有成功。1599年,郝敬因斥责税吏贪婪而被贬为宜兴知县的助手。1601—1603年,他又到江阴任职。我们还将会碰到他这样一位古文经学的批评家。欧阳东凤与无锡东林人士关系密切,曾保护武进的龙城书院免于政府反对私人书院政策的伤害。

江南地区的农民暴动、奴变和改革压力继续存在。1611年前后,省级官员同时在苏州、松江、常州减免税收负担,这三个府都是江南的大府,又是江南商业化和市场化最发达的地区。这些改革努力持续到1630年。这意味着始终有一些士绅强烈反对任何削减自己赋税特权的努力。

"均田均役"制度的实施在常州府要比苏州、松江更为成功。滨岛敦俊将常州府赋役改革的成功归功于无锡、宜兴县东林改革支持者的影响。当地士绅如顾宪成、高攀龙秉持比江南其他地区(如太湖地区)士绅开明得多的观点。我们还应注意到常州唐氏及庄氏两族的领袖人物通过缓和族人负担,缩小自己在税制改革中的影响,来回应晚明士绅对税制改革的强烈抵制。⑬

在这种历史环境中，庄存与的高祖，曾在礼部任职的庄廷臣反对为天启宠臣、东林死敌魏忠贤修建生祠的行为尤其引人注目（见附表三）。当时，这种奉迎魏忠贤的方式风靡全国。有人曾请这位书法精湛的官员为魏氏生祠书写碑刻，遭到庄廷臣的拒绝。明亡及北京为满洲占领以前，廷臣经常参与武进龙城书院和苏州发起的复社运动，这些活动要求继续推行改革政策，倡导东林党人的经世意识。

庄氏家族许多与廷臣关系甚密的亲属劝他参加晚明出现的政治社团。但是，没有直接证据说明，庄氏子弟曾加入无锡或常州其他地区（武进，1609；宜兴，1610）的东林党社。不过，庄廷臣及其他庄氏族人清楚地意识到，他们反对阉党、税监，这实际上是在反对朝党阉党势力的危险斗争中，与东林党站在一起。此外，庄廷臣的儿子和孙子（分别是鼎铉、绛）出于忠于明朝的立场，拒绝出仕清朝。直到庄柱——庄廷臣的曾重孙——庄存与的父辈，庄氏二房的成员才又重新进入士绅政治的主流。只要将庄氏家族的亲属关系置诸较大范围的社会脉络之中加以考察，就可以更准确地理解庄廷臣对魏忠贤的不满，以及其参与复社运动的举动。⑭

第三节　庄氏家族与明清易代

尽管清朝的胜利将推动我们称之为"士绅社会"的发展，但是，对江南士绅来说，明朝竟为野蛮夷狄所建立的清朝灭亡，这仍是一个痛苦的经历。当王朝变迁带来的变动消失，东林、复社运动构建的组织解体以后，惟有宗族组织保存下来，成为控制地方的主要社会组织。例如，安徽桐城士绅在清代易如反掌地重新确立自己在地方的权威。事实上，王朝易代引发的动乱可能强化了当地的宗族组织和结构。

18世纪广东的许多宗族都是明清之际大变动以后才形成的。鲁比·S·瓦特森（Rubie S. Watson）即从17世纪动荡之后的繁荣时代追溯许多盛清时期巨族的起源。清代地方士绅借助宗族组织扩大自身权力的现象可追溯到17世纪晚期和18世纪。⑮

清军南下破坏了江南商业的发展,消灭了南明政权,带来了经济崩溃。庄氏家族整体上所受的战乱和经济崩溃的影响较小。如前所述,许多庄氏族人出于忠于亡明政权的考虑,退隐林泉。尽管如此,庄氏家族不少成员(特别是庄起元一支,参表二)仍如出仕明朝一样出仕新朝。常州庄氏是如何在明清易代之际幸免于难呢?如同安徽桐城一样,17世纪中叶的税收骚动威胁到常州士绅的经济特权,迫使他们作出精明的抉择。他们为维护地方秩序,重建自己对地方的控制权,必须接受新朝统治。

与一条鞭法(本书第一章曾讨论过晚明税制改革的这宗遗产)相联系的税制改革成为清初的国策。尽管常州府(特别是无锡县)的许多士绅反对这项改革,但常州府,特别是无锡县已经推行过一些收获不少的税制改革试验。如上所述,东林党人在其家乡的得势表明,许多士绅已认识到税制改革的必要性,为税制改革提供了更为广泛的基础。

具有嘲讽意味的是,晚明东林党人倡导的税制改革,除个别内容外,到清代,竟为当地社会所实行了。据川胜守分析,清朝为稳定向北方输送粮食的漕运,扩大税源,巩固对已被征服地区的控制,就必须承认士绅在地方的影响力。清朝为此采用了许多政策,如平均分摊税收、劳役等。1657年,清朝突然改变豁免税收政策,而代之以遏制士绅的税收优惠特权。这种改变是以施加政治压迫为基础的。1661—1662年,江南大批士绅因久拖国税而受到革除功名的严厉处罚,奏销案席卷苏州、常州、杭州三府。

魏斐德(Frederic E. Wakeman)指出,当中国地主士绅的特权受到限制,满洲军队仅限于维护文明秩序时,满洲皇权与中国士绅才能达成妥协。一项汉族五个朝代因地方士绅反对而无法实行的改革被一个外来的征服者完成了。在武力的胁迫下,乡村社会的难题开始得到缓解。⑯

清朝在推行改革的过程中,将那些具有改革意识的宗族推到比保守宗族更高的位置,让他们负责地方管理。在清代,宗族依然在税收中扮演重要角色,朝廷在县级以下地区同样要依靠宗族来实施"平均税役"改革。康熙为回报地方士绅的支持,重申朝廷对宗族的支持和族产所享有的税收优惠。

因此,常州庄、刘两族能在清代继续提高自身在地方和朝廷的地位,这也就不足为怪了。17世纪60年代,一些宗族很快正视、利用了地方社会和政治的新格局,放弃了对明朝的忠诚,庄、刘两族即是其代表。当然,一个受到官府荫护的精英士绅家庭,在宗族网络中享有比地位较低的族人更显赫的声望。在这个过程中,宗族的凝聚力缓和了朝廷赋税的负担,使经营土地仍然有利可图。与此同时,士绅传统上在地方拥有的特权经过某些调整,仍然继续存在。⑰

明亡后,宗族必须招集因战事流亡的亲属,重编族谱,重新开垦荒废的田地,实施更为可行的管理。1651年,庄氏完成族谱的修订,其族内发展最顺利的一支继续保持在地方及朝廷的显赫位置。庄氏迅速接受了北京异族新王朝中央政权统治的事实,并迅速在新朝兴旺发达。

在庄氏家族二房中,庄廷臣、庄起元(两人均在1610年中进士)两支到清代声望显赫,几乎成了进士"生产工厂"。庄起元一支七代产生九位进士,他的四个儿子,三个中进士。庄廷臣一支的建树也可与起元一支相媲美,庄存与即是其八代后人(从庄休九算起)。⑱

1661—1662年奏销案后,族产仍享有税收优惠,家族凭本身的信誉使分散的族产受到统一管理,它还保护族人免受税制不平均的伤害。这种安排维持到18世纪中叶家族税收优惠特权再次泛滥成灾,引起世人关注为止。例如,1756年,庄有恭到苏州任江苏巡抚,就不肖子孙盗卖族产问题上书朝廷。庄有恭最担心的问题是曾受到国家全力保护的族产正面临破坏。庄有恭敦请乾隆皇帝严惩那些为一己私利滥用族产的人。⑲

庄有恭不是常州庄氏四支的直系后代,而是广州庄氏的后裔,这一支与常州庄氏在17世纪早期建立起宗族联系。广州庄氏从常州那里追溯华南(福建、广东两省)庄氏的起源。18世纪50年代,庄有恭和庄存与作为不同地域庄氏宗族的代表,都跻身于朝廷的显要位置。当庄有恭到江苏任职(其辖区包括常州府)时,庄存与于1756年出任内阁学士。庄氏族谱经修订后刊行第三版。庄存与要求庄有恭以广州宗亲的身份为族谱撰序。

庄有恭在 1761 年出版的序言中认为宗族的凝聚力是维护社会秩序的基础。他基于族内不肖弟子为牟利目的私卖族田的现实,特别强调宗族理想对庄氏家族成员的重要性,不论他们是一般族人还是官员。庄有恭指出,对背叛宗族理想的人和行为应予以严惩。⑳

皇帝最终对滥用宗族税收优惠特权的问题作出反应。他在 1764 年的一道诏书中强调,惟有那些供正常祭祀和救济开支使用的宗族财产才能享有税收优惠。这些堵塞税收漏洞的措施并不是否定族产的建立,只要族产仍是为宗族的目的建立的,就可得到税收制度的合法保护。皇帝指出:

> 民间敦宗睦族,岁时立祠修祀,果皆在本处乡镇,人皆同宗嫡属,非惟例所不禁,抑且俗有可封。㉑

庄氏家族的稳步发展为探讨前文提到的社会、经济的长时段变化提供了一个窗口。庄氏家族运用见识超群的手段,成功地应付了晚明江南农业社会的动乱和 17 世纪中叶清朝征服江南这两次危机。庄氏家族顺利度过了明清之际的变动,到清朝,又在北京和常州的官僚士绅圈内地位步步高升,庄氏家族这两大成功之处表明,宗族关系在维护士绅地方利益方面至关重要。

第四节 科举及第的世家

清代,庄氏家族成为常州最重要的知识分子集团(若以科举成绩衡量),仅有清一代,这个家族就出了 90 名举人,而明代仅 7 人;出了 29 位进士,明代仅 6 人;有 11 人任职翰林院。任职翰林院的 11 人中,5 人出自庄存与家。1644—1795 年,武进有 34 人入仕翰林院,其中 9 人(占 26%)来自庄氏家族,4 人来自存与一支(占 12%)。㉒

在三代之内,庄存与一家出了 8 名进士,4 位举人。在从明代计起的9代之内,这一支竟出9位举人。根据何柄棣对清代常州府的进士统计(总计618人)材料,我们发现庄氏家族中举人数占常州府总数的4.7%。如果将武进、阳湖两县庄氏中举人数加进去(阳湖于1724年从武进分离出来),庄氏中举人数要占清代常州进士总数的11%。㉓

在这成功的几代人中,入值翰林院的人数最不寻常。翰林院职极富声誉,只授予那些名列前茅的进士,是担任朝廷要职的必经之路(见附表四)。庄存与与父亲庄柱、舅舅庄楷、1754年殿试状元——弟弟庄培因都在此任职,存与于1745年殿试,中榜眼。这一辉煌的纪录保持到存与的儿子一代,其子庄通敏于1772年殿试中名列前茅,供职翰林院,另一个儿子庄选辰于1778年殿试中也位居前列,庄培因之子述祖1780年通过殿试,庄存与的曾侄孙受祺于1840年也到翰林院任职。㉔

一 仕途如锦

有趣的是,庄氏家族在翰林院的成功是其跻身朝廷显位的主要特征之一。入职翰林院的官员接下来通常有望担任礼部官员。"礼部"表面上不太显要,但实际上,其官员和职能对朝廷至关重要。礼部官员的事务如其名称所暗示的那样,主要是礼仪事务,其中包括国子监的管理,以及对从县、府、省到北京殿试等各级科举考试的管理。因此,礼部又负责管理整个帝国的教育制度。此外,礼部的主客清吏司还负责汉代以来传统朝贡体制框架内的外交事务。

易言之,礼部负责政府的两大主要职能:教育和外交事务。经由严格的科举考试灌输的经典训练同样适用于外事场合,翰林院官员们在处理这些政务方面拥有优先权。

礼部既要负责祠清吏司主持的朝廷祭祀活动,又要负责宗人府举办的皇家自身的祭祀活动。其显著特点就在于,它既是外朝官员,又是内廷一员。因此,它既有机会接近帝国皇权的核心,又能通过北京以外直到县一级的各级教育机构实施其各项政策。㉕

清代内廷重要成员均来自翰林院、内阁、军机处。从明代开国皇帝朱元璋削减官僚制度中的一系列重要职务的权限以来,"大学士"这个曾属皇帝私人秘书的职务，逐步担负起协调、管理六部的事务。礼部因是居于内、外廷之间的官职，地位就日显重要。

明代后期，特别是16、17世纪的各代皇帝赋予内廷官员较大的权力，大学士与礼部关系更趋密切，产生出一种官职模式。这种模式对明、清两代的官僚制度产生了政治和制度两方面的后果。常州今文学派的领袖庄存与是这一后果在18世纪的具体体现。也就是说，礼部官员比其他六部有更多的升任大学士的机会。礼部与大学士关系的另一个特征就是：多数大学士在出仕之初均在翰林院任职。明代165位大学士中，124位（75%）是翰林院官员。㉖

而且，这165人中，109人曾在礼部任职。其中93人（占165人的56%）是从礼部升任大学士。大学士、翰林院、礼部的合流是我们在明代政治生活中看到的一个显著特征。在明清两朝的仕途中，一位殿试的成功者，也即进士首先到翰林院任职，并在那里担任编修、修撰或学士。从此，他可以期待不同的职位，最终可能到礼部任职，或担任负责科举考试的各省学政。

所以，礼部是晋升大学士的一块跳板，这种局面持续到军机处的出现并成为朝廷官僚机构中最主要的辅助机构为止。那些在朝廷代表皇帝行事的大多数是进士出身，他们要通过翰林院、礼部才能到皇帝身边任职。㉗

二　文化资源和政治声望

如此众多的成员任职显要，意味着庄存与一支在晚明至晚清三个世纪内，在庄氏家族内担任领袖角色。因为，只有经济实力雄厚，通晓诗礼的宗族成员才能负责宗族礼仪和祭祀。普通族人不能直接参与祠堂的管理、礼仪的主持、族产收入的分配，庄存与家显赫的地位使它们超越辈分的限制。在庄存与一支，他家在地方和朝廷拥有的显赫地位及声望使他们在常州社会、文化各界获得了庄氏家族代言人的角色。庄氏成了世代为官、精通政务的职业精英。㉘

在庄氏四房中，第二房的声望远为其他三房所不及，但辈分不一定高于他们。庄廷臣、庄存与在二房中明显具主导地位。庄存与一身兼任翰林院、礼部和内阁学士三职后，他在家乡的声望顿增，并为自己在常州的家族、支系赢得了巨大的声望。㉙

庄氏家族在举业上无与伦比的成绩和其私人性质的东坡书院有直接的联系。东坡书院以宋代著名学者、文人苏轼命名。苏轼曾在南行时到过常州，还在此购买产业，希望安度晚年。

经典教育对举业成功必不可少。一个财力雄厚、地位显赫的家族往往会拿出资金创办学校，并雇请合格教师，保证族内子弟举业成功。庄存与一家来自书香门第，有充分的经济后盾保证子弟长期享受经典教育，其家庭的受教育条件真是罕有其比。

当然，江南大族大都拥有具有私人性质的学校。庄氏家族举业的辉煌成功可能与其课程的设置和教学质量有关。庄氏家族学校对学生要求的严格程度大概也是无可比拟的。此外，庄氏家族成员因先人举业顺利及宗亲关系的因素，在地方和朝廷声望昭著，格外受到青睐。先人的成功为后代的发达铺平了道路。㉚

庄氏家族的女性尽管被排除于以男性为轴心的宗法制度以外，但是也享受到中国传统社会富有家族能够提供教育机会的好处。妇女缺乏行动自由，不得参加科举考试，担任官职，只能在家精习文辞，庄氏家族就是以闺阁诗人辈出而享誉于世的。

据徐珂估计，若将嫁入庄氏家族内的妇女计入，清代庄氏家族出了22位女诗人，其中最著名的是庄存与的二女儿庄盘珠。她或许是常州18世纪最著名的女诗人。在士绅文化生活中，诗词最重要的功用是帮助族内男女在艺术陶冶中打发光阴。㉛

为族内有才华的弟子提供受教育的机会是家族的兴趣及长期规划关注的焦点。庄氏同其他大族一样，珍视家族的学术传统。家族的发达主要依赖举业的成功。一些大家族的救济、慈善通常意味着：家族为维护自己的地方利益，举办一些公益活动，由此引发对公众的关心只不过是为一族利益服务的宗族教育战略的补充。

例如，汉学家洪亮吉偶尔获准与庄氏子弟一起上学。洪父去世时，洪亮吉仅六岁，他母亲被留在常州，生活贫困。他在母亲家族的私人学校所遇到的一位老师来自庄氏家族。此外,洪亮吉的一个姨母嫁给庄氏族人。有了这些关系,洪亮吉就能与庄氏家族的同龄人一起读书。1762年,洪亮吉曾在庄氏家族学校攻读《春秋公羊传》和《穀梁传》。洪亮吉的长子曾娶名声显赫的庄起元一支的后代庄云的女儿。㉜

史学家赵翼是第二个从庄氏族学受益的常州籍学人。1761年后,赵中进士,入翰林院,名声鹊起。他当时为庄钤写的传记中,记述了庄氏族学对他提高学业提供的帮助。赵翼的孙女后来嫁给庄氏族人。

刘逢禄及其家族与庄氏家族一直保持着良好的亲戚关系。他早年也接受过庄氏家族的帮助。他的母亲庄太恭是典型的受过良好教育的庄族妇女。她是庄存与的女儿。因为这层关系,刘逢禄得以和庄氏族人一起学习。他早年的经学研究即给其外祖父留下深刻的印象。庄氏家族的这种方法表明,他们的家学在为族人服务的同时,还为更广泛的社会共同体尽了自己的义务。㉝

族学因此无论在组织上还是教育环境上都称得上是一个学校。庄氏的族学代表了族内中举成员在族内世代相传的学术传统。一位学术大师的理论、方法通过私人传授的方式被信徒们一代代延续着(这是一个学派的特征)。这种理论同样可以出现在血缘关系具主导地位的群体所提供的有利的社会和制度性环境中。常州今文经学传统实质上是18世纪庄氏家族经学传统的体现。

第五节 庄、刘两族的亲属关系

18世纪,庄氏家族声名显赫。不过,其势力、声望不仅是基于宗族本身的凝聚力,士绅家庭还利用联姻策略实现自己的社会和政治目的。与其他大族联姻可以强化宗族的凝聚力。庄氏与常州刘氏即建立了姻亲关系。那些知名的学术官僚尽管倾向于建立一个超越地方宗族关系的社会交际网络,而宗族借助联姻形式强化自身的组织性仍是士绅生活的一大特征。从庄、刘两族的事例中,我们可以看出,国家范围内的网络与地方意义上的宗法组织及其在中央、地方政治事务中的

相互关系,两者的重叠面是何等的广泛。㉞

庄氏家族的南迁史可追溯到 12 世纪女真人南侵。刘氏家族则不同,只能追溯到 14 世纪中叶,当时反元起义爆发,政治、社会变动波及江南各地。起义军队一方面武装反抗元朝,一方面彼此之间激烈争夺对元朝最富庶地区财源的控制权。其中一支由朱元璋领导的武装最终取得胜利,建立了明朝。

刘真,河南丰阳(音译)人,1359 年到常州参加朱元璋的军队。刘在常州秩序恢复后,在此驻留 10 年,娶妻生子,其子名刘京(音译)。1366—1367 年,刘真离开常州,到山西作战,其子刘京被留在家中,延续刘家在当地的后代。刘真尽管是常州刘氏的祖先,此后却从未返回常州。据常州刘氏后来调查,刘真离开常州后,又在大同建立新的家庭。(见附表五)㉟

1400 年,刘京中举,在 15 世纪初任知县,从此,刘家在常州地区的地位日增。他的儿子刘淳同其父一样,被尊为常州刘氏一门三房的祖先。常州刘氏到明末在当地已是举足轻重的大族。但是,与唐、庄两族相比,仍是后来的移民。刘氏直到第八、九代,长房、二房出了一批著名的学术官僚后,才在地方士绅阶层中扬声显名。

在常州刘氏第八代上,刘纯仁在 1592 年的会试中名列第 18 名,成为刘氏家族的第一个进士。刘纯仁及其弟刘纯敬(刘逢禄的曾祖)的子女中了两个进士,一个举人,两个贡生。晚明时期,刘氏因第九代出了三个御史而声望大增。这三位御史分别是刘光斗(刘纯敬之子)、刘熙祚(刘纯仁之子)、刘宪章(刘克昌之子),均是刘氏二房的后代。(见附表五)㊱

1637 年,刘宪章中进士后,在晚明政坛相当活跃,成为复社的积极分子。刘熙祚除担任官职外,还把女儿嫁给庄氏二房九代的名人庄寅,借此与庄氏家族联姻。刘熙祚的弟弟刘永祚也是东林党的积极分子。庄、刘联姻的大体情况可见下表。

刘氏	庄氏
熙祚(第九代)之女	嫁于寅(第九代)
一夔(第十代)	娶庄有筠(第十代)之女

履旋(第十代)之女	嫁斗薇(第十代)	
于义之母	母家庄氏	
维宁(第十一代)之女	嫁庄林(第十一代)	
学逊(第十三代)	娶楚宾(第十三代)之女	
星炜(第十四代)之女	嫁复旦(第十五代)	
纶(第十四代)之子	娶存与(第十二代)之女	62
纶(第十四代)之孙女	嫁成道(第十四代)	
种之(第十五代)之孙女	嫁钤(第十六代)	
召扬(第十五代)之女	嫁成(第十五代)	

刘氏家族第九代的另一个人物刘汉卿(二房内)于1642年中举人,1649年中进士,他在死之前,编纂了刘氏家族第一部族谱,该谱直到1689年才完成。1693、1750、1792、1855、1876、1929年曾六度重修此谱。汉卿之子一夔娶庄有筠之女,也即庄应诒的长子的女儿。我们应注意到,汉卿的伯祖父刘应朝早已安排将长女嫁给庄恒,也即庄应朝的哥哥。清朝初期,刘氏的七、八代与庄氏的九、十代已建立起密切的联姻关系。[37]

刘氏主要房支出生的刘光斗于1624年中举人(见附表六),次年,他在北京中进士。刘光斗卷入了东林党控制朝廷期间波云诡谲的政治斗争,他曾被任命为御史,后被撤职,而后又在明朝最腐败的时期恢复原职。刘光斗的举业成功和仕途发展,对于他本人的威望、刘氏家族在当地的地位固然十分重要,但这些威望和地位为其在1645年清军南下、进攻常州时的臭名昭著表现所损害。[38]

刘光斗作为明朝御史,应恪守忠于本朝的传统。1644年前后的士 66
绅,大多目睹王朝的崩溃,倡导不事二姓的风范。这个信条要求一个王朝的官员不得出仕另一个王朝。17世纪影响深远的明遗民借儒家的忠义信念抒发他们的不满。[39]

与顾炎武、黄宗羲等江南著名遗民相反,刘光斗是第一批鼓吹归附清朝的江南士大夫。其堂兄刘熙祚的孙子刘朝鉴明亡后退隐林泉,他的选择与刘光斗正相反。刘光斗主张放弃常州江阴县要塞,这座要塞同嘉定、扬州一样成为明朝抵抗清朝入侵的象征。江阴的遗民选择了抵抗,数以千计的人在清军破城后的大屠杀中遇难。

刘光斗深受晚明门户之见之苦,似乎没有因背弃明朝而产生困惑。此外,明遗民指责他是江阴陷落的叛臣,使他很快因此被清朝江南地方政府委任为江阴知县。后来,又被任命为常州地区的安抚使。刘光斗入清后,支持晚明东林党人未能实施的"平均税役"的政策。⑩

不论光斗的行为在道德上如何评价,刘氏家族在清代确实因他而获益匪浅。刘光斗一支在家族事务中取得主导地位,在此后的每一代中,刘氏家族在中央和地方都有显官贵宦出现。

光斗之子履旋 1642 年中乡试,1649 年中会试,成为王朝变迁不幸中的幸运者,这种变迁使他差点错过仕途发展的一个重要阶段。刘汉卿也于 1642 年中举,1649 年,他毫不犹豫地参加了清朝举办的会试,并中进士。刘光斗的变节,其子参与清朝的科举考试,都未影响刘氏家族在地方的声望。刘履旋将长女嫁给庄斗薇,斗薇是庄起元之孙,庄氏家族著名的第二房的后代。庄氏家族也有些人成为遗民,不过这相对于庄、刘两族的发达而言,仍是次要的。⑪

庄、刘两族经历明清易代的变动,没有受到太大的影响,也未为不仕二姓、矢忠明朝的信条困扰。刘氏家族在举业上比庄氏稍逊一筹。刘光斗一支从九代到十六代中了十名进士,从九代到十八代还有九个中举。在这十九名官员中,有九名翰林院官员,两名大学士,其中有一人入值军机处。(见附表六)

如上所述,两族联姻在明清之际至关重要。到了清代,这种联姻更为常见。毋庸置疑,其一部分原因在于维护庄、刘两族在地方已获得的作为士绅的社会地位。刘氏第九代到第十五代与庄氏第十代到第十六代的高频率联姻标志着刘、庄两族已建立起一种密切的姻亲关系,这种关系从常州地方社会扩大到北京的朝廷。⑫

刘氏家族的主支第十代的子弟开始进入北京官僚制度的重要部门。其十一、十二代子弟开始到翰林院任职。十四代子弟就入值军机处,任大学士,他们到 18 世纪中叶在中央和地方都到达权力的顶峰。庄氏家族碰巧也于此时跻身显贵。而且,刘、庄两家的显要人物都懂得姻亲对于仕途和举业成功的重要性。⑬

两家的显贵可按下列秩序排列：

庄存与（第十二代）　　　　刘于义（第十一代）
　内阁学士、翰林　　　　　　大学士
培因（第十二代）　　　　　刘纶（第十四代）
　翰林、军机处　　　　　　　翰林、大学士、军机处
有恭（来自广州）　　　　　刘星炜（第十四代）
　大学士、江苏巡抚　　　　　翰林、大学士

刘于义，1712年中进士，是常州刘氏的第一位大学士。他是刘氏二房的十一代子弟。他在翰林院任过职，在那里参与编修《性理大全》，1744—1748年任协办大学士，其母庄氏。刘纶和刘星炜堂兄弟是刘氏家族中地位显赫的刘光斗一支的后裔，他们分别于1736、1748年中进士。[44]

刘星炜的曾祖维烈及维烈的党兄维祯都是进士。他本人先入翰林院，1765年入内阁任大学士，与1762年入阁的庄存与共事。刘星炜的女儿嫁于庄氏家族，成为庄复旦的妻子。庄复旦于1784年在乾隆四巡江南所设的特科乡试上中举人。此外，星炜的儿子刘种之在1766年中进士后，也到翰林院任职。种之的孙女嫁于庄氏家族有名的第二房的子弟庄钤，从而进一步强化了庄、刘两族的姻亲关系。[45]

刘纶于1736年参加为纪念乾隆登基而开的博学鸿词科考试，在180多名考生中名列第一，从此跻身高位，任职翰林院，担任一系列著名的官修文献典籍的编修，其中包括康熙帝实录的纂修。

刘纶担任翰林院编修后，主要职责从学术转向政治。1746—1749年担任大学士后，先后担任一系列重要职务，刘于义此时为协办大学士。1750年，刘纶入值军机处，在那里结束了自己的仕途生涯。作为军机处官员，他参与了18世纪50年代平定金川叛乱的初步筹划。[46]

1755—1773年，庄存与时断时续地担任内阁学士之职，作为比庄资深的同事，刘纶给庄存与一个通过婚姻联亲加强两家关系的绝好机会。当时，庄存与的次女庄太恭嫁给刘纶的幼子刘召扬。这是常州两个最有势力家族的联合，他们联姻的影响一直扩展到朝廷上层。出于各种目的和考虑，刘、庄两族通过刘纶和庄存与建立起一个具有明显

社会、政治、学术意义的婚姻联盟。刘纶的次子、翰林兼大学士刘跃云曾于1801年为庄氏族谱撰序。㊼

若将庄氏第十二代和刘氏第十四代作为一个姻亲关系的整体加以分析，就会发现，这五位翰林、四位大学士（包括协办在内）、一位军机大臣，都或多或少地处于族际社会结构之中。庄存与及其弟培因作为1745年的榜眼、1754年的状元，先后很早出任乾隆帝的私人秘书。在他们共事阶段，庄存与、刘纶、刘星炜都任内阁学士、大学士或军机处职。三人都有姻亲来往。

我们若将庄氏宗亲、1739年的状元、广东人庄有恭与庄氏家族通过庄存与的努力而建立的关系再包括在内，就会看到一幅更为引人注目的庄氏家族在18世纪北京朝廷官尊位显的政治图画。庄有恭曾任协办大学士（1746—1747）、江南学政（1748、1750—1751）、江苏巡抚（1751—1756、1758、1762—1765）、浙江巡抚（1759—1762）。

庄有恭任职江苏巡抚时，常州归其管辖。通过与庄有恭的宗亲关系，庄氏家族的利益及在地方的地位得到进一步的维护。庄存与请庄有恭为1760年正在修订的庄氏家谱作序绝不可能是偶然的。60、70年代是18世纪庄、刘两族在乾隆朝的政治顶峰。80年代，和珅得势后，他们被迫离开朝廷。㊽

上述讨论使18世纪后期常州今文经学的重现处于我们已描述过的宗族结构和姻亲关系之中。刘召扬娶庄太恭为妻，他于1784年乾隆六巡江南时举办的特科中中举。皇帝对他信赖的股肱之臣的子女表现如此出色极为欣赏。庄复旦娶刘星炜的女儿，他也通过了这次考试。

但是，刘召扬拒绝入仕，而以治学为满足。他的两个哥哥刘图南、刘跃云则分别于1768年中举人，1766年中进士，任职翰林院，大学士。刘召扬将一生的才华贡献于诗歌、经学、数学、医学研究。如本书第四章分析指出，刘的知足长乐很可能是被迫的。他兄长们的仕途得意都在18世纪80年代之前，因而目睹了和珅及其朋党的崛起，而刘召扬面临的是一种捉摸不定的政治生涯。他的岳父庄存与同和珅对立，但无法改变皇帝对和珅的宠幸。他的权重一时的父亲刘纶早在1773年即已去世。庄、刘两族现在须小心翼翼地面对帝国皇权的统治。他们两族维护自身利益的一举一动和艰难努力很可能被一种鲁莽的朝廷偏见所破坏。

刘召扬之子刘逢禄最初在母亲教导下学习诗文、经书,后在庄氏族学内继续受教育。庄氏家族的妇女对子女、丈夫和父辈有广泛的影响,因而在族际姻亲关系中有重要地位。刘逢禄的母亲曾在刘少年时把他引见给自己的父亲庄存与。

在庄存与的指导下,刘在转向董仲舒《春秋繁露》及何休《公羊传》注之前,曾研习经学及其他古代文献。他从外祖父那里,吸取了庄氏著书立说极为强调的微言大义。庄存与对外孙的学业进步极其欣赏,当刘逢禄仅 11 岁时,他就预言,这个小外孙将是自己学说的传人。老人晚年政治上失意后转向今文经学,寻找一种战胜现实腐败的武器。他的外孙将把他的学说传播到后和珅时代。⑭

作为庄存与的信徒,刘逢禄是常州学派发展至顶峰的代言人。刘逢禄以后,今文经学经龚自珍、魏源的努力,超越了最初的地域界限,成为一股强劲的思想潮流。19 世纪 20 年代,刘在北京的礼部任职,两人曾在刘的门下学习。⑮

下面各章将讨论 18 世纪末、19 世纪初庄存与、刘逢禄的今文经学学说。这里,我们通过观察庄存与、刘逢禄与其宗族文化资源的关系,以及常州地区学习、传播后来为人称之为"常州今文经学"的学说主张的宗族联系,就可以看出刘逢禄是明清之际庄氏传统通过与刘氏家族的姻亲关系而产生的结果。

刘氏家族尽管取得了大量学术成果,但比之庄氏家族,仍有一些明显的缺憾。庄氏家族不仅在举业上,而且在学术上建树卓著。刘纶这位军机要员也出过不少著述。但是,庄氏家族悠久的经学传统才是刘逢禄通过母亲选择效仿的楷模。刘纶和庄存与都希望有一位刘家后代传播庄氏的学说。⑯

因此,常州今文经学的学术发展受惠于庄、刘两族传统及其姻亲关系。刘逢禄受教于庄存与期间,与亲戚庄绶甲(1774—1828)、宋翔凤(1776—1860)结下友谊。庄存与的学说因而为两个孙辈庄绶甲、刘逢禄及一个侄外孙——庄培因的女儿之子宋翔凤所继承。庄培因此女嫁于邻近苏州的宋氏家族。他们每个人都继承了庄氏学说的不同侧面，开拓、丰富了常州今文经学的范围和内容。㊾

我们下面将把今文经学的兴起视为经学和经世之学的产物。经世之学流行于晚明，后为士人一度冷淡，但被以庄氏家族为中心的宗族组织网络所吸收。庄氏家族内在亲属关系网络以及与刘氏成功的姻亲关系，成功地保护了常州士大夫秉持的儒家经世学说的生存，使之顺利通过了明清易代的冲击。

注 释

① 阿特威尔《中国的人口变迁》，391 页。

② 同上书，405—420 页；《诸暨庄氏族谱》，特别是 1794 年抄本 2.1a—8a、3.1a—2b 页；《毗陵庄氏三修族谱》(1935)，12A.36a 页；《武进庄氏增修族谱》(1840)，16.25b。入赘婚姻可以促成与缺乏男性继承人的大族建立联盟。瓦特森《人类学的考察》，284—285 页；丹纳拉《婚姻、生育和救济》，173—174 页(这两篇文章均见瓦特森、埃伯莱《中华帝国晚期的宗族组织》)；帕斯特纳克《中国婚姻中的虐妻问题》；车尔道夫《地方宗族与地方发展》，33 页。

③《诸暨庄氏族谱》(1796)，3.1b 页；《毗陵唐氏家谱》(1948 年编)卷九，1a—1b 页。唐顺之《荆川先生文集》，15.27a—31b 页；他为娶于庄氏家族的妻子所作的墓志铭见《毗陵庄氏增修族谱》(1935)，13.4a—5b 页；古德里希《明代传记辞典》，619—622、1252—1256 页。

④ 唐顺之《荆川先生文集》，12.24b 页，英译见丹纳拉《新华赈济产业》，45—47 页；《无锡金匮县志》(1881)，37.2a—2b 页。

⑤ 唐顺之《荆川先生文集》，12.24a—25b 页；顾炎武《日知录》，649—655 页。

⑥ 唐顺之《荆川先生文集》，12.25a 页；埃伯莱《早期阶段》，40 页。

⑦《毗陵庄氏增修族谱》(1935)，18B.36a—39a 页。庄氏家族与常州刘氏形成联姻关系，本书将就此作进一步讨论。埃伯莱《早期阶段》，55—56 页。

⑧《诸暨庄氏族谱》(1883)，8.29a—36a；《毗陵庄氏增修族谱》(1935)1a—5b 页(1934 年"序")提及庄氏族谱的不同版本，详同上 12A.40a 页有关"东庄、西庄"的讨论。我已看到并使用了 1801(1796 年前后的抄本)、1838、1883、1935 年各个版本的庄氏族谱。对庄氏家族在城乡不同的发展，《武进庄氏增修族谱》，7.1a—2b、8.49a—53b、9.21a—26b、13.1a—2b、14.41a—43b 页；庄起元《漆园卮言》序，10b 页。其他庄氏族系均居住在苏州、杭州、嘉兴，详见 1840 年版庄氏族谱 8.25a—41b 页，1761 年庄有可为《毗陵庄氏增修族谱》所作的序介绍过福建、广东地区庄氏族人的分布情况，见《毗陵庄氏增修族谱》(1935)，2a—2b 页。

⑨ 川胜守《中国封建国家的精英阶层》,209、235—236、336、440—445 页。南直隶早在 16 世纪 70 年代已作过改革税制的尝试,唐鹤征的论述见《武进县志》序。

⑩ 比蒂《土地和宗族》。

⑪ 威恩斯《财政与农业管理制度》,61—65 页;唐顺之《荆川先生文集》,见《常州先哲遗书》,10.13a—14b 页。

⑫ 滨岛敦俊《明代江南农村社会研究》,525—526 页;薛应旂《房山薛先生全集》,30.1a—3a 页。

⑬ 滨岛敦俊前引书,434—435、486—489、499—501 页;古德里希《明代传记辞典》,503 页;比蒂《选择抵抗》,249 页;莫里《明代的士绅》,49—51 页。

⑭《毗陵庄氏增修族谱》(1935),12A.2a—4b 页。汪喜荀为庄述祖所作的传记见其《且住庵文集》,221 页,这篇传记将庄廷臣对魏忠贤的批评和庄存与对和珅的对峙相提并论。汪还注意到庄廷臣以后两代庄氏族人拒绝出仕清廷。有关魏忠贤及其生祠详参乌尔利希·马米茨《魏忠贤》,250 页。

⑮ 关于江南的陷落,见丹纳拉《嘉定忠臣》。嘉定的陷落,见魏斐德《地方主义与忠臣意识》;司徒琳《南明》,1—14、167—195 页;瓦特森《不平等》,6、14、22—24、34—35、174 页;比蒂《土地和宗族》,44—48、129、167 页;黄仁宇《明代税收制度》,147、149 页;崔彻特《范氏族产》,128—129 页。

⑯ 莫里《明代的士绅》,52—53 页;卡思勒《康熙》,33—39 页;魏斐德《17 世纪的危机》,16 页;川胜守《中国封建国家的精英阶层》,576—577 页;比蒂《选择抵抗》,263 页;孟森《明清史论著集刊》,434—452 页。

⑰ 谢国桢《明末清初的学风》,79—80 页。

⑱《诸暨庄氏年谱》(1883),8.9b—10b、8.14b—16a、8.20b—21a 页。

⑲ 庄有恭的奏折见《皇清名臣奏议》,50.18a—21a 页。

⑳《毗陵庄氏增修年谱》(1935),2a—2b 页;《清代职官年表》卷二,975、1414 页。

㉑《大清会典事例》,399.3b 页。有关乾隆对宗族势力膨胀的反应,见萧公权《农业中国》,该书将乾隆 1764 年为此颁发的谕旨译为英文。

㉒《毗陵庄氏增修年谱》(1935),9.1a—8a 页,特别是 9.19b—20a 页,有一个庄氏族人科举及第的详细目录,还包括庄氏族人入翰林的名单,见雷《翰林院》,132—133 页。有关数字还包括阳湖县的人数,阳湖直到 1724 年才从武进县分出,单列为县。

㉓ 何柄棣《成功的门径》,247、254 页。

㉔ 关于翰林院的讨论,见雷《翰林院》。

㉕ 郝允一《明初的礼部》,60—75 页。

㉖ 斯朴林克《明代的高官》,98—99 页;郝允一《明初的礼部》,16 页;顾宏丁《流动

模式》。

㉗ 郝允一《明初的礼部》，16—19页；雷《翰林院》，29—44页。

㉘ 阿特威尔《中国的人口变迁》，405—425页。

㉙ 弗里德曼《宗族组织》，67、69页；瓦特森《不平等》，27页；瓦特森《中国宗族的再考察》，608—612页。

㉚ 族学的讨论见罗斯基《教育与人口识字率》，28—32、85—88页。有关苏轼见海特所作的传记，见《宋代传记辞典》卷二，954、966—967页。

㉛ 徐珂《清稗类钞》，70/162页；瓦特森《不平等》，134页；张珂《清代常州的词派与词人》，134页。

㉜ 洪亮吉《洪北江全集》，26.5a—5b页；洪亮吉为其姑母所做的墓志铭见《毗陵庄氏增修族谱》(1935)，13.13a—14b页。这篇文章提到他的姑母常带他到庄氏族学，见1935年版的庄氏族谱，同上18B.38b、19.26页；《诸暨庄氏宗谱》(1883)，7A.17b页。

㉝ 《毗陵庄氏增修宗谱》(1935)，18B.39a；《诸暨庄氏宗谱》(1883)，第10册，25a—26b页。刘逢禄的母亲写过一部诗集，负责其子的早期文学教育，见《武进西营刘氏家谱》(1929)，8.14a页。

㉞ 瓦特森《中国宗族的再考察》，616—617页；埃伯莱《早期阶段》，40页；海姆斯《宋元时期福州的婚姻》，95—96页（两文均见瓦特森、埃伯莱《中华帝国晚期的宗族组织》）。海姆斯反对夸大血缘性与非血缘性群体的对立，丹纳拉在其《嘉定忠臣》一书(104、111、113页)提出不同的看法。

㉟ 《武进西营刘氏家谱》(1929)，1.13a、3.1a页。《西营刘氏家谱》(1792)，2.1a—b页。

㊱ 《武进阳湖县合志》(1886)，17.44a页；《西营刘氏家谱》(1876)，8.18a、8.33a页。

㊲ 《西营刘氏家谱》(1792)，2.1a—13a、4.1a—2a、14a—14b；(1876) 1.36b、2.1a—1b、4.1a—2b页；《诸暨庄氏宗谱》(1883)，5.34b、43a—43b、46b—47a；《武进庄氏增修宗谱》(1840)，3.20b；庄柱《毗陵科第考》，1.17b、8.33a页；秦济升《颂天胪笔》册一，14a页；《武进阳湖县合志》(1886)，24.48b—49a页；克劳福德《阮大铖》。

㊳ 同上书，2.13a—14a页；克劳福德《阮大铖》，42页。

㊴ 牟特《儒家隐士》。

㊵ 详参魏斐德在《地方主义与忠臣意识》一书中对江阴陷落的生动叙述，43—85页，尤其是54页关于刘光斗的论述。滨岛敦俊《明末南直隶苏松常三府均田均役法的实施》，106—108页，讨论了明清之际赋税改革的效果。《武进阳湖县合志》(1886)，28B.7b页；《西营刘氏家谱》(1876)，2.27a页；李天佑《明末江阴、嘉定人民的抗清斗争》，16—34页。

㊶ 庄柱《毗陵科第考》，8.7a页；《西营刘氏家谱》(1792)，2.13b—14a页；《武进阳湖县合志》(1886)，24.84a—84b页；《诸暨庄氏宗谱》(1883)，7.22b页；《毗陵庄氏增修族谱》(1935)，

1.23b、3.25 页。

㊷ 丹纳拉《婚姻、生育和救济》，182 页。

㊸《西营刘氏家谱》(1876)，2.80a—87b 页。

㊹《清代职官年表》卷一，49—51 页；《武进西营刘氏家谱》(1929)4.166 页。

㊺《清代职官年表》卷二，981 页；《诸暨庄氏宗谱》(1883)，7.36a—36b 页；《毗陵庄氏增修族谱》，18b.38a 页。

㊻ 详参刘纶的传稿，no.5741 页；《西营刘氏家谱》，(1792)，2.38a—40a 页，(1876) 2.81a—83b 页；《清代职官年表》卷一，138—141、609—614 页，卷二，965—968 页。

㊼ 弗里德曼《中国宗族和社会》，97—104 页。有关材料参见《毗陵庄氏增修族谱》(1935)、《西营刘氏家谱》(1792，1896)。

㊽《清代职官年表》卷一，138—141、609—614，624—632 页；卷二，974—989 页。

㊾《西营刘氏家谱》(1792)，2.39b 页；(1876)2.81b—84a，12.15a—18b 页。《武进西营刘氏家谱》(1929)，12.19b 页。《清代职官年表》卷二，997—1001 页。《武进阳湖县合志》(1886)，A. 26b—27a 页。刘逢禄《刘礼部集》，10.25a—26b 页。有关庄太恭的材料，丹纳拉《婚姻、生育和救济》，182 页。

㊿ 见扬州汉学的代表人物王念孙所著的《申受府君行述》，见《西营刘氏家谱》(1826)，12.55b 页；《龚自珍年谱》，603 页；王家俭《魏源年谱》，33、30 页。

(51) 刘氏家族成员的著作目录，见《武进西营刘氏家谱》(1929)，《刘文定公文集》。

(52)《诸暨庄氏宗谱》(1883)，8.30b—31a、8.36a 页；庄绶甲《拾遗补艺斋遗书·尚书考异序目》序，1a—2b 页，他在这篇序中记述了自己与刘逢禄的交往；刘逢禄所作王念孙传，见《西营刘氏家谱》(1876)，12.55a—b 页。

第三章　经世之学与常州今文学派

我们不能过分强调经学在中华帝国政治话语中的中心位置。西汉官方钦定的今文学派形成以后，历朝都是借经典语言或纂修正史表达自己的政治主张。学者型官僚、政治投机者乃至专制君主都须运用国家礼仪、经典支持或历史先例的固定形式阐发自己的政治主张。①

古代儒学与前现代中国政治话语（保守、现代或激进）的悠久关系表明：这些经典拥有凌驾于帝制中国政治行为和表现之上的权威性。各种宪章、宪法对西方现代政治文化产生的冲击与儒学对帝制时代的中国、日本、韩国造成的政治影响极其相似。中华帝国晚期"宪法机制"的合法性是由儒家政治话语保障的。变革主张与经学的反偶像精神常常同步出现。

作为一种用古代中国文字撰写的深奥文章汇编，经典保存了古代圣人传授的正统学说和政治制度。经史著作成为一代又一代积极投身政治活动者的中心议程。宋以后，易于阅读的《四书》的重要性尽管空前提高，但在中华帝国晚期的政治舞台上，《五经》仍是通向晋升、名利、权力的关键。

帝制国家建立在儒家价值观和理想基础之上，后者为政治运转提供理论支持。经典教义为东亚儒生、官吏、学者提供了一套论述政治、社会善恶的学说。若要认识圣贤的理想，就要尊崇、研究古代圣人的学说。经学赋予儒学以合法性。

只要控制经典的诠释权，也就掌握了对国家权力的理论支持。儒士与官吏是帝国必不可少的侍从。元代的蒙古统治者在儒学侍从的敦促下,将宋代哲学家程颐、朱熹的伟大学说作为科举考试通用的正统学说。这一规定从1313年一直实行到1905年,明清帝王都沿袭不变,他们受儒学侍臣引导,认为程朱理学是对其统治最易为人接受的辩护。新儒学实际上"控制"了帝国后期的政治。②

16世纪起,程朱学派受到日益明显的挑战。到17、18世纪,这种挑战更为强劲,在儒生中围绕着对经学、《四书》的评价掀起激烈的争论。为政治辩护的主力还是儒士,但是,何谓儒士反倒成为疑问。经典权威依然如故,但需要从新的视角和方式加以解释。③

第一节 唐顺之与常州经世之学

常州的学术环境与附近的苏州、扬州相比相当独特,因为经世思潮是当地学术的主流。经世之学,不仅是一切儒生恪守的关于世界秩序的学说,还是一套专业知识。后者包括历法改革所需的天文学、防洪所需的水利学、军用绘图学等。专门知识是常州士绅经世学说的重要部分。④

经术要求掌握一系列实用知识。经世思想和实践在常州学人中占有重要位置,这可追溯到16世纪的唐顺之、薛应旂对地方事务的贡献。薛应旂是唐的好友,他与无锡东林人士的关系比唐密切。他受学于邵报(音译),邵是东林书院17世纪兴旺之前在该书院任教的老师。东林党的创始人顾宪成与薛复超(音译,薛应旂的孙子)一起受学于薛应旂。顾宪成、高攀龙之后,薛复超成为东林党的重要人物之一,特别是在家乡武进县。薛应旂是王阳明的忠实弟子欧阳德的学生,他从欧阳德那里接受了王学传统。⑤

薛应旂尽管因泰州学派最激进的成员王畿过分倡导王阳明学说的带有个性自由色彩的内容而对之公开指责,但仍坚决维护阳明学说,特别是他的知行合一主张。王强调心与实际事务相联系,薛称后者为"执事"。"心"经过修养、磨炼之后,可以成为经世致用的指南。"驾驭实际事物之心即个体的'心灵'。"⑥

薛应旂在王阳明学说中找到的不是对现实事务的主观逃避(他以此批评泰州学派),而是视之为关心时政、经世致用的道德基础。他在致唐顺之的信中对忽视阳明心学核心内容的学者提出批评。在他看来,王阳明"知行合一"的学说为那些浅尝辄止地讨论王氏"无善无恶心之体"的所谓弟子们忽略了,也为那些疏于将自身主张付诸经世致用的人遗忘了。

薛、唐二人都致力于经世之学。经世之学将对东林党产生巨大影响,甚至明亡后还是常州士大夫学术生活的重要内容。下面,我们就集中论述唐顺之对晚明常州府经世话语的贡献。⑦

唐顺之既是一个官吏、儒生,又是一位古文家。他22岁时,在1529年的会试中名列第一,从此名扬朝野。唐氏家族祖居扬州,宋明两朝都出过翰林院官员。唐顺之的父亲唐瑶1510年中举人。他祖父唐贵1490年中进士。唐瑶在常州站稳脚跟后,安排唐顺之娶常州显族庄氏的庄齐之女。常州府志关于唐瑶、唐顺之二人的传记是他们死后由东林党领袖顾宪成撰写的。

唐顺之深受王阳明学说的影响。他在北京受学于泰州学者王畿门下,王畿受到薛应旂的攻击。唐顺之仕途大起大落,两次被黜,而他的建议则多被采纳。他被迫退出仕途,这使他有机会研治数学、天文和兵法等经世之学。他被认为是当时最著名的数学家之一,特别精通三角术。他还研究过传入中国的回回历。他被二次革职后,住在盛产棉花且以溶岩、风景著称的宜兴的山水之间,对古文发生了浓厚的兴趣。⑧

一 唐氏天文历算研究

唐顺之把儒学理论看做国家事务的基础,他号召同时代的士大夫承担新的使命。他认为,"本心"的中心地位与"治世之道"息息相关,后者是士大夫们的责任。唐力求知行合一,转向历算研究。他还认为,元代天文学者郭守敬开创的实学已经失传,成为湮没三个世纪之久的绝学。⑨

16世纪,唐顺之贯通儒学和历算之学的尝试标志着常州儒学传统的新拓展。在常州,唐的观点是极有影响的。他认为,他的主张以理学为基础,兼取天算的技术特征。三角之"术"完全和通晓天算所需要的"理"割裂开来。要解决这个问题,就要实现"理"与三角之"术"的重新结合。

> 夫知历又知数,此吾之所以与儒生异也。知死数又知活数,此吾之所以与历官异也。理与数非二也,数者,理之实致用处也。活数死数非二也,死数者,活数之所寄也。近见一二儒者,亦有意象数之学,然不得其传,则往往以儒者范围天地之虚谈……⑩

他把古代的"六艺"作为儒学理论与实际研究结合的典范。他描述了古代历算与"道"的会通。他指出,义理与算学的联系被后来那些视"算学"为"小道"而不屑一顾的儒生破坏了。此外,唐呼吁恢复古代制度,重新给予算学特别重要的地位。⑪

唐顺之从历法转向中国传统算学,特别是早期用以解决天文学某些问题的三角术。他在一系列关于三角、半圆等几何学论著中,清楚地区分了解决赤道和确定余数使用"新法"、"旧法"的差别。这些论文要比耶稣会士向中国传播中世纪和文艺复兴时期的欧洲科学成就早几十年。唐的出发点是威廉特·帕特森(Willard Paterson)描述的耶稣会士来华之前明代士大夫改革历法努力的一部分。历法技术取决于精通数学。这是唐顺之强调实现儒家义理与技术知识相结合的重要性的另一个原因。⑫

二 经学与小学研究

唐顺之在讨论经学研究的理论和实际功用时,还表现出对考据学的明显兴趣。当时,王阳明一派学者倡导哲学讨论,儒家的一部分学者在学术研究中重视音韵、训诂、文字,唐顺之力图在二者之间寻找平衡。

唐认为心学不离经典、经典不离心学。他试图以训诂学方法来准确理解经典包含的古代圣哲的微言大义。⑬

晚明文学界的事例表明,掌握古文技法的训练与以训诂方法诠释经典的方法存在联系。苏州府昆山县的古文家归有光早已预见到学术界将在18世纪出现的向汉学传统的转变。18世纪"复古"的文化主张就是要放弃"文"的问题,不再视之为对三代圣贤精义的文学再创造,而转向经学本身,视为阐发经学理想的途径。归有光讨论《尚书》今、古文之争时,认为文学兴趣与经学研究关系日渐密切。

> 因念圣人之书,存者年代久远,多为诸儒所乱,其可赖以别其真伪,惟其文辞格制之不同。后之人虽悉力模拟,终无以得其万一之似。学者由其辞可以达于圣人,而不惑于异说。今伏生书与孔壁所传,其辞之不同固不待于别白而可知。昔班固志有艺文,有《尚书》二十九篇,古经十六卷。古经汉世之伪书,别于经不以相混。⑭

对归有光来说,恢复"古学"意味着阐发其中与现实有关的内容。归有光论及明代经学衰落时,呼唤一种尊崇古圣的意识,这种意识在明代文学作品中已消失了:我认为,时至北宋,经学没有消亡。况且,宋儒至今保存得完好无缺,但为什么只有少数人通经呢?经典不是一代之书,对经典的解释也不仅局限于某一个人……因此,想要通经的人,如果不明圣人之心,继续党同伐异,就无法通晓圣人之道。他希望恢复汉儒根基深广的"规学"。⑮

唐顺之同归有光一样,很担心王阳明信徒误导儒士,使之悖离经世之学的基础——博学传统。他和某些激进的王学左翼学者尤其是王畿关系密切,欣赏阳明学者的理想。不过,他也反感阳明学派存在的佛、道气息。他忧虑文人应予重视的"实用"价值会逐步为佛、道消极、退隐的生活理想所吞噬。⑯

唐顺之最忧惧的是不同理论、价值观的折衷将可能淡化儒家的经世意识。他认为:周朝末叶,儒、道、墨各家争夺学界霸权,每种学说都有不同其他学派的"本色"。这种多元格局维护了各派的特点,每个学派都流传到后世,尽管各派保存的完好程度大小不等。

唐宋以后,不同学术传统相互调和,文人著作充斥着儒、佛、道三教不同学说烩成的彼此矛盾而无特色的玄奥的"性命玄谈"。在此期间,经世意识这一儒家本色逐渐暗淡了。⑰

唐顺之认为,要治愈这种混乱现象,就要根除异端。因为"古之乱吾道者常在乎六经孔氏之外,而后之乱吾道者常在乎六经……佛道之说窜入六经孔氏之中,而莫之辨矣"。

佛教竟成了儒家的不洁内容,损害了古代圣贤的学说。因此,净化经学传统同改变文风一样,对于以古文形式恢复古代学说并使之完整地传到后世,是至关重要的。改变文风、净化经说,是唐氏复古蓝图的核心内容。⑱

小学是唐顺之纠正王学信徒偏颇之病的重要手段。他同归有光一样,视汉儒为儒家正统学说的来源。他没有全力倡导回归汉学,但已视新儒学遗产为异端。晚明儒学著作已出现初步的回归汉学的动向。⑲

尽管如此,唐顺之及其东林后继者仍信奉程朱学说,把它视为儒家心性之说的正宗诠释。唐顺之对汉学的强调并未脱离尊崇理学的学术框架,而只是纠正明代理学的极端倾向。复古之道也要遵循汉儒及宋儒先后重构的文学、经学之路。⑳

三 唐顺之的古文论

唐顺之与同时代的归有光都是16世纪古文的最著名倡导者。他力倡古文论,努力使明代文学摆脱明前期"摹古派"的影响。帕特·波尔(Peter Bol)曾指出,北宋以来文人把"文"尊为实现礼治、文学、文化研究的媒介,以这种主张界定自身。古文复兴始于中唐,当时,韩愈呼吁恢复古文,抵制佛教的影响。

11世纪后,古文成为阐述文学价值的媒介。人们认为,效法古代文章,就是掌握流传到后世的古代智慧及其意义的标志。因此,古文运动既是文学运动,又是意识形态运动。儒士只要掌握了撰写古文的深奥艺术,就能发掘出有益于现代的古典智慧。[21]

重构明代特别是 16 世纪文学价值的努力,采用了重新审视古文的方式。儒士只有克服摹古风气,发掘文风与经义的内在联系,才能在现代文人生活中重构古代智慧。唐顺之写道:

> 盖所谓具千古双眼人也,即使未尝操纸笔,呻吟学为文,但直抒胸臆,信手写出,如写家书,虽或疏卤,然绝无烟火酸馅习气,便是宇宙间一样绝好文字。其一人犹然尘中人也,虽其专学为文章,其于所谓绳墨布置,则尽是矣,然翻来覆去,不过是几句婆子舌头话,索其所谓真精神与千古不可磨灭之见,绝无有也,则文虽工而不免为下格。此文章之本色异也。

唐顺之讨论了明代士人存在的当下实践与古代理想相脱节的现象。他认为,贯通古今的精神要求将使个体看到,以文章求取学业功名是对古代世界的空洞回应。聪明文人最初可以掩饰他们对古圣学说的无知,但是,他们的散文一旦被发现悖离经世致用的标准,这种伪装就会露出原形。[22]

唐顺之主张:儒家文人的文化观应扎根于文学形式、内容所表达的经义及实践之中。他早年深受王阳明及其信徒的影响,他的文学观因而集中于经义在实学中的运用。他说:先应治民生之务,才能有实举。掌握了实学,才会通晓现实知识。道术之学,后世日晦,因此,后人所言的"事功"实际上仅限于借助口耳得到的知识,而不是真正的实学。人必须留意圣贤是如何行道的,事功是评价人的尺度之一。[23]

唐顺之对实学的推尊并不是无聊的夸耀,他关于儒士文学观点的复杂内容包括着拒斥纯理论、讲求"实事"的倾向。高谈心性而脱离圣人讲求的经世之学的倾向,自然为他反对。他认为空洞的理论将产生空洞的文学成果,它使文人忽视了儒学真正的核心内容。仅仅"坐而论道"是否合乎儒家道德标准,在他看来,实在大可怀疑。[24]

第二节　庄起元与晚明庄氏遗产

唐顺之对常州文士学风产生了深远影响。他的文学变革主张,内圣外王合一的设想影响了钱一本(1539—1601)等东林党的活跃分子。此外,明遗民如顾炎武等人都在唐顺之的著作中发现了引导士大夫摆脱晚明学术流弊、实现儒学复兴的思想方法。"实学"提供了一条防止心性玄谈的途径。

唐顺之的学术主张还流传到清代,成为常州有别于江南其他地区的学术特色之一。明清之际,常州成为一个涵盖与士人文化有关的各个文学流派的中心。18世纪中叶,常州已是可与苏州、扬州媲美的文化及文学中心。作为一个文学中心,常州堪称代表儒学话语各个流派的士大夫显示自己的才能的理想场所。

武进、宜兴的阳湖派和常州词派名满全国。当时,汉学家转向汉晋以来的骈体文,常州地区的古文流派与安徽桐城派成为宋明古文传统的主要维护者。[25]

常州文人的文化建树被收入许多有名的地方性著述。1717年,庄起元的曾孙庄会舆协助编纂《毗陵六逸诗钞》,该书收集17世纪常州主要诗人的诗作,其中有后来以画享誉于世的恽寿平。彭会湛为此书作序,序中特意提及常州诗学的意义及其在各地的声誉。《毗陵百家诗》收录了常州地区的诗歌作品,其中包括四十多位庄氏家族成员的作品;该书还收录了十多位刘氏家族成员的诗作。[26]

《毗陵文录》的编纂旨在表彰18、19世纪常州士人在三大文学体裁古文、骈文、词方面的建树。该书注意到阳湖、桐城两派古文的差别。该书收集了18、19世纪常州著名作家张惠言、恽敬、赵怀玉、刘逢禄、董士锡、赵振祚及一些庄氏族人的作品。庄氏家族的二房在19世纪涌现的文人庄受祺的散文被置于显要位置。

《毗陵文录》载有董士锡为《庄氏易说》作的序,是序认为庄氏经学的建树在19世纪20年代对地方和朝廷都有重要意义。这一证据表明,常州庄氏家族继承了唐顺之的文学与经世结合的主张——这一主张在清代仍在流传。唐的侄孙、庄氏家族二房最显赫一支的一员庄起元于1610年和堂兄庄廷臣一道通过了会试。此后,他在常州文学界为自己争得了一席之地。㉗

一 庄起元的文学成就

1615年,黄汝亭为庄起元的文集作序,序中指出庄起元与唐顺之、薛应旂建立的常州古文传统有联系,并将这一传统追溯到北宋古文开拓者之一的欧阳修、苏轼。苏轼曾长期住在常州,庄氏族学即以东坡命名。这表明庄氏家族在一定程度上有意识地投身于文学追求中。晚明时期,庄氏族人多以《诗经》研究闻名于世。㉘

庄起元浓厚的编家谱的兴趣加强了庄氏家族的组织基础。他参与修订并于1610年完成庄氏族谱的纂修工作。此谱由其父庄以临于1580年开始编著,其父命他补充最新材料。庄起元为其出名的先祖作过不少传记,一部分收录于族谱,一部分收入他本人的文集。他还为他的嫁于唐顺之的祖母和来自唐氏家族的母亲作传。㉙

庄起元在他母亲的传记中描述了唐顺之对程朱理学传统的精通。他也记述了其母将唐顺之之学传予他本人及其他唐氏族人的情况。因此,我们可以把庄氏家族尊尚程朱及宋明理学传统的家风直接归因于与唐氏姻亲关系的影响。庄起元关心族谱修订的这一事实表明,早在17世纪初,庄氏家族二房成员已将自己视为常州的一个"文化家族",他们后来与日俱增的自成一派的学术意识就在此时萌发了。㉚

二 理学话语与天主教

庄起元特别强调他所说的"真理学"与天文、地理、兵法、典章、礼制方面的研究之间的联系。他强调以血缘关系为基础的家族在维护和强化地方社会的道德观念和社会秩序方面发挥的积极作用。他为明代理学大儒所作的赞辞中,盛赞唐顺之、薛应旂是常州地区实践陈献

章(1428—1500)、王阳明、罗钦顺(1465—1547)学说的忠实信徒。㉛

有趣的是,庄起元讨论阳明心学时,竟将阳明学纳入程朱理学的框架。庄起元熟悉明代学术发展,他恪守薛应旂、唐顺之的主张,力图纠正王学左翼的流弊,将王学纳入正统学术的框架中。庄起元认为,理学是区分"真"、"假"儒的教育基础。㉜

庄认为,儒学研究应有助于文人为官任职。他认为,学术研究与"治世之学"(音译)是对等的,道德原则可实现二者的平衡,它们是文人准备进入仕途所需的内容。1610年,他参加殿试,在答卷中继续强调心的中心地位,心与自我修养的联系是文人"经世"、"治国"的出发点。庄起元的这些理想都来自程朱理学的核心内容《四书》。

庄起元对儒家道德学说中的人心功用的理解是对《尚书》有名的"人心道心"说的重新解释。这种解释是朱子、阳明阐释儒家心法时从未提过的。到了晚明,《尚书·大禹谟》的这段论述被当做伪古文《大禹谟》的一部分受到严厉的批评。庄起元在试卷中论及这段论述时,指出了"为精"、"为一"达到"安心"的传统观点,但没有提及理学正统学说的核心——"道心"。㉝

庄起元在1606年乡试所作的答卷中论述了自己对著名的"人心惟危,道心惟微"八字的看法。他对此八字的解释是:普通民众的思想是芜杂的,而身居高位的统治者的心灵却是平和的。这种解释不像其他人那样怀疑人心道心之别的真实性,但也不是一种呆板的解释。后者是钦定的《四书五经大全》的一部分内容,该书由翰林院官员编于永乐朝,是永乐为科举考试制定的正统标准用书。㉞

庄起元在乡试、殿试试卷中都将"真心"视为儒家道德理论和社会秩序的基石。他认为"天心"和"君心"都是接近"真心"普世特征的努力。1610年,他在回答殿试的策问时,重点讨论了这一问题。

> 余闻天子欲固国之大本,安邦治国,正心于道,必持真心,欲广行圣道于天下,必本正念。

"真心"是世界秩序的基石,也是实现理性化的关键。理性化即是

只有明天道,才能通人道。㉟

庄起元对人心道心传统解释的修订可能被人视为在科举考试华丽答卷中聪明而故作姿态的矫情之论。但是,问题相当复杂,他答卷中的几个关键词语都源于他讨论天主教的早期文章,以及他称为"真心"的天主教理想。他从耶稣会士庞迪我(1618年去世)的著作中吸取了上述观点。庞迪我于1599年来华,据庄起元介绍,庞迪我于《七克》一书中介绍了天主教的主张。《七克》概述了天主教预防七种致命罪恶的方法。㊱

庄起元是如何与天主教学说及庞迪我发生联系的,这个问题尚不清楚。耶稣会在当时的影响并不普及。但是,明朝后期,一些颇有影响力的知识分子十分关注耶稣会士的主张,特别是其自然科学内容。这些人中有李贽、徐光启(上海人)。天主教人士把儒教的"天主"和基督教的"上帝"等同起来,利玛窦于1610年去世前,还没有人就这种提法提出质疑。当基督教在华发展渐至高峰期时,庄起元刚刚成年。㊲

如果考虑到庄起元在常州地方社会及其家族中的地位,他赞同天主教观点的举动相当引人注目。正统儒学信徒庄起元竟以天主教观点丰富自己的理学主张。显而易见,他同意庞迪我会通天主教至尊上帝学说与《四书》、《五经》学说的尝试。

> 《论语》、《中庸》讨论了性与天道,诗、书记载王道。除此而外,吾人皆知天,然不明天道。然而,天若无主,则万物混沌,一片混乱,如痴人之梦。天之为天在于天有所主。根据天主的教诲,一个人应保持本心远离人欲,贯通人我,洞彻新旧之几。一个人在敬奉天主之前,须认识到人心即有天主。这是泰西庞先生迪我所论之大旨。㊳

庄起元在多大程度上接受了庞迪我的普世学说,这也是一个尚不清楚的问题。但是,他盛称《七克》消除罪恶的方法远为佛教阐发的理论所不及。他还将"真心"、"天堂成立之原因"等天主教主张引入自己1610年出色的殿试答卷上。庄起元至少使用过天主教的"真心"说而非"道心"说阐发理学主张。耐人寻味的是,"真心"取代"道心"并不意味着他与正统学说的决裂。事实上,无论是他本人,还是那些考官都未在他的试卷上发现需要商榷之处。㊴

三　庄起元的遗产

庄起元广泛的学术兴趣是唐顺之及其他晚明学者传授的经世遗产的体现。庄起元一支及其堂兄庄廷臣把文学训练、正统学说、经世学说运用于庄氏二房长时段的科举考试和为官任职上。庄起元的三个儿子都中了进士,这提高了他这一支在明清之际庄氏家族中的地位。

庄起元的两个儿子庄应期、庄应会继承其父的经世兴趣,他们二人分别于1643、1628年中进士,在任职之余,喜欢研究医药、兵法。庄应期之妻是刘氏族人,他本人好医学。1634年,庄应期在省里医药部门赞助下,重新刊行一部明代儿科医学手册,并补充了旧版没有的相关材料。该书于1405年首次刊行,后于1532年再次刊行。㊵

庄应会著有一部军事专著,该书论述军事取胜的计谋和道德基础。这是一项雄心勃勃的计划,得到他兄长、子女以及有声望的叔叔庄廷臣的支持。庄应会指出,其祖庄以临(其妻娶于唐氏家族)把崇尚儒术的传统传给后人,他将于研习兵法的同时发扬这一传统。庄应会用医药隐喻形容他编兵书的价值,以回应他哥哥的医药研究兴趣:"名将治兵如良医用药。"㊶

第三节　庄存与的经世学和举业建树

常州鲜明的经世传统,到18、19世纪之际发展到顶峰,而这不仅是明亡的结果。常州学人的经世志趣早在明亡前一个世纪业已产生,甚至激发起东林党人关心朝野事务的热情。如上所述,庄氏族人是经世传统的继承者。

有清一代,庄氏家族簪缨辈出,他们为谋求晋升而研治数学、医学、地学。早在晚明,这种传统就将"常州之学"与扬州、苏州的学术风气区分开来。对于庄存与这样一位庄氏家族和常州士人的代言人,必须从独特的经世传统加以审视和研究。在18世纪中叶,庄氏族人都懂得,要取得成功,一靠科举,二靠仕途。

颜李学派的信徒戴望(他后来在庄存与外孙刘逢禄的影响下转向常州今文经学)在其名著《颜氏学记》中记述了清初实学流行的概况。

戴望注意到,庄存与之父庄柱曾为颜元的学说吸引。颜元的学说在其弟子李塨17世纪90年代南下时传入江南。无锡人恽鹤生在1714年,曾见过李塨,他坚决支持颜、李学说。

颜元是当时北方著名学者,同明清之际众多学者一样,将明亡的责任归咎于朱熹及其理学身上。他认为,朱子学说受佛教影响,误人子弟,纯属异端,沉溺于心性之学的风气瓦解了明朝统治。

颜元认为,士大夫阶层缺乏经世致用的能力。1644年以后,一些士绅目睹明朝亡国、士大夫在抗清斗争中的无能表现,他们开始怀疑,仅靠个体内在的道德修养不会有助于政治体制和强有力政府的建立。庄柱信奉程朱学说的同时,认识到颜元学说的价值。㊷

庄存与继承了家学传统。他研究过天文、算学、医学、地理、水利、典制。他的《药说》类似唐顺之的《药论》,都被收入常州地方人士编著目录中的药类。庄存与受过广泛的儒家理论和实学教育,这为他进入帝国官僚机构应付种种难题作了充分的准备。他入仕后曾负责过历算、医药管理。㊸

这种准备还体现于其兄庄培因1754年殿试的答卷上。庄培因由于在科举三场考试中的最后一场考试的出色回答而受到高度评价。这次策论的试题是讨论对黄河的治理。庄培因的出色答卷甚至被作为样卷收入了官方编辑的会试录中。庄培因的答卷清楚地表明,他的经世主张带有发展变化的观点,既懂得历史上黄河的变化,又主张要顺应这种变化制定相应的政策。他说,黄河如故,河情则异,治河者当因势而行治河之法。

培因在答卷中追溯黄河的历史,将其现状与大运河漕运制度联系到一起加以考察。漕运制度实行南粮北运,庄培因认为,解决黄河泛滥的问题与治理大运河密不可分。这些都是治理黄河必须考虑的现实问题。易言之,解决旧问题需要新的方案。圣人也不能违时悖势,现代儒士应根据现实条件治理黄河。今日治河当依今日之现状。谁也不能保证黄河永不泛滥……善治河者不外因势利导,因时制宜。⑭以现实为转移后来成为19世纪今文经学的基本口号。

我们再回到庄存与,就发现他的广泛兴趣处处都在仿效唐顺之会通经术与经世的学术实践。庄存与除研治经学外(详见下章),还著有《算法约言》,此书被地方志书和卢文弨《毗陵经籍志》著录。在常州地方志书中,这部书与唐顺之的《勾股等六论》一同著录于"数术类",庄书列在唐书之后,暗示出庄力图继承唐顺之早年的研究。

庄存与特别推崇唐顺之"研经求世用"的主张。李兆洛(1769—1841)是当时常州著名的经世学者,除经学外,他还涉猎天文历算、历史地理等各个领域。他把庄存与的"经术"主张与晚明学者唐顺之、薛应旂联系起来,称庄是常州文化传统的杰出代表,认为他的成功显示出庄氏家族在帝国科举考试中的显赫地位。李兆洛认为,庄存与既是庄氏家学传统的产物,也是常州地方学风的体现。⑮

一　常州举业的成功

晚明时期,常州不仅人口稠密,农业、手工业相当发达,而且文化高度发展。在南直隶的官员中,常州籍官员所占的比例相当大。明代近10%的江苏、安徽籍官员来自常州府三县,而整个南直隶有100多个县和部门。武进、无锡在明代官员产生最多的五个县中名列前茅。⑯

明代常州籍官员占南直隶官员比例表

县	人数	百分比	名次
武进	161	3.9	2
无锡	151	3.7	4
宜兴	90	2.2	12
江阴	40	1.0	29
总计	442	10.8	

按何柄棣的说法，当时的常州还是一个举业发达的地区。1368—1644年，常州661人中进士，位居明代第五位，在江苏仅次于苏州，名列第二位。到了清代，常州中举人数总额上升到全国第四位，在江苏仍次于苏州，位居第二位，总数为618人，比明代少43人。

苏州、常州、松江三府的进士人数进一步证实了苏南诸府的举业发达。在明代江苏十三府、道中，77%的进士来自南部各府。清代，苏州、常州、松江三府进士人数占全省进士总数的比例尽管下降到57.6%，仍占全省进士总数的大多数。清代朝廷力图限制江南的科举中举人数，以保证其他地区的中举名额。但是，苏州、常州举业发达的传统并未受到影响。苏州出了42个状元，常州出了20名。㊼

我们应从明清两朝常州举业发达的背景分析庄氏家族子弟仕途成功的原因。1724年以后分为武进、阳湖两县的武进县在清代国内举业发达地区中位居第七，该县清代取265人，在江苏仅次于取进士504人的苏州府所属三县。无锡在1724年前还包括金匮，该县清代取进士163人。在全国名列第十一位，在江苏名列第五位。常州拥有武进、无锡两个科举业高度发达的地区，这尤其值得注意。㊽

二　庄氏家族的举业

16世纪，唐顺之、薛应旂确立了常州的文学主流和经世风气。它们成为无锡东林人士主张的一部分，又是东林人士争取中举、进入仕途的一种主要方式。晚明以降，政治、经世学风、中举在庄氏族内一代传一代。当然，这是在以血缘关系为凝聚力的宗法网络内，而不是在党社系统中产生的。庄氏家族将学术修养转化为仕途成功，若以前面论述的庄氏家族中举名额在地方的比例衡量，其成功率是惊人的。

常州籍汉学家臧庸曾在1800年为庄存与撰写的传记中从广度、深度两个方面描述了庄氏族学的规模。庄存与少年时，恪守家庭的训导，潜心研读朱子学说，成人后，又钻研对科举考试至关重要的以朱子解释为基础的经义。㊾

庄氏族内的男性成员深知朱子经说的重要性，从少年起即学习朱子的著述。当然,帝国境内的举子都须这样做。即使那些不赞成宋明学术的汉学家,为通过各级考试,也须掌握一些宋学知识。在考据学风笼罩的 18 世纪的江南,情况也是如此。

例如,洪亮吉、黄景仁这两位少年时就已是好朋友的学者都在汉学风行的龙城书院读书。正如苏姗·马恩(Susan Mann)所言,18 世纪,常州各学校已不再是宋明理学的天下,但是,类似 17 世纪极为活跃并引发史无前例的经世风气和求知热情的政治讨论已销声匿迹了。

洪亮吉、黄景仁都通过院试,取得生员的身份。但在乡试和会试中都遇到极大的困难。与此同时,两个人都在尊崇汉学的官员朱筠、毕沅手下做幕僚。当时,科举考试不受考证学的影响,因此,洪、黄的汉学训练对他们应对更高一级的科举考试用处不大。㊾

与之相反,在族学受教育的庄存与在参加考试时没有遇到太多的障碍。1744 年他 25 岁时,在苏州通过乡试(包括安徽考生),中举人。次年,他初次参加会试,就中探花,取进士。其兄庄培因 18 岁(1741 年)即中举人,比庄存与早三年。不过,他通过会试的时间比庄存与晚,1754 年,他以状元中进士,是年 31 岁。

其父庄柱 30 岁时(1720 年)通过乡试,七年后中进士。庄柱的长兄庄楷、庄敦厚分别于 46 岁(1713 年)、42 岁(1724 年)中进士。他们的另一个兄弟庄沄在 1720 年的江苏乡试中中举人。1729 年,庄大春中副榜。㊿

庄存与之子逢原 30 岁(1765 年)中举人;庄通敏 18 岁(1756 年)中举人,中举之速堪与其叔父培因媲美,不过,后来他历时 14 年才中进士;三子庄选辰 20 岁时(1774 年)中举人,24 岁(1778 年)就通过会试,比其父中进士还早两年。庄培因之子庄述祖 26 岁(1777 年)中举人,三年后中进士。

总之,在庄存与一家中,庄选辰中举最为顺利。庄氏家族的举业成功固然有其他因素,但是,他们少年时期在族学受到的教育是举业成功最显著的因素。㊾

汉学及其实证方法尽管在江南风行一时,但是,从未如宋学一样,广泛影响科举考试。因此,音韵训诂造诣不仅无助于举业成功,甚至会产生妨碍作用。庄存与及其家人没有偏离通行的应试之路,精通宋学成为进入仕途的门票。庄氏族人与考证学者(他们不少人放弃官职,献身汉学研究)不同,起初很少留意风靡苏州、扬州,及其常州亲属中的汉学。

汉学因与以宋学为基础的正统儒学对立,至多处于科举考试的边缘位置,其支持者往往被排斥于朝廷要职之外,考据学发展的结果是儒学的专业化和职业化。汉学凭借士绅阶层提供的广泛赞助,赢得并维持他们在江南学术共同体的位置,捍卫小学考证的特殊意义。㊂

庄氏族人以及庄存与本人都反对汉学新潮,支持传统的儒学范式。庄存与的声望建立在接近帝国权力的基础上。他跻身政治舞台后,不论是担任礼部官员、内阁学士,还是担任学政(后详),经学研究志趣都比汉学家保守,但与仕途密不可分。学术与政治对于庄存与并非非此即彼的选择,而是相辅相成的。庄存与及其亲属中举后都步入仕途,从事传统儒生从事的职业。㊃

第四节 学术官僚庄存与

对于庄存与这样的庄氏族人,高官显职如同探囊取物,庄氏族人似乎也别无所求。常州今文经学的崛起,某种程度上是一个江南显族的故事,它的学术传统,与其土地、族产、财富都是家族兴旺的象征。一个家族能够关心家学传统,采用类似维护田产、城市财产的方式来保护自己的文化资源。㊄

现在,我们转向讨论著名的学术官僚庄存与,他是庄氏家族最有影响的后裔,也是庄氏家族自明代以来绵延不断的家学传统的象征。这种家学传统太重要了,我们将会看到,庄存与这样一个江南汉族官僚竟敢在满洲教育和军事官僚体制中实践自己的儒学理想,其政治识见的精神和知识基础都来源于家学传统。

常州庄存与恢复今文经学的缘由不只是学术或社会环境。它从一开始就隐含着政治寓意,这种寓意已转化成对公共政策的直接影响。庄氏家族学术上的保守主义（应用于政治上又是激进的）及其变革意识是私家学术教育的产物。庄氏族人一代又一代将自己的地方性学术声望转化为国家政治权力。无论在意识形态上，还是在实际生活上，都与权力结构建立起无法掩盖的联系，而恰是这套权力结构确认和说明庄氏家族政治上引人注目的飞黄腾达。庄氏族人不仅有经典的理想，而且还要将其付诸现实。

我们还应从晚明以来庄氏家族政治遗产的背景审视庄存与的实践主义。与晚明东林党的党社意识相反，常州今文经学起初仅是一个家族政治主张的体现，但是，二者的起因大致相近。1625年，魏忠贤擅权时，东林党人发展到顶点，而和珅得宠则是庄存与转向公羊学的契机。事实上，常州今文经学只是18世纪常州的一股重要暗流，它受到中华帝国晚期家族权力的庇护，吸收了17世纪东林党传统的滋养，到19世纪，成为士大夫经世思潮的主流（详参第九章）。

今文经学为什么会出现于常州，而不是苏州、扬州？18世纪的常州学术传统有助于学者应付汉学的挑战。有关常州学派的论述常强调庄存与在《公羊传》及今文经学复兴中的关键作用。根据常州今文经学家的看法，庄存与反对当时流行的重视古文经学的汉学传统，选择了今文经学。龚自珍指出：（庄）以学术自任，开天下知古今之故，百年一人而已矣。㊼

与同时代的苏州、扬州相比，庄存与不太注意文献考证问题，而重视《春秋》隐含的"微言大义"。他说：

　　《春秋》治乱必表其微，所谓礼禁于未然之前也。凡所书者，有所表也，是故《春秋》无空文。
　　《春秋》书天人外内之事，有主书以立教也，然后多连而博贯之，则王道备也。㊽

一　翰林"俱乐部"

上述观点不是一个身处政治边缘地位的学者的胡思乱想，而是一个身处高位、作为乾隆心腹的大臣有影响的观点。1745年,庄存与参加殿试,中探花,走上一名翰林院官员通行的晋升之路。如本书第二章指出的那样,按照这套晋升程序,一名中举的士子,先到翰林院,再到礼部任职,最后担任大学士。翰林院官员既然是皇帝的私人秘书,通常极易升到整个官僚制度和内廷权力的顶端,庄存与的仕途经历就是清代官员在这样一个相互补充而又重叠的政府机构中晋升的范例。

1745年,庄存与以探花这样一个显赫的科举考绩直入翰林院。起初,庄存与因书艺欠缺,遇到了一些麻烦。后来,任翰林院官员,入值南书房。他反对从科举考试通行的《尚书》中删去伪《古文尚书》部分,庄存与因此与18世纪中叶江南考据学者的观点针锋相对。考据学者认为,伪《古文尚书》属公元3世纪出现的赝品,非古代圣贤所作,因而对之持批评态度。㊹

二 围绕伪《古文尚书》的争论

在《五经》中,《尚书》地位仅次于《易经》,历代士大夫都认为它是有关三代政治学说、典章制度最重要的记载。西汉以后,《尚书》即被尊为"圣经",唐以降,又变成儒家科举考试的要籍。《易经》、《尚书》为世人特别重视,许多人认为,《易经》阐发"道之体",《书经》包括"道之用"。㊺

宋代以后,学术界围绕《古文尚书》展开争论,阎若璩完成《尚书古文疏证》后,才最后解决这一问题。根据阎若璩的考证,《尚书》的古文部分属后人伪造。17世纪90年代,有人上书朝廷,要求从科举考试使用的《尚书》读本中删除伪《古文尚书》部分。这个建议后被搁置起来。

苏州汉学的奠基人惠栋在18世纪40年代重新讨论伪《古文尚书》问题,因为在1745年以前,阎若璩的著作只有传抄本行世。当时,惠栋在《古文尚书考》一书中深入分析了《古文尚书》诸篇的来龙去脉。当然,他也承认,自己的分析与阎氏著作有许多吻合之处,在遇到自己的主张与阎若璩的观点相重复时,就引阎氏的观点作为自己讨论的定论。惠栋接受了阎氏的观点,同时注意到有关伪《古文尚书》之争历时几个世纪才作出定论。㊻

惠栋的弟子继续研究《古文尚书》问题，常州学者孙星衍著有《尚书今古文注疏》，完成了对伪《古文尚书》的辨伪工作。孙星衍的工作开始于1794年，完成于1815年。他运用两汉史料分析《尚书》今、古文的差异，他的考证是清代古文经学声望达到顶峰的标志。

庄存与同当时多数学者一样，最初接受了阎若璩的现存《古文尚书》属伪的看法，他早年研读《尚书》时，也读过阎若璩的有关论著。但是，当1750年有人再次上书皇帝，要求删除科举考试通行本的伪《古文尚书》时，他觉得这种做法太过分了。庄绶甲曾为庄存与的《尚书》论著写过一篇后记，文中记叙了庄存与对于这个建议的不满。

庄存与起初也意识到今、古文之别。他向庄逢原、庄述祖教授《尚书》时，也曾分析今文经、古文经的差异。后来，他在进京应试读到阎若璩《尚书古文疏证》，认为其中的批评走得太远。他认为这样下去最终将颠覆《五经》的地位。而汉唐以降，圣学式微。迄今为止，惟余《五经》可信。㉛

庄存与维护的是常州东林党人信奉的一套经学观，东林党人坚信伪《古文尚书》"人心道心"章的真实性。顾宪成接受了朱子有关"人心"、"道心"之别的解释。他认为，王阳明没有说道心不含善恶，人心的不可靠性才是值得讨论的课题。顾宪成认为，朱熹、王阳明都同意这种看法，只是表述的方式略有不同而已。㉜

东林党人的观点也不一致。钱一本曾在常州助修经正堂，作为东林党人聚会的场所。他就不赞成王阳明的学说，尤其反对王阳明的"无善无恶"说，并引孟子的"无是非之心，非人也"这段话来证明自己的观点。顾宪成在常州的另一位支持者、汉学家孙星衍的曾祖孙慎行也反对朱子观点，赞成阳明的学说，他说：

> 人心道心，非有两项心也。人之为人者心，心之为心者道。人心之中，只有一些义之道心，非道心之外，别有一种形气之人心也。㉝

有了这样的解释先例，庄存与就利用他在翰林院的显要位置和南方学术成果维护伪《古文尚书》在朝廷的权威性,认为它们对于帝国的国家、社会秩序都是至关重要的。他认为,删除伪《古文尚书》部分,不仅会动摇整个帝国的经学遗产,而且会削弱儒教国家的理论根基。

庄存与的保守观点可谓经学、国家权力的合法性、政治阐述三者综合的产物,体现出他和清朝国家正统学说在思想上的一致立场。汉学对伪《古文尚书》的威胁,就是对科举考试规程包含的士绅官僚共识的威胁。庄存与关心的不仅是小学研究,还有政治权力和意识形态。

庄存与意识到,长期沿用的《大禹谟》一旦受到怀疑,那么,"人心道心"说就可能受到颠覆。舜帝之臣陶的可信性也将受到动摇,陶认为:"与其杀不辜,宁失不经。"

庄存与认为,这些学说都仰赖经典权威。因此,庄存与出于意识形态的考虑,试图给汉学主流学者不断推进的考证设置一条界线。㉔

三 乾隆后期的改革尝试

庄存与离开翰林院后,出任礼部侍郎,1755—1758 年、1762—1773年两度出任内阁学士。除在礼部任职外,他还屡次出任京畿及其他地区的学政。庄存与经验丰富,学识渊博,他利用担任顺天学政的影响和声望改革科举制度。㉕

庄存与任直隶学政期间(1756—1758),主张所有地方生员都应到礼部登记,以防止混乱及冒名顶替现象。通常,礼部无法验明考生身份,以及考生参加考试的资格,因而无力阻止考试舞弊行为的发生。㉖

此外,庄存与还建议,为了维护对地方生员人数的管理,朝廷应限制科举成绩优异省份的中举名额。乾隆接受了这一建议。在人口较多的省份,将中举比例定为 20∶1,限制中举人数;中等省份比例为15∶1;边缘地区和小省比例为 10∶1,希望用这种方式遏制乡试中营私舞弊滋长的现象。㉗

但是,庄存与力图在北京的满、蒙旗人——清朝军事主力中推行改革时,他的改革勇气受到严峻考验。庄存与要纠正旗人科举考试的松弛和腐败习气。但是,在 1758 年的科举考试中,他全新、严格的管理引发了旗人的骚乱。旗人似乎已习惯了买卖答案应付考试，考场秩序相当混乱，甚至失控，士兵们用写纸条、夹带书本的方式传递考试信息和考题答案。⑱

庄存与马上受到京城御史、汉人唐世昌的批评。唐上书乾隆，指责庄存与弹压骚动的手段过于严苛。庄存与的仕途处于危险之中。但是，乾隆深知，庄存与所反对的旗人应试时营私舞弊的情况相当普遍，所以他支持庄存与的改革行动。唐世昌在汇报庄存与弹压骚乱之事时，因态度有失公平而引起了乾隆的愤怒。于是，他借机为儒学价值观辩护，斥责京城满人臣属，他说：

> 现今满俗纯朴，八旗弟子勤习国语。专习骑射，若欲习学汉文，亦当用心记诵。如此方能应试；如不能自己为文答卷，仅凭偷递答案、夹带书册进入考试，只是欺蒙自己，自然无望博取功名。⑲

乾隆完全支持庄存与——这位自己的前任私人秘书的改革，下令处罚那些参与骚乱者。必要的改革得以继续实施。从此，所有三级以上满蒙旗人及子孙（他们世袭军职）必须用汉文参加考试，才能得到相应的官位。汉族御史弹劾庄存与时显然没想到，皇帝一旦知道事实，会对此龙颜大怒，庄存与在这次剧烈的科场事件中得到保护和解脱，巩固了他所担任的内阁学士的地位。⑳

庄存与因此成为满清帝国全盛时期士绅的代言人。同在军机处任职的刘纶一样，庄存与是常州地方家族进入帝国最高权力机构的体现（详参第二章）。满洲卫士和珅迅速崛起之前，庄、刘诸人都是乾隆朝的风云人物。

要全面了解庄存与的改革在其显赫仕途中的意义，就需知道他的经学研究在这次危险的政治活动中的作用。我们将看到，常州今文经学的崛起，不是一个孤立的学术事件。当庄存与之类的士绅官僚试图寻找一种方式，消除他们认为的和珅给18世纪晚期政治生活带来的有害后果时，它就与儒家政治文化息息相关了。

第五节　庄存与与和珅

作为一个从 18 世纪 40 年代起即声望显赫的人物，一个敢于冒触犯满族统治者的危险，向北京旗人应试的无能、欺蒙之习挑战的人物，庄存与在北京朝廷显赫的官位上度过了余生。他于 1786 年致仕。在这期间，和珅的地位正蒸蒸日上。1776 年，这位 26 岁的英俊侍卫已进入军机处，1784 年，任协办大学士，兼管礼部、户部事务，1786 年，成为大学士。作为一个从 40 年代任私人秘书时就受到皇帝信赖的南方士子，庄存与目睹了这接二连三的变化。和珅被认为巩固了作为皇帝宠臣的地位，他凭借这种地位，建立了一个自晚明令人憎恶的魏忠贤集团消失以后无人比拟的私人政治、经济"王国"。⑦

常州汉学家董士锡为庄存与的易学著作写序，序中论述了庄对乾隆朝的影响。

> 其（庄存与）文辨而精，醇而肆，旨远而义近，举大而不遗小，能言诸儒所不能言。不知者以为乾隆经学之别流，而知者以为乾隆间经学之巨汇也。

董序涉及更晚一些时候的情况，它表明，庄存与的经学著作需从多个侧面加以分析。庄存与努力避免经学研究存在的汉宋门户之争。这表明，他的经学研究到 18 世纪 80 年代转向公羊学的背后，隐藏着更深的问题。⑫庄存与如其曾祖庄廷臣在 17 世纪 20 年代反对魏忠贤一样，反对 18 世纪 80 年代的和珅。当然，反对的形式是隐晦的。但是，我们有足够的证据证明，庄存与同朝廷大学士、军机大臣阿桂属于反对和珅集团的一派。为说明庄存与与阿桂的关系，我们先看一下著名扬州汉学家汪中之子、汉学家汪喜荀于 1816 年前后的一些记载。⑬

汪喜荀在为庄存与的侄子庄述祖作的传记中记载了 1780 年庄述祖中进士时发生的一些情况。1745 年，庄述祖之叔庄存与中榜眼，

1754年，其父庄培因中状元。因此，庄述祖很早就受到军机大臣、庄存与的同事及好友阿桂的注意。作为朝廷大臣的独子，庄述祖可以根据荫子的惯例，担任官职。荫子惯例就是准许在朝大臣的一个儿子免于考试，直接为官。因此，阿桂希望庄述祖成为自己的属下。但是，庄述祖为免不测，还是参加考试，凭自己的成绩进入仕途。

在1780年的殿试中，和珅捉弄了阿桂。殿试之后，试卷经批阅后，通常将名列前茅的几份试卷呈皇帝审阅。庄述祖的成绩名列前茅，肯定可以以此出任翰林院官员。和珅惟恐庄述祖进入翰林院后，扩大阿桂在朝的影响（庄存与当时已是礼部右侍郎），他的同党就在试卷送呈皇帝时，打乱试卷秩序。庄述祖的试卷被排到较低等级，位居十名以下，失去出任翰林院官员的资格。⑭

庄述祖失去进入仕途显职的机会后，借照顾母亲（其父庄培因死于1759年）之名，返回常州，转向经学研究。在以后的几十年中，成为一个著名的考据学者，撰写了许多小学专门著作，本书第五章将对此予以讨论。此外，庄述祖还推进了其叔的今文经学研究。

不过，作为一个成功的中进士者，庄述祖尽管受到和珅的阻挠，还是一度被授予官职。18世纪后期，一个中举者往往要熬十年，才能谋到一个县职，这已是司空见惯之事。庄述祖又一次受到和珅的阻挠。按规定，所有新中进士应被列入军机处候补官员目录，供任命之用。这些候选官员，包括有担任要职资格的人选，当时都要晋见和珅，向他鞠躬下跪，行礼致敬。庄述祖与云南人屠绅拒绝晋见和珅，和珅借此机会，将庄述祖从候补官员名单中除名。但是，乾隆的一个私人秘书听到庄述祖的遭遇后，出面干预，庄述祖才又被列入这一名单。庄述祖多次任职，但是，在和珅擅权时期一直刚直不阿，不肯屈事和珅。⑮

帝国的政治腐败葬送了庄述祖的仕途，也即庄氏家族几代人熟悉的选择。具有讽刺意义的是，1746年，庄廷臣因反对魏忠贤——与庄述祖反对和珅相似的举动，而被清廷礼部上书朝廷，封为明室忠臣。当时，庄存与身为皇帝的私人秘书，自然会影响这个决定的制定。18世纪80年代，历史车轮又回到原点，庄氏族人又走到权臣的对立面。汪喜荀公开把庄存与与和珅的对立与其高祖庄廷臣对魏忠贤的不满相提并论。⑯

这一事实还有助于我们理解庄存与的女婿刘召扬1784年致仕的原因,他在乾隆南巡设立的特科考试中中举。召扬的父亲在和珅得势前身居要职。刘召扬与姻亲庄述祖一样,离开了18世纪80年代政治的旋涡,显示出不满情绪。刘召扬本人和刘氏家族的前途,都艰险莫测。1799年,和珅死后,刘召扬之子刘逢禄才继承其父遗志,出任官职。

庄存与的经学研究,尤其是其公羊学,很可能是寻找儒学政治语言,创立一个合法批判乾隆晚期政治混乱的尝试。庄存与、阿桂一道反对和珅一事证实了这一点。1828年,魏源为庄存与死后出版的著作写序,序中透露了庄存与在18世纪80年代的政治无力感。至少在道光年间,魏源就关注着庄存与对和珅的公开讨论。在北京图书馆收藏的魏源未出版的手稿中,有一篇魏源给庄存与遗书所作序文的底稿,其中保留了魏源在定稿时删除的有关庄存与与和珅的记载。魏源写道:

> 君在乾隆末,与大学士和珅同朝,郁郁不合,故于诗易、君子小人进退消长之际,往往发愤慷慨,流连太息,读其书可以悲其志云。⑰

魏源的观点引出一系列思考。乾隆早年的亲近大臣到他统治的晚年,因王朝的利益而与那些朝廷的权奸发生冲突。他们在朝内的失势肯定是令人震惊的。朝廷内部,阿桂一派仍在努力,以铲除18世纪90年代他们视为奸党的和珅及其党羽的势力(参见第九章)。常州学者洪亮吉与庄家有亲属关系,同阿桂一派有交往,他曾这样描述乾隆朝的政治变化。

> 往吾未成童。侍大父及文时,见里中有为守令者,咸友慰勉之,必代为之虑,曰:此缺繁,此缺简,此缺号不易治,未闻及其他也。及弱冠之后,未入仕之前,二三十年之中,风俗趋向顿改。见里中有为守令者,咸友慰勉之,亦必代为虑曰;此缺出息若干,此缺

应酬若干,此缺一岁之中入己者若干,而所谓民生吏治者,不复挂之齿颊矣。⑱

后来,他于 1799 年上书嘉庆帝,并差点因此送命。洪亮吉暗示:乾隆帝早年法度严明,可是后来为和珅等人破坏了。

乾隆初政所以克绍圣祖、世宗,度越百王,而使亿兆倾心如此者。纯皇帝固圣不及,而众正盈朝,前后左右皆严惮之人故也。⑲

根据汪喜荀、魏源、洪亮吉的记载,乾隆早年信赖的大臣庄存与等目睹了和珅擅权时朝廷纲纪败坏的状况。魏源上述讨论表明:庄存与与和珅的对立对他的经学研究是一种推动。前面讨论了 18 世纪今文经学兴起的学术背景,即晚明东林党人的经世传统。此外,我们还分析了今文经学是如何在庄、刘两族孕育的,揭示其崛起的社会背景。和珅擅权时期的混乱为理解 18、19 世纪之际的今文经学的准确起源提供了新的分析视角。

易言之,今文经学的崛起,是士大夫们为消除危害儒家政治文化的和珅之害努力的一部分。今文经学的复兴反映了士绅集团在国家与其支柱——士绅的关系剧烈变化时,关心自身政治命运意识的复苏,尽管下文将更细致地分析乾嘉之际的转变。这里还要指出,庄存与转向公羊学是带有政治和策略性的。从和珅得势起,士大夫们对于个人及朝廷责任的态度发生了变化,这种变化就是今文经学复兴的原因之一。

如上所述,庄存与大半生是在官场度过的。1745—1786 年,他一生 69 年中的最主要的 40 年是在朝为官,身居要职。他担任过皇帝的私人秘书、翰林院、礼部右侍郎、内阁学士等职,他的政治声望渗透到他常州的族人姻亲之中。他的学术声望,如后所论,直到 19 世纪 20 年代才为世所承认。他的著作是在去世以后,通过其孙刘逢禄、庄绶甲的著述,才受到世人的注意,即使在 19 世纪 20 年代,要讨论庄存与公羊学的政治内涵,仍是有风险的。

庄存与晚年转向经学研究,完成一系列著作,开创公羊学复兴局面,引发经学话语的改革思路,这条思路引出刘逢禄及后来更为激进的今文经学运动。因此,庄存与与和珅的斗争使我们能够理解常州今文经学兴起的政治内涵。魏源对庄存与在和珅当政时期的愤懑不满的记述表明,公羊学在18世纪80年代兴起时,只是一层反对朝政腐败的经学面纱。

庄存与在《春秋正辞》"禁暴辞"一节,曾分析了亡国的原因:

> 兵争之末,战争之末,一蹶不振,更事知之,其事好还,识古觉焉。圣人之心,不宁惟是,仁而已矣。仁以让本,以仁去利;让为礼本,以让去争;礼为国本,以礼去兵。苟不务仁,不能去利去兵,无益亡之道也……《论语》不云乎,放于利而行多怨,能以礼让为国乎?若有善人,为邦百年,亦可以胜杀去残矣。如有王者,必世而后仁,此非以不善而之善之道乎?不仁不让,争利害则必战争,是非则亦必战,为恶不同;同归于乱。㉚

庄存与论述《春秋》要旨时,同样表现出转向《公羊传》的学术旨趣:

> 国不可以无贵受命也。无受则篡。公羊学之义,纳八例皆篡也,何休传之矣!允哉!允哉!君位奸之伺矣,故《春秋》于生死授受之际,尽其防焉。㉛

考虑到和珅权倾朝野的影响,就不难理解庄存与的经学著作直到19世纪20年代才出版的原因。此外,庄存与的主张也表明,他在扮演常州家族代言人的角色。清初以来,庄氏家族就一直仰仗朝廷,维护自己在中央、地方的显赫地位。

庄存与的见解是19世纪清议的先声,也是东林党人反对阉党传统的余响。庄存与透过非常适合自己的经学方式,表露出批判现实的倾向,其中包含两点内容:其一,他的政治主张使我们重新审视庄存与参与朝政时的保守态度。其二,他的变法意识为后来的龚自珍、魏源等今文经学新劲加以发挥。

庄存与自少年起就受儒家政治理想的熏习，作为学者兼官僚，到年迈之时，借经学研究，抒发内心的愤懑。早在孔子之时，就已有"小人"得势、"君子"遭贬的事情。孔子的《春秋》就是一部死亡、毁灭的记录，一种政治批评形式。孔子借此品鉴时人，按照公羊家的说法，还勾勒出未来的新秩序。

下面几章，我们将讨论庄存与的《易经》、《春秋》研究，只有将这种研究置诸庄存与对个人政治突然失势的反应和王朝危机的背景下，才能发现其中不寻常的内涵。

只有从中华帝国最后一个王朝没落的历史大背景加以考察，才能理解今文经学的兴起。只有这样，我们才能理解今文经学的复兴、重建与改革及乌托邦主义相结合的原因。汉宋之争体现出今文经学得以复兴的学术界线，而东林学术传统的复兴、和珅专权的冲击，则预示着它的政治、社会方向。

从本书第四章起，我们将不再主要讨论今文经学复兴的社会和政治根源，而是转向18世纪常州学术活动的策略性主张，从庄氏家族的经世传统转向对常州儒学史、庄存与在当地的学术影响及其所留学术遗产的范围加以讨论。

注　释

① 关于礼仪，见《翡翠与丝的祭品：唐代法律中的礼仪符号》；郝允一《明初的礼部》，1—35页。
② 秦《道及道统》，371页。有关论述见狄百瑞《理学正统》，1—66页。理学与政治关系的讨论见波尔《朱子对文学的再界定》，151—185页。
③ 关于理学的解体，见拙著《从理学到朴学》。
④ 地理专家李兆洛在常州士人中具有代表性。见赵振祚为李兆洛《养一斋文集》所作的序，见《养一斋文集》，1a—2a页。
⑤ 黄宗羲《明儒学案》卷二十五，256页；古德里希《明代传记辞典》，703、619—622、1102—1104页。
⑥ 薛应旂《房山先生文录》，3.1a—21b、4.1b—3b页；布施《东林书院》，96页。
⑦ 薛应旂与唐顺之的来往及其对经世学的重视，见所著《房山先生文录》，5.17a—18a、

1b—12a 页,有关他对陆王学派的支持,见 8.1a—2a、17.14a—16b 页。

⑧《常州府志》(1886),23.33a 页;《毗陵唐氏家谱》(1948)所收唐鹤生所作"序",1a—4a 页;《吴人世表》册七,1.1a—b 页;《董氏世表》册一,1a—5a 页,册一九,11b、19a—b 页;古德里希《明代传记辞典》,1253—1254 页。

⑨ 唐顺之《荆川先生文集》(1573),6.36b—40a、7.15a—18a 页。

⑩ 同上书,7.16a—17b 页。

⑪ 同上书,7.19b—21b 页。

⑫ 同上书,17.25b—44a 页;《武进阳湖县合志》(1886),26A:7a—8b 页;帕特森《历法改革》。

⑬ 唐顺之《荆川先生文集》(1573),10.3b—5a、10.8b—11a、11.34a—35b 页。

⑭ 归有光《归震川先生全集》,1.15a—16a 页,有关讨论见嵇文甫《晚明思想史论》,98—105 页。在德川时期的日本,文学界兴起的古学也有类似的范式存在,见 Okada:《江户时代的儒学》,62—110 页。

⑮ 归有光《归震川先生全集》,3.4b—5a、1.19a 页。相关讨论见林庆彰《明代的汉宋学问题》,133—150 页。

⑯ 归有光《归震川先生全集》,11.5b 页;唐顺之《荆川先生文集》(1573),5.7a—10a、17.18a—b。有关唐顺之对汪直的批评,见上书 5.18a—b、7.10b—11a、10.1a—3b 页。

⑰ 唐顺之《荆川先生文集》(1573),7.10b—11a 页。

⑱ 同上书,10.1b—2b 页。

⑲ 同上书,10.8b—11a 页。有关讨论见林庆彰《明代考据学研究》,14—35 页。

⑳ 唐顺之《荆川先生文集》(1573),10.3b—5a 页。

㉑ 古德里希《明代传记辞典》,1252—1256 页;梅《古文家韩愈》;哈特曼《哲学家韩愈》;波尔《文化与道》,1—85 页;杜清一《理学与文学批评》。

㉒ 唐顺之《荆川先生文集》,7.11a、7.25b、11.25b—26b、11.27a—28b 页。

㉓ 同上书,8.7b—8a、5.35b—38b 页。

㉔ 同上书,6.25a—26b、30b—31b 页。

㉕ Chia-ying Yeh Chao《常州学派》;博拉德《中国文学概论》,140—157 页;唐鹤升《常州府志》序,9b—11b 页。关于唐顺之对顾炎武的影响,见潘耒《日知录》序,1.47a—48a 页。有关钱一本的事迹,见《武进阳湖县合志》(1886),22.24b—25a 页。

㉖《武进庄氏增修族谱》(1840),7.16a—16b 页。庄令舆、徐用芳(音译)《毗陵六逸诗钞》及彭会淇作的序,1a 页;《武进阳湖县合志》(1886)33.34a—36a 论述《毗陵百家诗》部分。关于庄氏家族的诗学传统,见《毗陵庄氏增修族谱》(1935),16.31a 页;胡默尔《中国名人传》,960—961 页。

㉗ 赵震《毗陵文录》，董士锡的有关论著就收入此书，见 3.8a—9a 页。

㉘ 黄汝亨《漆园卮言》序。

㉙ 庄起元《漆园卮言》，6.49a—78b、9.15a—b、3.34a—38b 页。

㉚ 同上书，9.15a—15b。庄起元为纪念自己的父亲，也修建了一座祖庙。

㉛ 同上书，3.12a—13b、36a—37b。

㉜ 同上书，3.34a—44b、47a—48b。

㉝ 同上书，4.2a—3b、10.3a—11a、12a—14a、18a—19b 页；狄百瑞《理学正统》，8 页，以及拙著《从理学到朴学》。

㉞ 庄起元《漆园卮言》，10.43a；《四书大全·中庸章句》朱子序，1a—8a 页，朱子在序中明确阐述了正统派对人心、道心的主张。

㉟ 庄起元《漆园卮言》，10.12a、27a—29a、11.3b、10.3a—3b 页。

㊱ 同上书，2.46b—48b 页。据庄起元记载，利玛窦的著作名叫《七克》，见梁启超《中国近三百年学术史》，31—39 页。谢和耐《中国和基督教的冲突》，28、30—32 页；伯纳德《哲学运动》。拙著《从理学到朴学》对明代末期的考证学风，特别是东林党人与西学的关系有更详细的讨论，47—48、62—63、184 页。

㊲ 参见伯纳德《哲学运动》，此书对明末知识分子的倾向和耶稣会的影响之间可能的联系——特别是在东林党人当中——有着详尽描述。也可参见拙著《从理学到朴学》，47—48、62—63、184 页。

㊳ 庄起元《漆园卮言》，2.47b—48b 页。

㊴ 庄柱《毗陵科第考》（1868），8.6b 页。起元对天主教的兴趣并未波及到庄氏家族的其他人。庄氏的族谱及庄起元的后代也没有提过庄起元的宗教兴趣。不过，庄存与在 1780 年前后重申了庄起元探讨"天道成因"的主张，见本书第四章。

㊵ 徐用宣《补要袖珍小儿用方论》，该书收录了李棠的一篇序文，文中记述了庄应期在重印这部医书过程中所发挥的作用。《诸暨庄氏族谱》（1883），1.34b—35a 页；庄柱《毗陵科第考》（1868），8.26a 页。

㊶ 庄应会《纂辑经武胜略正集》，1a—3a 页。

㊷ 颜元《四书正误》卷一，47 页。顾炎武批评晚明王学左翼对当时的失控状态负有责任，见顾炎武《日知录》，540—541 页。有关讨论见拙著《理学的解体》，79—83 页。有关颜元与恽鹤生的关系，见戴望《颜氏学记》卷十，262 页；大谷敏夫《扬州常州学术考》，325—326 页。庄柱对理学的兴趣，见《西营刘氏家谱》（1876）12.19a 的有关记载。

㊸ 臧庸《礼部侍郎庄公小传》，5.2a 页；《武进庄氏增修族谱》（1840），26.30b。庄绶甲为庄存与著作集所作的后记，见庄绶甲《拾遗补遗斋遗书》，38a—39b 页。有关庄存与对数学和医学的兴趣，见卢文弨《毗陵经籍志》医类；《武进阳湖县合志》，23.3b 页。

㊹ 庄培因的策论见《会试录》(1745),12—14、51b—55b 页。

㊺ 李兆洛《养一斋文集》(1878 年编),3.13b—14a 页;《武进阳湖县合志》33.5a 页;卢文弨《毗陵经籍志》药类。

㊻ 帕森斯《明代官僚》,190 页。

㊼ 何柄棣《成功的阶梯》,246—254 页;刘兆平《清代科举》,97—99 页。

㊽ 何柄棣《成功的阶梯》,254 页。

㊾ 臧庸《礼部侍郎庄公小传》,5.2a 页;《武进庄氏增修族谱》(1840),26.30b 页。

㊿ 马恩《洪亮吉》,21.34—36 页。有关赞助的作用,见拙著《从理学到朴学》,104—112 页。

㉛ 《诸暨庄氏族谱》(1883),8.29b—35a 页。

㉜ 同上。

㉝ 《武进庄氏增修族谱》(1840),26.30b。见拙著《从理学到朴学》,67—85 页。

㉞ 《庄氏经学家家传》,2b 页。

㉟ 布迪欧《实践的理论》,171—183 页。

㊱ 龚自珍《龚自珍全集》,141 页;魏源《魏源集》卷一,238 页,该书收录了魏源为庄存与著作集所作的序言,突出强调庄氏在常州今文经学复兴中所起的作用。

㊲ 庄存与《春秋要旨》,1a—2a 页。庄引用过司马迁《史记》(卷一三〇,3298 页)中有关礼的一条史料。

㊳ 详参台湾故宫博物院所藏庄存与传稿,no.5784,53a 页。该文收录了朝廷对他任翰林院职后书法的评论。关于庄存与对《古文尚书》的看法,见《武进阳湖县合志》所收的庄氏传记,23.3b—4a 页;龚自珍《龚自珍全集》,141—142 页。关于"翰林俱乐部",见丹纳拉《嘉定忠臣》,17—23 页。

㊴ 朱彝尊《经义考》88.6a 页引用了王崇庆的记叙。

㊵ 详参拙著《哲学与小学》,176—177、206—208、211—212 页;《从理学到朴学》,177—180、207—212 页。

㊶ 庄绶甲《文稿》,34a—35b 页;《武进阳湖县合志》(1886),23.3b 页。

㊷ 关于朱子的论点,见《朱子大全》,76.21b 页。顾宪成对朱子观点的诠释,见其《小心斋札记》,5.7a 页。

㊸ 孙慎行《玄晏斋困思抄》,1.25a 页,见黄宗羲《明儒学案》卷五十九,649—651 页;钱一本《龟记》,1.11a 页;《范衍》,1.9a—9b 页;《孟子引得》,13/2A/6 页;布施《东林书院》,92—97、130—131 页。

㊹ 《武进阳湖县合志》(1886),23.3b—4a 页,译文见莱格英译《尚书》,59 页。关于翰林院和江南学术的研究,见雷《翰林院》,31—32 页。

(65)《钦定学政全书》,庄存与曾参与该书的编纂。与科举考试有关的问题见是书,2.12b、6.1a—13b、14.1a—2b 页。《清代职官年表》卷二,614、624—632、974—989 页;卷四,2662—2663、2673 页。

(66) 庄存与传稿,no.5784,54a—54b 页。

(67) 同上书,57a—58a 页。

(68) 1758 年这次骚乱的情况在上谕档保存的诏敕中有记载,见上谕档 38—50 页,乾隆朝23,2d month.;《大清高宗皇帝实录》第十一册,8161、8166—8167、8168、8170 页。有关武科举的讨论,见庄吉发《清高宗乾隆时代的乡试》,29—31 页。

(69) 上谕档,45 页。

(70) 同上书,39、42、46—47 页。

(71)《清代职官年表》卷一,144 页。

(72) 董士锡《易说》序,3a—3b 页。

(73) 汪喜荀《且住庵文集》,221—222 页。

(74) 同上。

(75) 同上书,222—233 页。

(76)《武进庄氏增修族谱》(1840),3.25b 页。

(77) 这部有待研究的文稿,名为《古微堂文稿》,《魏源集》的编者收录了这些未被删改的原稿,见《魏源集》卷一,236—238 页;《味经斋遗书》序。

(78) 洪亮吉《洪北江诗文集》第一册,40 页(卷一);马恩《洪亮吉》,3 页。

(79)《碑传集》,51.7a 页,马恩《洪亮吉》,163 页。

(80) 庄存与《春秋正旨》,383.1a—3a 页。《论语》引文见《论语引得》6/4/12—13 页;劳英译《论语》,73 页。

(81) 庄存与《春秋要旨》,7b 页。佐藤震工错误地认为庄存与的论著缺乏改革意识,见其《清代公羊学考》上,24—25 页。

第四章　经学传统的重建

庄存与向公羊学的戏剧性转变,标志着清代儒学重建经学传统的努力进入了一个重要阶段。汉学信徒醉心于考证,他们向帝国正统的程朱学说发动凌厉的攻势。常州尽管在转向今文经学时仍继承了汉学对宋学的再评价,但是,出于倡导改革意识的目的,他们重新界定了汉学的内容和意义。

在中华帝国,经史研究为儒家士绅官僚承袭的风俗、利益、价值提供框架。每一种经典文本都有自己的影响和解释,历史成为帝国体制存在依据的组成部分。① 作为中华帝国晚期的意识形态,新儒学是"真理"的代表。国家权力凭借它来选择并解释经说和正史的含义,因为它们就人、社会、世界等提出了一套可行的观点,这套观点可以帮助强化国家权威。由于三代圣贤与孔子在阐发供政治权威与政治异议(通过经典)之用的指导思想时所发挥的主导作用,后世儒生轻而易举地取得了三代圣人及孔子指导思想的传播者和解释者的资格。②

第一节　常州汉学

19世纪,今文经学一般倡导比较激进的政治主张,矛盾的是今文经学崛起之初却与保守的政治运动联系在一起。庄存与转向公羊学说肯定是为维护帝国正统意识形态,他当然也向汉学作出某些让步。

汉代今文经说几乎不可能帮助处于汉学攻击下的宋学。③

　　庄存与心系政治,他的经学兴趣与其政治经历息息相关。庄存与身为大族一员,满清的忠臣,是那些立志维护儒学关于朝野利益均衡学说的士绅们的代表。从庄存与的经历、著作不难看出,今文经学的复兴是出于对传统儒家围绕国家权力建构所阐发的政治主张、经典阐述的关心,这套主张的阐述为国家权力、法律、典制提供了合法依据。庄存与看到宋明理学的治国之道已岌岌可危,因此,他试图发掘公羊大义,重新论证经典有关权力合法性的学说。④

　　庄存与既不在意公羊学相当激进的政治内涵,也不理睬汉学家的非议,他的追求实质上只是维护经学遗产。他倾向视古典理想为治理现代混乱的药方,这种保守的政治观点促使他实施制度改革(如上述科举制)。《春秋》、《周礼》、《周易》如下所述,成为他阐述保守的政治观点的媒介。

　　如前所述,庄存与借公羊说掩护其对和珅擅权的批评。在那样危险的环境中,保守主义面对腐败的、背弃经典的现实政治世界可能具有激进的意义。当然,保守主义在庄存与的后继者——今文经学家龚自珍、魏源那里消失了。不过,应将庄存与及其传授予其孙刘逢禄的保守性经学主张与作为后期今文经学一部分的激进主义主张区分开来。

　　18世纪中叶,一个新的常州士绅团体形成了,他们对朝廷和地方事务的影响一直延续到19世纪。东林党人孙慎行的曾孙孙星衍,洪亮吉及其好友黄仲则、赵怀玉、赵翼等在家乡武进、阳湖形成一个由汉学家和文人组成的团体。赵怀玉和洪亮吉是表兄弟,都与庄氏家族有关系。他们经常在城东的舣舟亭和红梅阁聚会。红梅阁可追溯到13世纪,早在明代就已有名气,是士大夫聚会的场所。⑤

　　孙星衍、洪亮吉、李兆洛既是常州一流学者,又是汉学运动的积极参与者。他们在许多方面代表着常州古文经学的主张,形成了一股与北面的扬州、南面的苏州相似的学术文化思潮。汉学被传入常州与杭州籍学者,与考据大家卢文弨有关。卢文弨曾在18世纪90年代到常州一流书院——龙城书院任教。卢文弨起初在常州府北部的江阴县的著名书院暨扬书院任教。⑥

18世纪的常州书院的政治热情已经消退,但它们仍然是传播学术新潮的文化中心。龙城书院建于晚明,邵齐焘主持院务时,学生开始研习汉学。18世纪60年代,龙城书院再次重建,洪亮吉、黄仲则是该院重建后培养出来的最著名的学者。洪亮吉、黄仲则少年时家住一溪之隔,成为少年知己。⑦

江阴暨扬书院建于清初,1756年,卢文弨任该院山长后,该院成为汉学中心。1823—1840年,李兆洛一直担任暨扬书院山长之职。李兆洛,阳湖人,1789年到卢文弨主持的龙城书院学习。他的成绩建立于常州学人对数学、天算、地理学的兴趣之上,他将对这些学科的兴趣与小学训诂考证联结到一起。后来,他以学识渊博闻名于世,这其中包括他的地理学和方志学建树。今文经学家魏源盛赞李兆洛的学识渊博,并将其归因于常州今文经学和庄存与的影响。他说:

> 自乾隆中叶后,海内士大夫兴汉学,而大江南北尤盛。……天下聪明智慧使尽锢于无用一途。……其汉学无汉、惟以心得为主。……乾隆间,经师有武进庄方耕侍郎,其学能通于经之大谊,……并世两通儒皆出于武进,盛矣哉! 余于庄先生不及见,见李先生,故论其大旨于篇。

南菁书院出现前,暨扬书院是江阴最著名的书院。南菁书院为19世纪的"自强"主张者左宗棠助建于1884年。南菁书院最主要的计划就是编辑1827年完成的名著《皇清经解》的权威性续集,该书于1886—1888年出版。这部汉学巨著将乾嘉汉学谱系延续到19世纪后期。⑧

洪亮吉回顾常州汉学兴起时,曾指出:

> 自元明以来,儒者务为空疏无益之学,六书训诂屏斥不谈,于是儒术日晦,而游谈纷兴。虽间有能读书如杨慎、朱谋㙔者,非果于自用即安于作伪,立论往往不足为据。迨我国家之兴,而朴学始辈出,顾处士炎武、阎征君若璩首为之倡,然窾窽未尽辟也。乾隆

之初,海宇乂平已百余年,鸿博伟特之儒接踵而现。惠征君栋、戴编修震,其学识始足方驾古人。

常州学者不仅以文章、经术鸣世,还以他们的今文经学研究闻名于世。诚如魏源所言,常州学者折衷义理、考证,综汇训诂、经世之学于一体。扬州、苏州反宋学的汉学运动为18、19世纪之际的常州今文学者阐发的社会、政治主张提供了学术基础。⑨

常州汉学的出现可追溯至臧琳,他的主要著作《经义杂志》被阎若璩(清初考据学代表人物)誉为是学超隋唐宋元、堪与汉儒媲美的杰作。此外,臧琳还研究过今古文问题。19世纪,吕景楠曾著有《国朝常州经师序小记》(意译),该文盛赞臧氏著作"博学",视为汉学研究的一部分。⑩

一　臧琳

臧琳的经学见解受到18世纪晚期最著名的汉学家钱大昕的推尊:

(臧)博极群书,尤精《尔雅》、《说文》之学,谓不识字何以读书?不通训诂何以明经。……阎百诗先生极口称赏,以为学识出于唐儒陆、孔之上。

卢文弨主管常州龙城书院(1790—1796)时,结交臧琳的玄孙臧庸,臧庸让卢文弨阅读他祖辈的手稿,后来,臧琳《经义杂志》的再版得到了卢文弨的帮助。《经义杂记》再版时,收录了汉学家王鸣盛、钱大昕、段玉裁、江声为该书写的序,他们多为苏州惠栋的门徒。他们都称誉臧琳开常州考据学之先河。⑪

臧琳因恪守郑玄经说而受到学界重视。他的经学主张也是苏州汉学所持的宗旨。臧琳尽管接受汉古文经学,但也试图重建较此更早的古、今文经说。郑玄综汇古、今文两派经说,提出了一套折衷式的经典注释框架。⑫

臧琳详细探讨《易》、《春秋》、《书经》的今、古文本区别,将两者都视为重建两汉经学家法必不可少的内容。他研究《春秋》时,还试图澄清今、古文学术的源流,分辨《春秋》"三传"的异同。⑬

臧琳集中研究两汉家法,属较早放弃宋明"道统"说的学者,宋以后,儒士常以道统说贬斥汉唐经学。他以两汉家法取代宋明道统的主张也是汉学家尊奉的信条。由此不难理解18世纪汉学家盛赞臧琳的原因。

苏州惠门汉学家们大力搜集臧琳为人忽略多年的经学遗产,这种举措表明,常州学者与周围的学术风气并非没有联系。甚至庄存与的侄子庄述祖也加入了收集刊行臧琳经学著作的行列。常州尽管有深厚的地方学术传统,但是,到18世纪后期仍受到考据学风气的影响。臧琳在何种程度上重开今、古文之争的这一问题为人忽略了,学者们加倍努力区别两汉今文经学与东汉古文经学家法的不同。臧琳18世纪早期提出的经学主张预示了常州今文经学的兴起。然而,常州知名汉学家盛称他的主张时,无人晓得其中的有关今文经学主张的意义。⑭

二 杨椿

杨椿也被视为汉学先驱。他以对《周礼》的透彻分析享誉于世。常州经学家和翰林院学者也写过许多证明《尚书》古文经为伪的论著。杨椿特别反对汉学家尊崇的郑玄,以及唐人孔颖达(574—648)。孔颖达在唐朝政府支持下主编《五经正义》,为唐代科举士子提供了一个标准的今、古文经典版本。⑮

杨椿以阎若璩早先的发现为基础,通过考辨字句、文风、年代的方式证明4世纪突然出现的二十五篇古文经均属后人伪造。杨椿再次证实,长期通行的《尚书》孔安国序传及二十五篇古文经均为3世纪学者伪造。杨椿称书序为伪,这在《古文尚书》辨伪方面比阎若璩走得更远。⑯

杨椿最骇人听闻的主张是否认鲁恭王拆建孔子住宅时,在孔壁曾找到十六篇古文经的传统说法。据《汉书》记载,这十六篇经书因藏于孔壁幸免于秦代焚书坑儒的浩劫。杨椿声称,孔安国序提出的这种说法是靠不住的,因为不是孔安国(如《尚书》伪孔序所言),而是他的家人曾将十六篇古文经真本呈送朝廷。阎若璩已经讨论过这一问题。但是,杨椿认为各种歧异表明,古文经原本从孔壁出土后没有遗失,一直为孔安国族人收藏。⑰

他推出这些结论的同时,指责后人误解了《汉书》有关《尚书》古文经的记载。他特别批评郑玄、孔颖达的主张,因为他们支持《汉书》把古文经和今文经分为两个不同部分的说法。事实上,《尚书》只有一个版本,后来因抄写时字体的差别而分为今、古文,今文经用西汉隶书书写,古文经以汉以前的篆书书写。

杨椿坚持认为,今文经起初也是用篆书书写,后来又用隶书书写。那么,什么是古、今文?杨椿指出:郑玄和孔颖达误解《尚书》原本的出处,因而导致后来对古本五经之一《尚书》起源的曲解。在此过程中,二十五篇伪造的古文经取代东汉佚失的十六篇古文经《尚书》。⑱

杨椿对古文经的攻击在其关于《周礼》——唐以后的十三经之一的研究上达到高潮。1747年,杨椿在所著《周礼考》序中指出,他致力于《周礼》研究60余年,最终发现,此书绝非如汉儒所言,产生于周公执政时期。他还把《周礼》与战国时期法家学者申不害的法家政治学说联系起来。他指责《周礼》是异端典籍,当时,反儒家学者以此倡导功利观点。因此,他认为将《周礼》与圣人周公联系起来纯属无稽之谈。

1818年,赵怀玉为常州刊行的杨椿文集作序,序中论述了杨椿对《周礼》及其跻身儒学主流地位的严厉抨击。杨椿认为,中国历史上两次最大的灾难——王莽改制、王安石变法都源于《周礼》有害的功利学说和法家政治主张。王莽改制与北宋的王安石变法注定会失败,因为他们都接受《周礼》阐发的异端学说。⑲

王莽、王安石都根据《周礼》仿效古制,构建繁杂的官僚体制,以此为全面的农业和政治变革辩护。这种主张突出国家在政策制定上的优先性,新莽皇帝王莽、北宋名臣王安石根据《周礼》建立典制,都从《周礼》中为以10户为单位的里甲制寻找经典依据。⑳

赵怀玉的序还论及乾隆初年杨椿的经学成就,汉学正是在这个时期成为学术的主流。但是,赵忽视了杨椿的建树在无意之中为常州今文学派的基本主张——今文经学优于古文经学的宗旨提供了支持。杨向居于经学中心地位的古文经的真实性挑战的同时,还怀疑传统典制的合理性。㉑

常州今文经学的学者与汉学的兴起关系密切,汉学的兴起恢复了今、古文之争。这场争论的各个方面都集中于汉学,超越宋明传统学说确立的界线。江南学者清除正统儒学中佛道异端的努力导致汉学及今文经学的复活。

第二节 常州易学

卢文弨担任龙城书院山长时,深感有责任记录、保存常州地方的学术建树,于是他编著了《毗陵经籍志》。㉒他的努力因当地缺乏档案学者而颇受欢迎。卢的这部著作以易类为首,先著录阳湖籍东林党人钱一本、孙慎行,以及无锡籍顾宪成、高攀龙的著作。《四库总目提要》极重视钱一本的著作,赞扬其恢复易象的努力。㉓

一 杨方达与杨椿

卢文弨高度评论杨方达及杨椿在常州易学研究中的地位。二杨都在18世纪早期进入仕途。他们的易学是汉学家惠栋颇有影响的易学主张的先声。㉔

杨方达熟读《易经》,为易学专家。他同清初诸多学者一样,已开始探讨汉、唐易说,这种倾向得到阎若璩的支持。不过,杨方达转向汉易并不是说他已如同惠氏经学一样,与宋明理学彻底决裂。㉕

赵怀玉在上面讨论过的杨椿文集序中把杨椿和唐顺之及晚明古文和保甲制运动联系起来。他认为杨椿的经说为后来常州汉学家提出的主张开辟出道路。如前所述,杨椿的主张为常州今文经学的出现提供支持,今文经学的复兴又与古文经考证及关于古文经是否属儒家

原典的争论息息相关。㉖

二 周易的宇宙图式

杨方达与杨椿的易学研究并未接受明清之际较为激进的易学主张，也即视宋以来列入易经的河图洛书为道家著作。杨方达仍以朱子《周易本义》所列的九图为依据。而阎若璩的好友及同行胡渭、黄宗羲、归有光早就在名著《易图明辨》一书中否认了河图洛书。

黄宗羲等学者极为不满朱子在易传中收入易图的做法，他们力图贬低易图的重要性。黄宗羲还否定易图的宇宙论意义，坚持认为它们不过属原始地图表格。胡渭批评易图的神秘色彩时断言，易图源于道家并与之瓜葛甚深。易图即源于异端，这就迫使人们怀疑宋学有无担当古代圣学传授者的资格。㉗

传统上，易图被视为古圣王用以安定世界秩序图像的雏形，与八卦有关。据传说记载，大禹制服洪水后，两只奇兽送给他两幅怪图。河图是黄河出现的龙马所赠，洛书是洛河的龟所送。宋儒认为河图洛书是中国数学的起源。汉学怀疑河图洛书的真实性，因而攻击到宋学宇宙论图式的中心内容。㉘

在这一过程中，《易经》附加的异端内容受到严格审查[这类异端的起源可追溯到东汉以后的老庄信徒王弼（226—249）]。河图洛书受到尖锐的攻击，乃至清代的宋学家都穷于应付，不得不放弃宋儒的易说。18世纪80年代，《四库总目提要》的编者以重新恢复古易的真面目，剥去宋儒后来为《易经》罩上的神秘面纱而自豪。四库馆臣认为，惠栋的建树是汉学的典范。㉙

易学研究的重大转变正在酝酿之中。18世纪中期，惠栋成为当时易学泰斗，他的弟子运用汉学方法重建易象数学。惠栋汉学式的易学左右着当时的易学研究。

三 惠栋的易学

1756年，惠栋重新刊行一部著作，以抵消他所说的王弼窜入易传中的老庄异端学说的影响。此书由南宋学者王应麟所著,书名《郑氏周易》,该书包括一些有名的附录和材料。王应麟是开考据研究先河的学者之一,考据研究后得到清儒的发扬光大。卢见曾在为这部再版书所作的序中写道:

> 郑氏之学立于学官,自汉魏六朝数百年来无异议者。唐贞观中,孔颖达撰《五经正义》,《易》用王辅嗣,《书》用孔安国,而二经之郑义遂亡,今传者惟《三礼》、《毛诗》而已。然在北宋时,郑易犹存至南宋,《文言》、《说卦》、《序卦》、《杂卦》四篇亦佚。于是浚义王厚斋应麟始裒群经,为郑氏易一卷。㉚

以汉儒学说为基础,重建正统儒学是清代易学重建的中心目标,这必然要颠覆宋儒的道统说。宋儒强调孔孟,拒绝以汉儒学说(如郑玄)作为正统儒学的基础。宋儒竟然提出下列主张:有些经典幸免于秦火之难,一经汉儒之手,反而失传了。惠栋及其弟子主张恢复贯穿于汉代太学师承关系的汉代经学传承关系。"家法"一旦恢复,即使汉代后期的著作也能为以汉学为基础重建正统儒学的努力提供权威性的理论框架。卢见曾注意到这套策略的重要性,他说:

> 汉儒说易并有家法,其不苟作如此。第厚斋所集尚有遗漏,吾友元和惠子定宇世通古义,重加增辑,并盖以汉上嵩山之说厘为三卷。㉛

惠栋在《易汉学》、《周易述》两部代表作中指出,汉学的重建要求正视下列事实,即许多现存的经典来历不明。他说:

> 六经定于孔子,毁于秦,传于汉。汉学之亡久矣,独《诗》、《礼》二经犹存。毛、郑两家《春秋》为杜氏所乱,《尚书》为伪孔氏所乱,《易经》为王氏所乱……汉学虽亡,而未尽亡也。惟王辅嗣以道家说《易》,根本黄老,而汉经师之说,荡然无复有存者矣。㉜

第四章 经学传统的重建 93

惠栋想要清除《易经》中的道家见解。从宋代起，这类见解就取代汉儒的家法成为易学著作阐述的要旨。所以，惠栋开始撰写《周易述》，准备以此取代朱子的《周易本义》。该书在元代以后被奉为正统学说。由于朱熹的观点包括黄宗羲、胡渭所质疑的道家学说以及过时的先天后天学说，惠栋认为朱子的观点是王弼对易经曲解的继续。㉝

惠栋未完成《周易述》就去世了，该书最后由其弟子余肖客完成。在这部著作中，惠栋想要发掘《周易》的"微言大义"，它们阐发汉儒从《易经》揭示的义理和家法。惠栋常以《公羊传》解释汉代《易经》的主张。杨向奎最近指出，惠栋的易学在相当程度上促使他从今、古文之争的背景重新评价《易经》。

惠栋的汉学主张使他能够吸收《公羊传》和《易经》的主张。因为前者是唐宋时期汉学传统失传后仅存的少数汉代经典注释之一。《公羊传》的义例和家法是孔子在《春秋》阐发的，也符合孔子在《易经》中阐发的义理。因此，惠栋认为，《易》与《春秋》是天人之道的体现。汉学的逻辑假定，在孔子借以形成六经的古代典籍中，存在一种普泛的经典均衡。㉞

惠栋的汉学计划适应于《五经》及其相应的汉代注释。在常州，张惠言、庄存与细心研读《易》、《春秋》。

四 张惠言和常州易学

卢文弨的《毗陵经籍志》著录了庄存与的11种易学著作。其惊人的数量远远超过书中著录的庄存与其他著作，其他六种庄氏著作也收录于这部著作之中。令人吃惊的是，庄存与在卢文弨《毗陵经籍志》的易类中被排在第二位。张惠言与许多经学家一样，同庄氏家族关系密切，与庄存与之孙庄绶甲的关系尤为密切。他们都与恽敬关系甚密，恽敬曾为庄绶甲写过一篇墓志铭，文中曾提到，张惠言和庄绶甲有相同的经学研究兴趣，及他们对庄存与易学的景仰。㉟

常州汉学家的易学研究产生出张惠言这样有影响的易学研究专家。张惠言的研究给庄存与研究易学以许多启示，提高了易学在庄存

与学术中的地位。苏完恩也注意到常州易学与公羊学的关系,他认为这种联系是常州学术的特点。他说:

> 而常州之学尤甲海内,如张氏惠言之治郑、虞易,刘氏逢禄之治《公羊春秋》,皆卓然一家之言也。㊱

1803年,阮元为张惠言易学著作作序,他认为,这部书是惠栋重建汉代易学传统的延续。张惠言的自序赞同阮元的见解,称自己重建汉代易学的努力源于惠栋对《周易》"古义"的开拓性研究。㊲

但是,张惠言超过了惠栋,他没有局限于郑玄易说,而是力图复原荀爽、虞翻的易说,这就扩大了汉学家治易的门径。他特别注意虞翻的易说,因它为汉代易说提供了相当多的补充性证据。㊳

张惠言和惠栋一样,醉心于恢复王弼之前的易学,以便在易学被曲解许多世纪以后重建古代的《周易》学说。他力图以17世纪的易图批评为基础,恢复经典时代原有的"图书"面貌。这些图书后来失传并为道教的"图书"所取代。张惠言并不像其他汉学家那样厌恶理论和宇宙论,他只是讨厌坏的理论和宇宙论。㊴

张惠言有关《周易》的另一部论著显示出对庄存与易学建树的兴趣。张的外甥董士锡后来为该书写了一篇十分重要的序(详见后文)。1802年,刘逢禄为张惠言的《虞氏易言》写的跋中提到自己与董士锡的友谊。董向刘逢禄介绍过张惠言的虞氏易研究。陈善于1803年为《虞氏易言》所写的后记记述着董士锡、李兆洛、刘逢禄三人的友谊。张氏易学在一个文人圈子中产生着广泛的影响。㊵

张惠言的学术研究与常州今文学派的联系还可以从他与庄氏其他族人的交往中得到证实。张惠言和他们或有书信往来,或为撰写墓志铭,这些在庄氏族谱中都有记载。事实上,由于董士锡和刘逢禄的努力,庄存与的经学研究才在常州之外产生影响。董士锡重视庄存与的易学,而刘逢禄倡导他外祖父的公羊学。㊶

下面,我们将从庄存与以公羊学作掩护批评朝廷腐败的角度讨论他的易学研究。接着将回到18世纪的常州学术界,分析当时围绕《春秋》展开的争论。我们将会看到,庄存与以《易经》、《春秋》为基础走向儒家的经世传统。

第三节　庄存与与汉学

前面引用过的吕景楠有关常州经师的论述强调了汉学的地域性发展。他特别推崇臧琳、杨椿（见前）以及庄存与及其孙庄绶甲,自然也表彰张惠言和刘逢禄。1754年的殿试清楚地反映出汉学对今文经学发展所起的作用。庄存与的弟弟庄培因中状元,同年中进士的还有未来的汉学领袖人物钱大昕、王鸣盛、王昶。

当常州今文经学家逐步而明确地在汉学大潮中为自己的主张辩护时,苏州、扬州古文经学家不得不正视汉代经学的复杂性。阮元尽管恪守扬州学派的传统,但是,他任两广总督时,仍然关注常州学派,将其最重要的著作与今、古文学派的著作一同收入《皇清经解》。1829年,也即学海堂开始编纂此书四年后,这部清代最大的经学成果汇编问世了。该书被视为当时考据学成果最广博的资料汇编。由此可以断言,阮元与其汉学同行都将常州今文经学视为汉学运动的一部分。两汉今、古文之别已不再能够为汉学内部一致性的要求所掩盖了。㊷

庄存与本人的《周易》、《周礼》、《春秋》论著表明,尽管汉学的影响已波及18世纪的常州,庄氏家学传统却依然如故。他尽管孑然一身独立于具有激进意义的考据学运动之外,他的公羊说却表明,他在研究汉代学术。

我们在第三章讨论过庄存与拒绝将伪《古文尚书》撤出举业通行的经典的事例。他为缩小这种对正统学说明显的威胁,拒绝鼓励倡导《古文尚书》真伪之争。我们因此发现,常州今文经学的开创者原是伪《古文尚书》的辩护者。庄存与著有《尚书既见》、《尚书说》,强调今、古文经的"义理"。换言之,他力图找出汉宋学者两派都接受的主张来重新缓和汉学的威胁。㊸

庄存与学术的重点是探讨经典的义理。庄存与对宋学的兴趣似乎是缺乏与18世纪风靡江南学界的实证学风的接触所致。因此,除了常州,无人知道庄存与还是一位经学家。只有刘逢禄本人在受其外祖父鼓励过的专著问世之后,江南学界才注意到庄存与的学术建树。㊹

一　姗姗来迟的学术声望

庄存与去世40年之后,其孙庄绶甲刊行了他的易学著作。它们均被收录在总督阮元资助刊行的《味经斋遗书》中,这套丛书于1828年刊于常州。

刘逢禄、庄绶甲都希望阮元及其广东学海堂幕僚在编纂《皇清经解》时,收录其祖的著作。阮元对庄存与的学术造诣印象很深,准备刊行其著作。但是,他发现这些易学著作不宜于收入一部专为推崇清代汉学而编的丛书后,就只收录了庄存与的《春秋正辞》。㊺

阮元为《味经斋遗书》撰序,他称自己为庄氏的门生。1771年,阮元在庄存与参与主持的会试中中进士。阮元没有将庄氏易学著作收录《皇清经解》,但是,他还是极推崇庄存与摆脱汉宋之争,直溯经典"微言大义"的努力。李晴川与阮元谈及庄存与的学术建树时,称赞他超越门户之见,是经学发展的新阶段。"(庄存与)不专为汉宋笺注之学,而独得先圣微言大义于语言文字之外,斯为昭代大儒。"㊻

庄存与会通18世纪后期存在的汉宋学术界限的努力也受到李兆洛的推崇。李兆洛为庄绶甲写的传记中指出庄氏家族以自己独有的家学传统为骄傲。他说:"(庄存与)不分别汉宋,必融通圣奥,归诸至当。"㊼

二　官僚与学者的隔阂

1828年,常州汉学家张惠言倡导易学研究,这一主张的响应者董士锡为庄存与的易学著作作序。他发现:

本朝经学盛于宋元明,非以其多,以其精也。乾隆间为之者,

《易》则惠栋、张惠言,《书》则孙星衍,《诗》则戴震,《礼》则江永、金榜,《春秋》则孔广森,小学则戴震、段玉裁、王念孙,皆粲然成书矣。而其时庄存与先生以侍郎官于朝,未尝以经学自鸣,成书又不刊版行世,世是以无闻焉。㊽

董士锡解释了庄存与与考据学主流的隔阂。他的见解表明,中华帝国晚期的汉学家与官僚存在差异。

汉学直到19世纪,还是科场之外的学术运动,汉学家们常常退出仕途,他们在那些支持汉学价值观的儒家士绅官僚的支持和赞助下,获得并维护自己在江南学术界的地位。庄存与和庄氏家族都是遵循传统儒学范式的士人,庄氏一生乃至庄氏家族的声望都以入朝为官为基础,他的学生却享誉江南学界。㊾

孔子后裔孔广森在拜戴震为师之前,曾从庄存与受学。18世纪,因对《春秋》研究贡献卓越而闻名于世的不是庄存与,而是孔广森,他的《公羊春秋经传通义》被人誉为这方面的开山之作。直到后来,学界才认识到庄存与不取小学考证,专门讨论《周易》、《周礼》、《春秋》宏观理论问题的意义所在。孔广森的声望表明,18世纪晚期,庄存与的学术影响是多么微弱。㊿

第四节 庄存与的易学

庄存与的易学反映出他的学术兴趣,他的易学以朱学为基础。庄存与不同于强调经学细节和历史价值的汉学家,他从整体上理解六经,这使他能够在阐发古圣大义时,自如地运用六经。庄存与认为,现存的六经是上古盛世的遗存,当时的圣王给世界带来了秩序,周公和孔子是儒学传统流传的中心人物,"周公作经,孔子述义"。[51]

一 圣人的权威性

庄存与认为,《周易》、《周礼》、《春秋》包含着根据圣人学说归纳的义理。他在易学著作中,认为《易经》直接出于国家安定、古代价值观受尊敬时代的古圣人之手。而孔子《春秋》记载的是与此相反的历史图景:礼崩乐坏,世不宗古。因此,庄存与视《易经》、《春秋》为治乱安邦的关键性典籍。此外,庄存与认为《周礼》虽然掺杂着某些后世的内容,但仍然含有古代圣人制定的治国之法。[52]

庄存与运用易经学说推出一套哲学理论,论证圣人是安邦定国的根本。《春秋》给了他理解孔子治理乱世学说的门径。治道只有一条:即解决现实的动乱,孔子根据经典记载的古圣之道拨乱反正。董士锡曾论及庄存与对六经的整体理解。

> 道光八年,其孙绶甲刻所著《易说》若干卷,成以示余,再三读之。盖先生深于《周礼》,深于《春秋》,深于天官律历五行之学。夫深于《周礼》,则综核名物,不厌其深。深于《春秋》,则比事属辞、不厌其密。深于天官律历五行之学,则征引断制,不厌其博。[53]

二 天道

庄存与在一篇讨论《周易》序卦传的文章中清楚地阐明了自己的易学观。他拒绝接受窜入《易经》的佛道学说,阐述形而上的天道在宇宙论中的优先地位,并以此作为文章的开头。

> 易有太极,太极者何?曰天也。天为始,其始莫先焉;天为大,其大莫外焉;天为尊,其尊莫尚焉。……(天)始也,大也,尊也,一也,极之义备矣。

他先批判佛道"无"胜于"有"的思想,接着阐述自己的宇宙起源论。

> 有天地然后万物生焉。圣人言有不言无,岂先无后有哉?圣人言后本万物之所生也,岂越时而后有哉?[54]

与晚明时期庄起元受天主教影响的天道论相比较,就会感到庄存与同样在努力赋予天以世界中心的优先地位。他们两人都视天是万物为有的根据,而非万物归无的基础。庄存与不同于庄起元之处在于他怀疑朱子用以分别"天"、"人"的"先天"、"后天"之别的价值。我们不应忘记,惠栋和其他汉学家都批评朱子的"先天后天"学说为源于佛道的异端。

此外,庄存与反对宋儒视天、地为被造之物的观点。他认为,天、地不是次等创造物,其本身即是万物本源。宋儒疏忽大意,把佛道学说引入儒学。老子分别"天"与"道",认为天、地均为"天"之道的衍生物。庄存与虽受汉学的影响,但是,他的天道观与庄起元奇妙的关于"天主"的"创造者形象"的观点是一致的。⑤

庄存与主张,《周易》描述了宇宙中"象"和"形"的形成过程。"形"、"象"经八卦结合到一起,强化"器"的世界,通过阴阳交替运转体现道的运行。圣人通过观察阴阳之变,确定八卦之形,阐发出易论。朱子"理在气先"的理气之论被庄存与抛置一边。

庄存与主张,只有阴阳交替运转才是天道,阴阳之道不是万物本体的体现,而是宇宙变化的规律。后人忘记了这一点,因而在几个世纪中都曲解《易经》真谛。

三 天与人

庄存与对易学的理论分析是他研究自己关注的中心议题——天道的第一步。他对天道的关心与他的先辈庄起元很相似。当然,他的研究范围仅限于《易经》,不像庄起元还涉及天主教学说。庄存与认为,要理解治乱之道,关键是明易道。

> 古之论治乱也责人,人不能钦崇天道,而至于乱,以天正之曰:此于天道,乃所谓乱也。乱者,不自知正以天,然后知乱在人不在天。后之论治乱者责天,天生斯人以致乱,以人听之,曰:此天之所乱也。乱者不自作,若天使之。然乱在人而反责之以天。二者

之说,疑似而难,明常并存于天下。⑯

庄存与阐述天人治乱的作用时,明确提出,割裂天人联系的努力将产生"天"超乎宇宙之外的模糊认识,进而导致政治败坏、道德水准下降。这种错误观点是道家危害性影响的体现。道家坚持天、地非宇宙本体的主张,这种道德谬见因此会影响人类对于自身所承担的"治乱"责任的理解,使人陷入宿命论,宿命论者盗用《易经》,因世界混乱而诅咒上天,声言上天本身应会自动地恢复世界的秩序。⑰

庄存与认为,古代的圣人已为解决这些矛盾找到办法。他们洞察万物变化的奥秘,通晓治乱安国的条件。因此,治乱就意味着效仿古圣的智慧言行。要恢复三代大治,就不能指望上天有所作为。上天已完成自己应尽的责任。

> 且君有天下,不能无待于臣,宁谓君不足以治天下。父有家不能无待于子,宁谓父不足以治家。天之不能无待于圣人也,犹是也。……唯圣人受命于天,天命之,圣人终之。⑱

世界的"天道"已被赋予这个世界,圣人已揭示君臣、父子、夫妻、上下、礼义等维护社会稳定的宇宙之道的基础和内涵。

庄存与主张,《易经》的启示在于:明道、行道是人的责任。一旦社会发生动乱,治乱是人的天职。庄存与认为,这也是孔子《春秋》的训示。"天道"使人懂得,人道貌似一日形成,实际上是历经无数代才建立的,它不依赖于一个君主的法律,也不取决于圣人的才智,而是上苍命令所致。圣人发明易道,为天地立极。⑲

如果把当时的政治背景考虑在内,庄存与认为,人有义务治乱的意志主义观点是以经学方式对和珅擅权时期政治形势的评论。而宿命论,在他看来,不论是佛教的,还是道教的,都将加剧中国政治生活的动乱。上天已经制定出世界的秩序,圣人业已尊崇这套秩序,教导万民了解它们,反思世界秩序危机的责任就落至儒生身上。庄存与,一位地方和国家利益的代表者,呼唤士大夫关注王朝的命运,实现拨乱反正。

庄存与似乎向人们暗示,坐等上天救世将招致更剧烈的灾难,现代的儒士们应效法古代圣哲,恢复自己的勇气,依照古圣之道行动吧!人们应向那些祸乱国家的势力挑战,恢复国家的安宁。为此,庄存与求助于圣人的优先性、天道和儒家的意志主义。

注　释

① 曼海姆《意识形态与社会科学的解释》,116—131页;利夫《治愈法的胜利》,1—27页;卡恩《一个王子的教育》;莫特《中国专制主义的发展》,33—34页。莫特注意到甚至连明代第一位专制暴君也求助于集体性目标,这一目标得到社会价值观念的支持。

② 秦《道及道统》,371页;波考克《政治、语言和时代》,42—79页。

③ 汤志钧《清代经今文学的复兴》,145—156页。

④ 同上书,156页。

⑤ 郭绍虞《纪念诗人黄仲则》,吴修序,9a页。赵怀玉是著名史学家赵翼的亲属,见杜维运之《赵翼传》,121、129页。吴锡龄(音译)为洪亮吉所作的墓志铭,见《洪北江全集》,17a—21b页,赵怀玉序。

⑥ 《常州府志》(1886),15.13a—13b页;《武进阳湖县合志》,12.43a—43b页;徐珂《清稗类钞》,69.4—5页。

⑦ 马恩《洪亮吉》,21、34—36页。

⑧ 魏源《古微堂内外集》,4.27a—30b页。

⑨ 洪亮吉《洪北江全集》,9.3a—3b页;徐完恩序,1a—2a页。

⑩ 赵震《毗陵文录》,8.5a—10b;阎若璩《臧琳〈经义杂记〉序》。

⑪ 《武进阳湖县合志》(1886),26A.17a—17b页。另见王鸣盛(3a—4a页),钱大昕(4a—5b页),段玉裁(5b—7b页)、江声(7b—9a页)为臧琳《经义杂记》所作的序,序录3a—9a页,县志中有关臧琳的传记即是以这些材料为基础撰写的。

⑫ 臧琳《经义杂记》序录,17.6a—9b页。

⑬ 同上书,2.10b—16b、14.2a—5b、21.12a—12b、26.3a—5a页。

⑭ 同上书,26.13a—16a页。

⑮ 杨椿《孟邻堂集》,6.6b—7a页。

⑯ 同上书,6.12b—13a、16a—16b、19b—20a页。有关讨论见拙著《从理学到朴学》,177—180、207—212页。

⑰ 杨椿《孟邻堂集》,6.16a—17b页。

⑱ 同上书,6.14a—15a、15a—15b页。

⑲ 同上书,5.17b—23a 页。有关申不害的研究,见克里尔《申不害》。赵怀玉为杨椿《孟邻堂集》所作的序,见《孟邻堂集》,1a—3a 页。

⑳ 杨向奎《绎史斋学术文集》,149、247—248 页。关于《周礼》的政治内容,见该书 228—276、18—28 页。有关王莽对《周礼》的利用,见宇野精一《刘歆伪造周礼考》,81—82 页。

㉑ 周予同《经今古文学》,27—36 页。

㉒ 卢文弨的《毗陵经籍志》仅有稿本存世,保存在北京图书馆。1859 年又出现一部名为《常州八邑艺文志》的著作。卢文弨创立了把常州籍士人短篇文章汇辑成书的先例。后者由庄氏族人庄翊毗完成,1b 页。卢文弨《毗陵经籍志》序,1a—1b 页。

㉓《四库全书总目》"易类"。

㉔《毗陵经籍志》"易类"。

㉕《武进阳湖县合志》(1886),23.2b—3a、26A、24a—25b 页。

㉖ 赵怀玉所作的序。

㉗《四库全书总目》,10.13a—14a 页;归有光《归震川先生全集》,1.20a—25a 页。黄宗羲《易学象数论》是明清之际易学研究另一部有影响的著作。韩德森《中国宇宙观的发展和衰落》,137—173、218—225 页。

㉘ 萨索《何谓河图》,李约瑟《中国科学和文明》卷三,55—59 页。

㉙《四库全书总目》,1.1a—2a 页。

㉚ 陆迁《王应麟〈郑氏周易〉序》,1a—1b 页;惠栋《易汉学》序;《四库全书总目》,1.7a—8a 页。

㉛ 陆迁《王应麟〈郑氏周易〉序》,1b 页。薛应旂《房山先生文录》20.7b 讨论过宋人对汉学的攻击。关于汉代学术家法,见埃伯莱《东汉的师承关系》。

㉜ 惠栋所作的序。

㉝ 惠栋《易汉学》,8.5b—6b 页。惠栋在此特意强调程颐易学的优越性,因为其中较少掺杂道家观点。又参陆迁为惠栋《周易述》所作序言。

㉞ 惠栋《易例》,137.1b;杨向奎《中国古代社会与古代思想研究》卷二,901—911 页。

㉟ 恽敬《大云山房文集》,182—183 页(二集,卷四);《诸暨庄氏族谱》(1883),8.32a—33a 页;《毗陵庄氏增修族谱》(1935),13.20b—21b 页。

㊱《毗陵经籍志》"易类",又参苏完恩序。

㊲ 阮元为张惠言《周氏虞氏易》所作序言。惠栋的祖父惠周惕已开始着手恢复汉代诗经学的尝试,见周惕《诗说》。惠栋的父亲惠士奇在《春秋》学研究中也作过类似的尝试,本书下一章将就此作进一步的讨论。

㊳ 张惠言《茗柯文续编》序,A.18—20 页。

㉛ 曾国藩的序曾论述过张惠言的理论兴趣,见《续修四库全书提要》,79—81 页。

㊵ 张惠言《周易虞氏消息》,3.9b 页,见《张皋文笺易全集》,刘逢禄为张惠言《虞氏易言》所作的记,另见陈善的后记。

㊶ 《毗陵庄氏增修族谱》(1935),3.20a—21b 页,该书收录了张惠言为庄氏二房的庄湘衡所写的墓志铭,该书 13.23a—23b 页收录了恽敬为庄隽甲的墓志铭,文中记述了他与庄隽甲的亲密友谊;张惠言《茗柯文二编》13.37 页。书中收有张与庄存与之侄庄述祖的书信,信中提及庄述祖与张的密切往来。

㊷ 《学海堂集》,28b 页。见拙著《学海堂》一文。

㊸ 庄绶甲《尚书既见跋》,34a—35b 页。

㊹ 拙著《从理学到朴学》,99—100 页。

㊺ 佐藤正二《清代公羊学考》(上),20—25 页;阮元《味经斋遗书》序;拙著《学海堂》,62—64 页。阮元通过庄述祖、刘逢禄、宋翔凤认识庄存与的价值。

㊻ 阮元《味经斋遗书》序,1a。

㊼ 李兆洛《养一斋文集》,12.31a—31b 页。

㊽ 董士锡《易说》序卷一,3a—3b 页。有关董士锡与张惠言的关系,见董士锡《齐物论斋文录》,1.5a—7b 页;董氏《家谱》,22a—22b 页,见董士锡《齐物论斋集》。

㊾ 拙著《从理学到朴学》,67—85 页。

㊿ 《庄氏经学家家传》,2b 页;董士锡《易说》序卷一,3a;中村俊也《孔广森的〈春秋公羊通义叙〉》。

㉛ 庄存与《序卦传论》卷二,94a 页。臧庸《礼部侍郎庄公小传》2b 页讨论过朱子易学对庄存与的影响。

㉜ 庄存与《序卦传论》上编,26 页;董士锡《易说》序。

㉝ 董士锡《易说》序。

㉞ 庄存与《序卦传论》,89a 页。另见其《系辞传论》,87a 页;Lulian Shchutskii《易经研究》,11.54,169—170 页。

㉟ 庄存与《序卦传论》,89a—90b 页。

㊱ 同上书,94b 页。

㊲ 同上书,94b—96a 页。

㊳ 同上。

㊴ 同上书,96b—97b 页。

第五章　庄存与与公羊学

　　传统无视分类,波考克(Pocock)指出:一种传统可以强调自身主张的连续性。过去实践的常规力量可以把人对现实的认识转化为通行的社会政治行为。传统强调自身的连续性,因而成为行为和信仰的普遍模式。①但是,传统也突出自身的创造力和神奇的起源。原初魅力的权威与传播的中介性渠道融为一体,因而日常化,同时简化为一种意识形态。因此,在主张对原初性创造性活动重建的传统和自视为早期创造性事件后继者的传统之间存在着理论上的差别。但是,即使这种差别也令人费解,因为传统的延续与魅力通常密不可分,传统为每一种情境的出现提供多种答案,每一种传统都向不同的公共和私人答案开放。

　　传统紧随与之相关的政治、社会、经济的变迁而变化。儒家对现实的规范同其他传统一样,存在现实问题和人类关于现实问题认识的内在张力。这种现实还包括久已存在的政治和道德问题。儒家对这些问题的回答受其政治理论的制约,但又不是静止不动的。儒学以此为基础的观念、解释、表述乃至行为都随时代而剧烈变化。同一个经典词语在面对不同难题的儒士那里表示不同的内容。②

　　作为古代智慧的宝库,《易》、《书》、《礼》、《诗》被儒生视为圣人的创造物。《春秋》被认为是孔子自撰的典籍,因而成为孔子借以阐发自己历史观的经典。儒家所有经典都卷入今、古文之争,解释孔子遗产的任务都集中于《春秋》。

18、19世纪之际的清代今文经学家面临着史无前例的难题。我们由此可以理解他们认为两汉的董仲舒和何休描述的孔子形象更有利自己的原因。常州今文经学传统的支持者不讲授根据经学传授脉络发展的古文经传统,他们看重的是创造性和英雄式的行为。③

如前所述,庄存与采取一种积极的意志主义的、并可维护天道(为圣人发现的)的人类责任观。这种观点贯穿于他对《春秋》包含的孔子学说的解释之中,《春秋》以编年形式记载着春秋时期的灾异祸乱,隐含着孔子的主张。庄存与同17世纪30年代的东林党人和40年代的忠臣黄道周一样,都认为《易》与《春秋》相辅相成,中间贯穿着一套完整的政治学说。

刘逢禄著名的《春秋公羊经何氏释例》问世之前,庄存与的春秋学与其《周易》一样,影响范围仅限于常州庄氏族人。1805年,刘逢禄的《释例》出版后,庄存与的公羊学主张才得到更广泛的注意。

庄存与转向公羊学应从春秋学的演变历程的背景加以理解。下面,本书将摘要介绍春秋学的内容,并继续讨论常州春秋学,论述庄存与的易学、春秋学建树。18世纪的春秋学与易学一样,在解决《春秋》三传诠释过程中遇到的文献学难题时,受到汉学主张及考据方法的影响。④

第一节 《春秋》的功用

在西汉今文经学全盛时期,学界一致认为《春秋》隐含着褒贬善恶的义例,孔子把这些义例载入这部鲁国编年史之中。西汉的《公羊传》和《穀梁传》就是解释历史编纂学"褒贬"法则的著作。《公羊传》还是今文经学道德评价的基石。东汉古文经学兴起后,褒贬传统同样渗透古文家的经说。到唐代,儒学家已忘记史书的褒贬义法是今文家的产物,只是对此不加疑问予以接受。

东汉学者认为,周公有著史特权,他借鲁史表达自己的主张。孔子重编鲁史的每一条记载,以表达对他收录的每个事件、每个人物的评判。鲁史记载着公元前722—前468年共254年的历史,它是中国古代传统历史编纂学的基础。传统、经典、历史编纂学彼此相通。⑤

《春秋》阐发的褒贬义例不仅体现于《春秋》之中,同样阐发于其他经典。从汉到宋,经学家们发挥了《诗经》中许多诗作的政治内涵。西汉学者开始阐发诗的预兆。东汉时期,郑玄把王朝兴衰和诗的变化联系起来分析。社会和文学反映出相同的道德观。对古代行为模式不间断的重新解读为儒学家们提供了处理公共和私人行为所需的理想社会秩序和得体礼仪方面的知识。儒学的古典理想借助孔子解释《春秋》使用的道德褒贬而凝固成型,流传后世。⑥

春秋时期的众多血腥细节通常被视为"例",今文家与古文家都认为,传统一旦与孔圣人结合,就是正确历史编纂学的同义词。在经学研究中,今文家与古文家围绕《春秋》的冲突从未消失,但是,这两种传统都对中华帝国不同时期的政治话语有过贡献。

杜预著有名著《春秋释例》,这部著作是历史先例的系统目录,以古文家从《左传》提炼的《春秋》经说为依据。这些先例赋予《春秋》特殊的政治意义,《周礼》也详细地阐发了这些特殊的政治意义。孔子对历史事件道德褒贬的分类使杜预和他的后继者把历史事件划分为不同的类别。从先例归纳出的42类义例(维护政治成功、会盟、适当的征伐)被用来组织《春秋》众多的事件、人名。《春秋》事例包含的心法现在既能与《周礼》相媲美,又与它相配合。古文经学家现在重新解释今文经学遗留的东西。⑦

唐以前(韩愈重新开始重视《孟子》之前),孔子、周公一直被学界尊为古代儒学的轴心。唐代以降,孔、孟成为儒学的轴心。唐代史家刘知几甚至指责《春秋》并不比一部内容杂乱的史书强多少。他还认为,孔子只是简单地编排材料,并没有打算为法律和道德价值提供一套系统的框架。他也怀疑《公羊传》的价值,批评与今文学和《穀梁传》相联系的褒贬传统。相反,他极欣赏《左传》对史实的详细记载。

刘知几的批评在许多方面体现出他与孔子及《春秋》正统学说的公开决裂。这些正统见解由孔颖达及其助手贯穿于唐朝政府赞助修订、作为士子科举考试标准读物的《五经正义》之中。后来啖助(724—

770)贬斥"三传"的权威,仅视之为与《春秋》真谛无关的口传经典传统的摘要。赵匡的见解更为激进,他根据《左传》的写作技巧和文风断言,左丘明不是《左传》的作者。他还怀疑《左传》的经典地位。⑧

北宋时期,王安石为变法派寻找依据,他求助于《周礼》这部经典,因该书有周公的现实主义政治理想。王安石为抬高这部古文经的地位,贬斥《春秋》为一部无用的史料及人名汇编,取消了《春秋》作为科举应试用书的地位,故意斥之为"断烂朝报"。他欣赏《周礼》,因为《周礼》建构细密的政治制度为一个强有力的政府辩护,同样也为一种严格的社会管理和控制辩护。作为一位政治改革家,王安石轻视《春秋》阐发的道德原理。⑨

司马光、苏轼为首的保守力量反对王安石建立新的广泛的政治制度的尝试,认为其政治上不可行,也无经典依据。他们坚持孔子《春秋》关于社会秩序和善恶冲突的学说,视之为经典的本义。他们除建议调整官僚制度程序外,还提倡一套道德褒贬学说,视之为建立高效率政府、加强政府活力、促进政治调整的关键因素。许多北宋学者坚持认为,《周礼》本身就是值得怀疑的典籍,它与王莽新政时期的辩护士刘歆的可疑举止相关。有些人甚至认为,《周礼》与周公关系不大,直到西汉才首次成书。⑩

与王安石批评《春秋》的主张相反,保守派在《春秋》中找到证据证明经典主张将朝廷声望归于天子的证据。宋代《春秋》学者接续唐代先驱的主张,认为应"弃传通经",也即抛弃"三传"。这种主张使唐宋学者在阐发《春秋》大义时,摆脱了汉代经说权威的限制。古代的先例直接被比附于当代的政治难题。

王安石变法失败后,朱子及其他新儒家学者贬低《周礼》、《春秋》,推尊《论语》、《孟子》,认为《四书》中的这两部著作提供了对古代圣人学说更为贴切的理解。宋儒推尊《论语》、《孟子》,而明太祖朱元璋则利用《周礼》为他战胜元蒙辩护。他在《周礼》中找到恢复元以前制度的经典依据,也即支持运用礼制和政治方式复兴周代制度。朱元璋同王莽、王安石一样,以《周礼》为自己王朝的政治政策作经典辩护。⑪

两宋时期,尊王攘夷成为当时阐发《春秋》大义的特别重要的内容。

这些主题是1126年灭亡北宋并导致南宋建立的北方夷狄威胁的折射。

在陈亮等南宋学者看来，驱逐夷狄、收复失地是南宋首要的政治任务。田浩指出：传统儒学在陈亮的爱国思想中占据重要地位。陈亮认为孔子及其《春秋》是实现人道的正确指南。"人道"与破坏中国礼仪、社会、道德行为准则的夷狄的制度截然相反。[12]陈亮的国家危机感使他本人用一种特殊的形式阐发孔子《春秋》的大义。陈亮的《春秋》论著指出，华夷之别在于"道"，道不应被混淆。他将周朝的衰微归咎于无力抵御戎狄对中国内地的侵扰。在陈亮心目中，《春秋》是治夷的指南。[13]

孙复在其名著《春秋尊王发微》中把宋代面临的夷狄威胁与《春秋》记载的动乱加以比较。11世纪的夷狄如同诸侯之争威胁并最后摧毁周朝一样，威胁着宋朝的安全。孙复认为，宋朝亟须强化帝国典制，"尊王"成为他为结束朝廷内乱、一统天下开出的治乱之方。

孙复还呼吁"攘夷"。有趣的是，宋代儒生在《春秋》中找到了处理与夷狄王朝关系的行为准则。北宋的稳定完全取决于与辽、西夏的关系，这两国缓慢而坚决地侵占北中国平原地带。孙复及其门徒反对与辽、西夏交往，要求对它们采取强硬路线。他们呼吁用兵抵御夷狄入侵，保卫国家。[14]

示夷狄以"威"的主张现在受到重视。国家至上的意识成为各种反夷狄思潮的会合点。中国的文化本位主义思潮（以中国文化为依据，而不是基于对某一王朝的效忠），并不能自动地限制帝国内部爱国主义意识的增长。宋代爱国主义和民族主义区别的模糊性使形成引人注目的国家本位主义的形式成为可能。《春秋》为这股思潮及其派生的其他理论体系的阐发提供了一个便利的理论框架。[15]

胡安国汲取孙复"尊王"、"攘夷"两个主张，也作了一部颇有影响的《春秋传》。"尊王"、"攘夷"成为宋代士大夫主战派的口号。他们主张聚集在皇帝周围，收复辽、金先后夺取的宋朝国土。胡安国和孙复一样，把宋朝的危机归咎于道德败坏和对《春秋》大义的背叛。胡安国还认为，春秋以降，中国与夷狄出现危害双方的文化融合。

围绕皇帝权力和威信之类重大问题引导胡安国和其他人提出向

满族的祖先、11世纪时征服中国北方的女真人复仇的主张。胡安国《春秋传》的爱国主义热情深深感染了16岁的陆九渊，他决定参军，为驱逐鞑虏效力，陆九渊后来成为朱熹的学术对手。经学与爱国主义交织到一起，形成反夷狄的政治主张。在相当长的一段时间内，它证明是不成功的。

胡安国的《春秋传》在宋亡以后影响广泛。1368年，汉族统治者恢复统治，将其正式列为《春秋》"经传"之一，与汉代传下来的"三传"并驾齐驱。敏锐的儒学家洞察到朝廷需要强化内部的凝聚力，抵御外部威胁的意图。宋儒维护君权，但反对君权的无限扩张。由于元明帝王采用他们的政治话语，他们的目的为人误认为法家学说。⑯

《春秋》的功用体现于南宋流行的正统学说。正统的标准从阴阳五行说转为道德尺度和政治主张。欧阳修、朱熹发挥出一套最终成为中国史学编纂主导法则的正统理论。

欧阳修参与过唐、五代史的修纂，他由此对皇权衰微、群雄并列时期历史正统性的模糊性极为敏感。他还是唐代以后第一位反对早期今文家以五经灾异学说判定正统与否的著名历史学者。他认为，政治统一是判断正统与否的要素。他的一元论政治标准为评判王朝更迭提供了一个普遍、明确的历史指南。⑰

欧阳修的理论被朱子在11世纪后期行世的《通鉴纲目》一书中作了进一步的发挥。朱子认为，《春秋》大一统学说比华夷相处之道更为重要。当然，他承认《春秋》很重视华夷之辨。与陈亮不同，朱子把恢复宋朝的北方失地和长时期的反抗夷狄区分开来。朱熹认为，大一统王权是解决夷狄问题更重要的条件，而陈亮等人关注的焦点——夷狄问题本身则被置诸次要地位。

朱子的《纲目》后来得到进一步扩充，它将中国历代王朝分为正统和非正统两类。司马光的《资治通鉴》则拒绝这类区分（朱子的《纲目》即以《资治通鉴》为基础），这表明，朱子面对不同的政治压力。朱子的分类以道德价值和政治一统为依据，也吸收了欧阳修对《公羊传》的解释。欧阳修详尽阐述今文学家董仲舒、何休发挥《春秋》大义时特别重视的"大一统"之旨。我们在宋代政治思想的大潮下看到一股暗流，这股暗流吸收了西汉的《春秋》褒贬传统,还有限地接受与今文经学相关的学术传统。在这里,经学与运用历史做政治指南的方法结合到一起。[18]

到了元代,正统说没有式微,忠于宋朝的意识取代了国家至上论。参与宋、辽、金三史编纂的仕元知识分子围绕正统问题展开激烈的争论。孔子的《春秋》被赋予圣王历史编纂的特权。后世君主也为前代编修史书,以此为自己的正统地位辩护。

修史因而成为政治上受约束的职业。解释过去(辽、金、宋)的历史就是为现代(元)辩护。元代儒士力图制定一套原则为王朝建立的正统性辩护。这种努力因辽、金对峙而变得相当复杂。此外,主持修史的元朝不仅是外来征服者,而且灭亡了南宋——一个具有正统地位的汉族王朝。

对于汉族人,他们肯定要为宋朝的正统性辩护,即使元统治者要求他们依照孔子的历史编纂学原则赋予辽、金以正统地位。元朝统治者拒绝汉族士大夫提出的仅因宋朝为汉人建立就授予其正统地位的建议。当时,争论相当激烈,正史写作甚至陷于停顿。元代修史机构几乎变成纯档案收集机构。

杨维桢在宋亡60年后撰写的《正统论》表明,当时围绕元以前王朝正统性的争论相当激烈。杨维桢醉心于孔子的《春秋》,是传统儒家价值观的狂热代言人、孔子修史传统的捍卫者。他的两难窘境在于他力主北宋、南宋、元三朝是一个正统代代相传的构架,同时又要完全回避辽、金正统性的问题[理查德·戴维斯(Richard Davis)视为一个中国国家本位主义者的两难处境]。杨维桢用理学"道统"学说把正统哲学和政治正统联系起来。朱子及北宋理学家早年曾运用道统说为宋儒继承孔、孟学说真谛的主张辩护。

按照杨维桢的架构,中国文化和政治价值的中心在1126年女真占领北方后,随宋朝南迁。尽管杨维桢承认元是中国王朝,但是,杨维桢论著散发的强烈的汉族至上主义气息迫使朝廷下令禁止此文流传。因为文中有轻视契丹、女真之处。杨的民族偏见引起元廷愤怒,元廷甚至怀疑他还在含蓄地讽刺元朝。[19]

明朝恢复了汉人的统治,此后,元朝的正统性碰到质疑。这种倾向可见于历史学者王洙的著作。他在《宋史质》一书中否认元朝的正统地位。他按朱元璋祖先的谱系编造了一个朱氏王朝直接承袭南宋的谱系,以此否定元朝的正统性。辽、金历史被贬为该书《外国志》的一部分。王洙等明代儒生运用《春秋》义例重新确定汉族王朝对昔日建立的外族王朝的优先性。宋代的"忠君"传统变成明代的"大汉族主义"传统。[20]

第二节 明清之际的《春秋》研究

西汉的《公羊传》、《穀梁传》阐发的某些见解一直相当受人重视。但是,唐以降,在确定儒家由《春秋》阐发的史例方面,《左传》更为人注意。因此,明清两代《春秋》古文经说成为科举考试的标准依据。杜预的《春秋释例》收集了东汉以来的古文经说,因而成为唐以前重构《春秋》古文说最有影响的成果。但是,唐代孔颖达著《春秋正义》时,将杜预的《春秋释例》拆开和其他经说合并起来。《春秋正义》是7世纪朝廷建立正统经说的宏伟计划的一部分。这样,杜预的著作作为一个自成体系的著作就失传了(如同郑玄的著作)。当然,他的观点还保存在唐人的经说中。顾炎武、惠栋都为恢复杜预《春秋释例》的原貌做出了巨大的贡献。[21]

尽管杜预阐发的古文经说在唐以后成为正宗,但是,也有一些重要的例外。两宋儒学的代表人物王安石和朱子都不太重视《春秋》而看重《周礼》。朱子晚年公开声称《春秋》对个体道德修养没有什么帮助,所以不值得研究。他质问道:《春秋》与吾人何干?[22]

此外,程颐、朱子都怀疑孔子信徒左丘明著《左传》的说法。但是,程颐对《春秋》的评价不同于朱子。他认为《春秋》确实是一部阐述世界秩序的重要著作,其中揭示的义例可展示出行百代而无失的"义法"(参见第八章)。孔子的《春秋》幸免于宋人的批评。明代,有关其来源的争论为怀疑其早期解释可信度的争论所代替。汉代的三部《春秋传》,特

别是《左传》阐发的《春秋》史例的渊源如在唐代一样,再次受到严厉的审查。㉓

一 杨慎

16世纪,被流放到云南的"怪"儒杨慎掀开了考据学研究新的一页。他在《春秋例》一文中向杜预的《春秋释例》发出挑战。杨慎修正传统的古文经学观点,认为《春秋释例》并不只是一个史例的汇编。他质问道:在圣人著作中,我们真的知道他是先建立史例而后著成《春秋》吗?《春秋》首先是一部历史的编年汇编,然后才是一部史例论著。㉔

杨慎指责古文经学的史例说有"泥古"偏向,因而探索一种更主动、富有创造性的观点。他认为泥古将古圣精神和自己的主张混为一谈。"圣人制礼作乐建立典制,但不为这些典制束缚;他们制定史例,同样不为此束缚。"

杨认为,孔子创作《春秋》,记载了公元前770年西周崩溃后的灾乱。孔子建立史例,但史例只是《春秋》的一部分内容。经古文学以数百条史例把自己的春秋学系统化,这实际上误解了孔子著《春秋》的用意。杨慎倡导主动独创精神,轻视消极被动的学术态度。㉕

杨慎的经学研究注重发掘汉代经学遗产,其主旨和范围与清代汉学极为相近。

> 或问杨子曰:子于诸经多取汉儒而不取宋儒,何哉?答之曰:宋儒言之精者,吾何尝不取,顾宋儒之失在废汉儒而自用己见耳。六经作于孔门,汉世去孔子未远,传之人虽劣,其说宜得其真。宋儒去孔子千五百年后,虽其聪颖过人,安能一旦尽弃其旧而独悟于心耶?

惠栋的有关论述并不比此更出色。戴震后来也提出类似问题。戴震10岁时,曾研究《大学》,他曾问老师:

"此何以知为孔子之言而曾子述之?又何以知为曾子之意而门人记之?"师应之曰:"此朱文公所说。"即问:"朱文公何时人?"曰:"宋朝人。"曰:"孔子曾子何时人?"曰:"周朝人。""周朝宋朝相去几何矣?"曰:"几两千年矣。""然则朱文公何以知?"师无以应。

《春秋》义法传统的重建成为恢复汉代经说努力的一部分,如前所述的唐顺之、归有光的主张表明,汉代经说成为宋明理学盛行时期的一股潜流。㉖

二　季本

季本是浙江人,王阳明的学生,他自己影响一时的《春秋》研究的目标是要重建杜预的"史例"。他著有《春秋私旨》一书,唐顺之为此书写了一篇翔实的长序,对此书给予高度评价。唐顺之认为,季本的分析体现出对古代圣人真实义例的发挥。"《春秋》揭示圣人的是非观,而不是造谣、奉迎之作。凡为圣道贬斥的,必为《春秋》贬责;凡是圣道褒扬的,必为《春秋》揄扬。"

唐顺之认为早期儒家不知道孔子《春秋》的核心——治乱黜奸的具体内容,因而转向晦涩的褒贬史例讨论。季本力图纠正这种偏向。㉗

季本的《春秋》研究推崇孟子的春秋观,把《春秋》看做明王道的关键。季本认为《左传》行世要晚于西汉时期即被列为官方读本的《公羊传》、《穀梁传》两传,因而批评经古文家根据《左传》对《春秋》的诠释。他还注意到,《左传》的文风与其他自称战国时期所形成的著作存在可疑的差异,而与当时的南方诸侯楚国的文风明显接近。他认为孔子的信徒左丘明不可能是《左传》的作者。季本否认《左传》与《春秋》存在联系。㉘

季本阐发《春秋》本义时,效仿唐人的解经传统,认为《春秋》比传统的"三传"更重要。他这样论述时,回避《公羊传》、《穀梁传》与《左传》何为《春秋》本义权威解释者的争论。季本认为,应直接根据经典本身对是非之辨做出判断,因而回避了根据《春秋》诸传掌握《春秋》数百条褒

贬史例的徒劳努力。㉙

1557年，王交为季本著作作序，他提到季本不满于经古文学的凡例传统。他解释道，根据孔子掺入《春秋》的褒贬义法解释《春秋》凡例会产生一种把《春秋》当做孔子凭私人好恶褒贬而作的著作。儒士如研究其他经典一样，只强调凡例的重要性，错误地将《春秋》理解为一部凡例的指南手册（详参第八章）。这样，《春秋》有关社会秩序的凡例为人忽略了，圣人之心被歪曲了。㉚

唐顺之在自己的《春秋》论著中，也坚持认为，对《春秋》乏味的义例诠释歪曲了孔子的治乱主旨。他认定孟子的主张是正确的，提出《春秋》只记天子之事的说法。他称《春秋》是治乱之书，其治世经世内容揭示出拨乱反正之道，还包含着治乱的教训，对变革的支持。唐顺之的这一观点与他强烈的经世意识是一致的。㉛

三 郝敬

湖广学者郝敬继续研究季本探讨的问题，他讨厌16世纪后期的政治腐败，在出任常州府江阴知县期间，参与东林党人的活动。他的经学研究因攻击《古文尚书》的可信性而值得重视。他还批评朱子的《尚书》辨伪研究过于浮浅，认为朱子既然已怀疑《古文尚书》的可信性，却还让弟子蔡沈继续注伪《古文尚书》。朱子曾告诉自己的学生，称今文经学的许多观点晦涩难解。郝敬对此极为愤慨，斥其冒犯古代圣人的真实主张。他通过分析伪《古文尚书》中文风不和谐之处，又一次敲响伪《古文尚书》的丧钟。50年后，阎若璩讨论这一问题时正视了这一点。㉜

明儒围绕《左传》这一历来为人视为《春秋》正统诠释著作的真实性所展开的讨论到晚明达到高潮。当时，郝敬将注意力转向这个问题，写出《春秋非左》一书，向古文经学的学说发起挑战。他对古文经学的支柱之一——《左传》攻击的犀利程度，到19世纪才被刘逢禄、康有为所超过。

安皆川为郝敬的《左传》研究论著作序，序中指出，郝敬的论述终结了唐以来众多学者对《左传》是否为左丘明所作问题的研究。1610年，郝敬不畏艰难,在为自己的《左传》论著所作序言中,解释了自己著书的用意,即在于证明左丘明不仅未作《左传》,而且与《春秋》无关。他指出,《左传》地位后来日高,因此人们极少怀疑它与《春秋》关系的可信度。为了正经,就要向陈见挑战,这是他的责任。㉝

郝敬认为,有关《左传》的谬见源于司马迁。这位西汉著名史学家首次提出左丘明是《左传》作者的说法。《汉书》作者班固和杜预都接受司马迁的观点,他们甚至接受王莽篡汉时期的刘歆的见解,认为左丘明认识孔子,因而记录了圣人真实的意图。郝敬斥责他们谤毁《春秋》,欺蒙后学,其罪行之严重为古今所无。

郝敬质问到,左丘明既然认识孔子,因而著《左传》,那么,他为何没有被列入七十子之中呢?一个阐发孔子个人史学著作大义的学生,肯定应属七十子之一。郝敬断言,《左传》与左丘明无关,这可从下列事实得到证实。孔子以获麟作为《春秋》的终结,而《左传》多记了17年,未像《春秋》那样,以公元前481年获麟结束。若《左传》是《春秋》注,就不应出现这样的错误。

郝敬称,他的研究吸收了经今文家的观点。西汉末年,今文家反对刘歆将古文经,特别是《左传》列入太学。郝敬的尝试也不是无先例的,他以唐代著名文人韩愈的权威证实自己的结论。他断言:《左传》不可信的事实早已为前人熟知,他力图重建今文经学阐发的孔子"素王说"。由于《左传》在春秋学上的影响,"素王说"已有好几个世纪"不明"了。㉞

研究郝敬对古文经学的猛烈攻击是颇有意思的事情。《左传》、《尚书》的研究与其坎坷的仕途及不成功的改革努力有什么联系?他不是今文经学者,但是在否定古文经学和批判宋学的过程中,产生出一种求助于当时未被玷污的儒学理论的朦胧意识。经学再一次表明,它没有脱离政治,而是为治愈现代之乱寻找古方的研究。

四 姚际恒

围绕《春秋》古文经"凡例"的争论延续到清朝。当时,向汉学的转型已成定局。著名汉学家姚际恒除讨论《古文尚书》真伪外,还著有《春秋通论》，他引用季本、郝敬的有关论点，重新提出有关《左传》来历的难题。㉟姚在《春秋》及《春秋》"三传"中，更重视《春秋》。他改变了认识语境，《春秋》阐发的褒贬之义说是通过这种语境得到证实的。

> 夫是非之心，人所有咸有，是则终是，非则终非，未有两歧于是与非之间者。尝考其书，其合理者人心自同，可不必论。……是亦学者必宜舍传以从经，不可舍经而从传。

对《春秋》的分析应为有关善恶讨论的合理性所证实。姚际恒坚持认为：这些传注都已背离了阐述《春秋》实际的是非观点，陷入晦涩乏味的文字讨论。㊱

姚际恒认为，当时春秋学最大的缺陷之一是一直被视为理解《春秋》大义关键的凡例。

> 例之一字，古所未有，乃后起俗字，执此一字以说《春秋》，先已误矣；而谓孔子执此一字以修《春秋》乎！使孔子执一例以修《春秋》，孔子即不若是之陋，乃据其所为例者求之，又多不合，孔子又不若是之疏。

唐宋儒士因接受伪"凡例"传统而陷入误区。儒士们把《春秋》变成一部记载"非凡之事"的著作，这实际上是将其变为"非礼非法"之书，最终误把孔子当成法家，视《春秋》为刑书（详参第八章）。㊲

姚际恒认为，杜预是造成这种误解的始作俑者。他的《春秋释例》首次把《左传》视为阐发《春秋》凡例的资料宝库。此外，公元268年，杜预曾为西晋法律作注，这些注解与他的《春秋》注有重复之处。在姚际恒著此书时，顾炎武和其他学者已开始从唐人孔颖达的著作中辑录杜预的著作。姚际恒不同于顾炎武，他认为，《左传》及相关的古文经论埋没了《春秋》的真谛。"凡例说兴起后，《春秋》的真谛再也不为人知了。圣人根据鲁史撰写《春秋》，怎么会接受这些凡例呢？"

姚际恒著有《春秋无例详说》，在书中对杜预的释例逐例驳斥，详尽证明杜预的错误。此外,他还断言,把春秋的史事归纳为凡例的作法不合史实原义。"历史记载史事,史事变化无尽,凡例岂能概括。一条凡例若与此事相合,可能与其他事情相悖。"历史如此复杂,根本无法归纳为一条法则。杜预也承认存在这个问题,他创造了一种"变例"解决这一难题。变例本身是自相矛盾的,如果"例"代表着不变的历史训诫,变例本身就无法成立。㊳

姚际恒认为,凡例为与《春秋》关联的褒贬传统提供了理论基础。然而,孔子不仅无褒贬的企图,而且《春秋》本身也没有系统化的褒贬模式。古文经说把《春秋》千变万化的内容归纳为僵硬的模式,这种模式把历史塞入一套永恒不变的历史模式之中。㊴

姚际恒提出一套 18 世纪考据家钱大昕、王鸣盛等人赞成的历史观。姚际恒同他们一样,把整体的历史作为一种人类事件的复杂记录,而非一种源于褒贬凡例的简单行为。他说,历史供记事之用,常事和异行都予记录。一个人如果只记录异事,不记录普通事情,怎么能算得上是历史?姚际恒实际上剥去了《春秋》的神秘面纱,希望恢复其为东周衰微时期鲁史的真面目。㊵

姚际恒为纠正流行的视孔子为法家的凡例说,建议据《春秋》要旨评价《春秋》。他以"旨"代"例"的思路是重新解释《春秋》尝试的体现。也反映出今文家对春秋学的影响,今文家主张以"三科九旨"诠释《春秋》(详参第七章)。

但是,姚际恒既抛弃了与今文家联系的褒贬传统,又放弃了古文经学的范例说。他说:人人皆知《公羊传》、《穀梁传》二传的谬误。因此无须提及它们。知道《左传》谬误的人却很少,这是为什么?《公羊传》、《穀梁传》主要说"义",其谬误之处一目了然;《左传》以记事为主,其谬误就不易为人发现。

《春秋》诠释的重心不断变化着。有趣的是,庄存与后来著《春秋要旨》,暗示着姚际恒攻击古文《春秋》说对他的影响。㊶

姚际恒批评《左传》,原因在于它是通行的范例说的基础。他注意到经传有许多矛盾之处,不承认传统的孔子有名的弟子左丘明著《左传》的说法。尽管他迈开步伐的跨度不及郝敬,并像他那样将《左传》和刘歆联系起来,但他仍然威胁着古文经典最主要的一部分。刘逢禄后来把郝敬、姚际恒不同的主张糅合到一起,向古文经发动了全面进攻。㊷

五　汉学与《春秋》

准确解释《春秋》的尝试经由惠士奇的《春秋》研究扩展到汉学家阵营。惠士奇的成果于1749年为其子、著名学者惠栋刊行问世。如前所述,汉学能左右苏州学界,惠氏家族起了决定性作用。惠士奇恢复汉代春秋学面貌的尝试后来成为惠栋恢复易汉学的榜样。㊸

苏州汉学运动尊崇郑玄、许慎、马融及杜预(他和古文经学战胜今文经学的转变有直接或间接的联系)。惠栋及其弟子轻蔑地对待前人提出的罢黜《左传》经典地位的主张。季本、郝敬对《左传》的大胆质疑也受到考据学家及支持者占优势的四库馆臣的严厉批评。他们认为明代是春秋学发展的最低点。至于季、郝二人的著作,因有一定的参考价值,仍被收入这部丛书。而姚际恒的有关著作甚至未被《四库总目》提及。四库馆臣从开始论述春秋学起,就明确抱定下列信念:左丘明是《左传》作者,《左传》对《春秋》的注释不仅可信,而且优于《公羊传》、《穀梁传》两传。㊹

东汉古文经说的支持者惠士奇批评唐宋学者研究《春秋》大义时忽视汉人的注释。他特别指责啖助、赵匡对春秋学研究的有害影响。惠士奇尤为不满的是,唐以后的学者竟没能发现,《周礼》、《春秋》相辅相成,共同完成经典给社会政治秩序制定出理想范式这一事实。例如,赵匡认定《周礼》系后人伪作,王安石称《春秋》无价值。在许多方面,惠士奇重新强调古文经《周礼》重要性的同时,又想重建东汉的《春秋》经说。㊺

与姚际恒不同,惠士奇仍然支持《春秋》凡例说,他认为杜预的《春秋释例》是著述年代比较接近汉代学术传统的著作,因而仍被他视为《春秋》的权威性阐释。他推崇东汉古文经学,在理解《春秋》凡例时,自然认为《左传》优于《公羊传》、《穀梁传》。㊻

根据惠士奇的观点,《周礼》成书于西周,《春秋》记载着东周的礼制。他们共同形成了理解汉儒阐发的周代传统的基础。他说:"周公创立六官(即《周礼》)、孔子著《春秋》,两书都透彻地阐明人、物的本性和拨乱反正的路径。"

宋代学者尽管怀疑《周礼》的真实性,但是,除王安石外,无人否认《春秋》的重要性。可是,在惠士奇的《春秋》研究中,《春秋》的重要性低于《周礼》,《周礼》的成书年代早于《春秋》;《周礼》和《春秋》在经典话语中的角色应相辅相成,而不是相互对立。早期学者认为今文家只尊奉孔子,古文家只尊奉周公,这种说法是错误的。㊼

六 常州的春秋学

18世纪中叶,春秋学研究者围绕《左传》和《春秋》的关系及凡例问题存在广泛的争论。在庄存与阐发自己的"公羊学说"时,学术界已形成了一些颇具影响力的共识。苏州汉学家恪守东汉古文经学传统,对杜预以来的《春秋》凡例说确信无疑。而且,他们强调《周礼》的经典地位,这一共识进入学术界的上层,成为官方的主张,为四库馆臣所接受。惠士奇和惠栋受到四库馆臣的高度赞扬。惠士奇因利用《左传》作为史源而受到推崇。惠栋辑录杜预《春秋释例》的工作同样受到称赞。㊽

汉学家们的共识还影响到地方学术的发展。常州学者顾栋高、杨椿都接受古文经说。无锡学者顾栋高在其名著《春秋大事表》一书中汇集编年、地理、家族、经济史料,该书利用《春秋》的东周史料,并补充以其他能找到的史料,是书堪称考证学精品。㊾

杨椿为此书作序,他追溯《公羊传》、《穀梁传》直到《左传》对《春秋》注释传统的演变。他认为,《左传》对范例的理解最为透彻,杜预的《春秋释例》是经今、古文两派学说综合的结晶。他指出,顾栋高的成就在于成功地吸收《春秋》"三传"的长处,同时去除了违反圣人意旨的观点和材料。例如,顾栋高的著作强调"义"、"例"并重,建议杨椿努力会通两汉经说。㊿

顾栋高本人则坚持认为,他只使用西汉的史料,并不接受他们的理论,在论述孔子以"获麟"作为《春秋》结尾的原因时,指责何休今文说的救世主解释实属"诞妄"。顾栋高从何休对《公羊传》异想天开的解释断言:儒生们误解了孔子记载"获麟"的真实用意。

顾栋高认为,圣人以公元前481年作为《春秋》的结束是因为那一年诸侯未因反叛天子受到惩罚。当时,孔子71岁,获麟恰巧发生于此时,标志着周王朝无可挽回的衰落。因此,孔子结束了《春秋》。获麟事件有历史价值,但无超历史的含义。[51]

杨椿尽管严厉批评《周礼》是披着儒家外衣的法家著作,但是,在春秋学上仍支持古文经学的观点。杨椿的学术立场并非没有矛盾之处。今、古文之争还未完全重新展开。面对学界对西汉今文学兴趣增长的态势,经学的共识似乎不为所动。当然,杨椿与姚际恒一样,反对只将《春秋》归纳为简单的历史范例的做法。孔子借《春秋》阐发的道德义旨还未取得独立地位。"孔子借《春秋》阐明自己的大义,而不尽是自创义旨。"[52]

杨椿与顾栋高的关系表明,庄存与研究公羊学之时,汉学及其古文经学在常州已拥有一批强有力的支持者。但是,庄存与新的学术兴趣同样植根于考据研究。与汉学界联系不多且致力于更加客观的学术研究的姚际恒怀疑《左传》对《春秋》解释的可信度,由此向古文经学发起挑战。甚至连四库馆臣也承认,泥古是惠栋学术最致命的弱点。[53]

事实上,常州杨方达已同庄存与一样,显示出对今文经学的兴趣。他的著作《春秋义补注》进一步发挥了著名翰林院官员、其师孙嘉淦著作的观点。孙认为《易》、《诗》、《春秋》构成一套完整的经典系统。杨本人还将注意力转向长期为人忽略的《公羊传》、《穀梁传》。此外,他的某些注释还吸收西汉董仲舒所著《春秋繁露》对《春秋》的某些解释。[54]

庄存与和其外孙刘逢禄进一步阐明、发展了孙、杨两人的学术观点,汉学家发掘和重构圣人的原义时,运用了东汉古文经学的观点。18、19世纪之际,常州庄、刘及与之有关的学者在探寻圣人原旨时,开始转向经学研究新领域,把西汉学术看做探寻古代圣人智慧的更好的来源。

第三节　庄存与与《春秋》

1783年，庄存与开始撰写一部《周礼》论著，他收集其他书籍引用的《周礼》引文，力图恢复《周礼》的原貌。庄存与讨论的观点仅限于视《周礼》为古代典礼资料的宝库。他并不认为《周礼》系后人伪作，但是，他也不赞成《周礼》没有失传说。他在这方面支持北宋以来学者对此书的怀疑，特别是常州人杨椿反复申述的观点。(55)

庄存与一方面维护自己救世的经世主张，一方面尽可能多地吸收那些强化官方意识形态的经学遗产。他在论及《周礼》辨伪时，同对伪《古文尚书》的看法一样，认为辨伪家们要求从儒家经典中删除《周礼》之类可疑经典的做法意义不大。他担心考据家攻击儒家正统学说的影响会蔓延到政治领域。他的春秋论是折衷的，综合了今、古文两家的学说，相信它们都是古代圣人传至当代遗产的核心内容。他运用《公羊传》、《左传》两种学说证明自己对《春秋》的某些看法。尽管他认为《公羊传》优于《左传》，但这并不是因为他想整体上恢复今文经学在西汉的显赫地位。(56)

一　公羊学

庄存与的《春秋》论著开拓了新的研究领域，尽管他注重孔子隐含于《春秋》的"义"、"例"，但却反对古文经学，支持今文经学。他认为， 172
《左传》仅是历史记载，只记载历史事实，此外并未有其他更深的内涵。庄存与为克服《左传》的这一缺陷，转向《公羊传》。在他看来，《公羊传》包含着对历史的解释，其中揭示出孔子著《春秋》的真实用意。(57)

东汉何休的《公羊传》注是庄存与的主要资料来源。东汉后期，何休与郑玄在经学研究上是一对敌手，他的学说长期为人讥笑为"无理之说"。何休与名望更为显赫的对手不同，他是《公羊传》和今文经学的坚定捍卫者。他除为《公羊传》作过一部颇具影响力的注释外，还写过一组三篇观点犀利的论辩文字批评郑玄的春秋学主张。郑玄主张折衷今、古文两派观点,他对何休的批判写了三篇观点同样锐利的驳论文字。东汉今、古文论战的中心内容就是《公羊传》。⑱

庄存与站在何休和《公羊传》一边,毫不含糊地指斥那些尊奉郑玄为汉学守护神的汉学家。如上所述,《左传》对《春秋》的解释被有影响的《四库全书总目》编纂者视为汉学对《春秋》的权威解释。汉学最初于18世纪50年代由惠栋倡导于苏州,到18世纪80年代,由于北京四库馆臣的竭力支持和揄扬,已发展到如日中天的地步。⑲

可以肯定,庄存与重视《公羊传》的同时,仍然求助于汉代学术的权威。但是,他所说的汉学形式许多方面与苏州、扬州流行的古文经学是相互对立的。何休的《公羊解诂》成于汉代,那些推尊汉学的人对此书不能草率对待。

我们即使不能说庄存与是一位今文经学家,那么,至少可以将他的《春秋》论点看做公羊学复兴的转折点。庄存与的整体经学观(包括《周易》、《春秋》、《周礼》)因此被视为"公羊学",今文公羊学的后期倡导者魏源等人都认为庄存与是与同时代的"伪汉学者"相对立的"真汉学者"。⑳

二 "凡例"与"要旨"

《春秋正辞》是庄存与最主要的春秋学论著,其中还附有他的两部短篇论著《春秋举例》、《春秋要旨》。如他的书名暗示的那样,庄存与承认凡例的可靠性,认为它们是解释《春秋》的关键。

庄氏著作虽然承认《春秋》褒贬传统的合理性,但也体现出明清两朝对杜预《左传》论著持怀疑态度的学者们的观点对他的影响。结果,庄从杜预详细的凡例转向《公羊传》更为简明、概括的义例。此外,庄存与论述《春秋》要旨时,姚际恒业已提出这种"要旨"说,作为阐发《春秋》大义时比"凡例"说更为适当的选择。㉑

西汉学者董仲舒提出姚际恒、庄存与引用过的"十旨"说。董仲舒写道:

举事变见有重焉，一指也；见事变之所至者，一指也；因其所以至者而治之，一指也；强干弱枝，大本小末，一指也；别嫌疑，异同类，一指也；论贤才之义，别所长之能，一指也；亲近来远，同民所欲，一指也；承周文而反之质，一指也；本生火，火为夏，天之端，一指也；切刺讥之所罚，考变异之所加，天子端，一指也。(62) 174

庄存与论述《春秋》大义时，放弃了古文经的凡例说，代之以今文经学的“要旨”说。

庄存与主张的直接渊源可追溯到明以前的学者，他在转向一种自认为更能阐发《春秋》大义的方法时求助于明代之前学者的权威。

三 赵汸

庄存与的《春秋正辞》吸收过元代学者赵汸著作的观点。赵汸的《春秋属辞》试图描述孔子编著《春秋》时的系统语言架构。赵汸认为，解开孔子《春秋》秘密的关键是抓住孔子作《春秋》的“属辞比事”的手法。西汉学者应用这种方法把《春秋》当做法典使用(详参第八章)。 175

著名学者宋濂在为赵汸此书所作的序言中指出：赵汸此书重新开辟了理解“春秋之法”的道路。此外，赵汸通过将史法运用于经文本身，重新找到了孔子修《春秋》时所阐发的语言和道德观二者之间的联系。(63)

赵汸是宋元之际理学家吴澄的弟子，吴澄攻击《古文尚书》的真实性。赵还在黄泽门下研习《春秋》，黄泽倡导杜预阐发的以《左传》为基础的《春秋》凡例。赵汸在《春秋左氏传补注》一书中，开创了辑录、恢复杜预《春秋释例》原貌的创举。杜预《春秋释例》一书为孔颖达散入《春秋左传正义》一书。顾炎武、惠栋后来都曾致力于杜氏原书的辑佚、复原工作。(64)

支持汉学的四库馆臣称赞赵汸的研究是《春秋》考证的典范之作。他们指出，明代学者无力继承赵氏高水准的研究：

> 传注得失，辨释悉当，不独有补于杜解，为功于《左传》，即圣人不言之旨，亦灼然可见。

赵汸尽管倾向于《左传》及杜预注，但是也不回避运用《公羊传》、《穀梁传》的今文说纠正《左传》的谬误。四库馆臣认为，赵汸吸取今、古文两派观点时，既汲取各家长处，又汇集了春秋学的两种传统。⑥

赵汸在分析《春秋》的"属辞"时，获得某些有趣的发现。他尽管不反对《春秋》"凡例"说，但是认为早期的《春秋》注者已陷入有关褒贬的无聊争论而忽视《春秋》"始终"，即使宋代理学家也没有抓住"五经微旨"。而不明《春秋》义旨，学者就缺乏充分的知识理解圣人，结果就无法遵循《春秋》的教诲。他认为，为理解孔子的经世学说，正确把握春秋学说至关重要。⑥

有趣的是，赵汸认为，《左传》的史例与孔子著《春秋》的大义相脱节，因此对《左传》持批评态度。赵汸虽然因《公羊传》、《穀梁传》两传阐释《春秋》微旨而认为今文家的观点更为准确。但是，他也批评他们忽略了《春秋》的史学意义。赵汸试图解释杜预根据《左传》归纳的《春秋》八例，这是他折衷今、古文两派的表现。

一些早期的经注家不承认凡例的存在，另一些学者认为《春秋》最初无凡例。杜预所作的仅是根据《春秋》记载的史实创造凡例。赵汸的老师黄泽为改变这种有力的批评性论点（后来为姚际恒等人进一步发挥），提出：鲁史有例，孔子所著的《春秋》无例。《春秋》不是无例，而是以义为例。

赵汸同样试图避开有关《春秋》的论战性观点，寻找一种包括《春秋》"义"、"例"两方面的解释。他坚信凭"凡例"不能把握孔子学说的全体，惟有自己倡导的"属辞比事"法才是既保留鲁史"通经"，又摆脱无法把握圣人要旨困境的出路。⑥

赵汸善于摆脱有关《春秋》凡例的争论，研究《春秋》的整体框架，这首先给毛奇龄留下深刻的印象。毛奇龄这位《古文尚书》的著名捍卫者，就以赵汸早先发现的"属辞比事"方法为基础，写过一部《春秋》

论著。

毛奇龄运用礼制研究释解《春秋》,他以赵汸发现的"属辞"方法创立出 22 条"义例",四库馆臣论及毛奇龄的研究成果时指出:毛奇龄区分出《周礼》和《左传》的不同,《周礼》是记载周代早期天子统治机构的典范,《左传》则记述诸侯事迹。毛奇龄根据这种区别认定《周礼》提供了一个理想政府的样板,《左传》记述改制变革。

毛奇龄目睹明亡后使中国分崩离析的动乱,他担心阎若璩及其他人向经典发起的攻击若不被阻止,将使文人悖离经典遗产。他借《春秋》发挥带有今文经学气息的变革题目。毛奇龄把《周礼》视为经世之学的永恒典范,而将《左传》释为与之不同的对历史变革的记录。⑱

春秋学出现微妙的变化,庄存与毛奇龄一样,发现赵汸研究《春秋》的方法是平衡官方正统学说和当代改革意识的有用工具。逃避泥古之习不是易事,经典必须摆脱汉以后学术的遮蔽。一个可供选择的经典的理想秩序主张既应维护经典的权威性,又要适应变革的需要。

四 《春秋》要旨

赵汸的《春秋》研究引起庄存与之类的官僚学者们的兴趣,庄存与与 14 世纪的赵汸一样,都回避只尊奉一部《春秋》经传而排斥其他经传的态度。一旦涉及《春秋》,清代长期存在的汉宋之争就为受压制的《公羊传》和得宠的《左传》之间的巨大裂痕所取代。庄存与赵汸一样力图寻求共识。

此外,赵汸分析《春秋》"属辞"的方法与 18 世纪考据学的特点很相近。四库馆臣为赵汸的著作写提要时,兴奋地提及这一点。这种共识无疑是阮元将庄存与《春秋正辞》收入《皇清经解》的原因之一。庄存与的论著可以看做赵汸、毛奇龄开拓的"属辞比事"式的《春秋》研究的继续。⑲

赵汸带着救世意识选择今、古文两派对《春秋》的解说,但是,他的重心仍是杜预的《左传》注。庄存与阐明《春秋》义例时则以今文家的《公羊传》为主。例如,庄存与在《春秋举例》中,只从《公羊传》选择重建孔子《春秋》大义的例证。

庄存与固然承认《春秋》义例,但暗中反对杜预研究《左传》所发现的琐细的"释例"。他在搁置杜预根据24类凡例组织历史事件形成的数百条琐碎义例的同时,效仿董仲舒以"十旨"为基础的今文经学解释,代之以一种较为简化的解释系统。孔子曾以此建构《春秋》的属辞比事方法。[70]

庄存与论述桐城派方苞、姚鼐等人讨论的《春秋》义法时,根据"十旨"阐发《春秋》义例。[71]

1. 《春秋》贵贱不嫌同号,美恶不嫌同辞。
2. 《春秋》辞繁而杀者,正也。
3. 一事而再见者,先目而后凡也。
4. 《春秋》见者不复见也。
5. 《春秋》不待贬绝而罪恶见者,不贬绝以见罪恶也。
6. 贬绝而后罪恶见者,贬绝以见罪恶也。
7. 择其重而讥焉。
8. 贬必于其重者。
9. 讥始,疾始。
10. 书之重,辞之复。呜呼!不可不察其中必有美者焉。

与杜预阐发的古文经"释例"相比,庄存与采自《公羊传》的义例显得更为概括和灵活。杜预的系统把《春秋》置诸一个细密的特殊历史分类结构之中。庄存与受赵汸的影响,重视《春秋》的"属辞比事",不太在意其记事本身。事实上,庄存与回到了董仲舒对《春秋》的解释。董仲舒也曾研究《春秋》的微言,试图揭开孔子著《春秋》的用意。

庄存与考察孔子《春秋》的属辞比事时,可以从更为实用的今文经学意志主义传统,建构一个比较灵活的"义例"网络。他将杜预以来以古文经学为基础通行的《左传》凡例降到第二位,而推崇以今文经学为依据的"要旨"说。[72]

五 庄存与与《春秋》要旨

庄存与《春秋要旨》一书标题中的"旨"字的运用暗示着他从"例"向

较之更早的《春秋》研究方法的转变。"三科九旨"(我们将在论述刘逢禄对常州今文经学兴起的作用时讨论这一问题)是东汉何休今文派《春秋》研究的基石。"旨"字与汉代的政治用语"旨"形成强烈的呼应,后者指皇帝对朝臣上书的答复。第八章将讨论西汉的政治决定是如何经常性地依据《春秋》、《公羊传》来加以制定。何休研治今文经学时,重新确立了政治和经学的这类联系。⑦

庄分析《春秋》要旨时解释道:世人尊崇《春秋》不是因为它是一部记事的史书,其言外之意超乎其记载内容。据其言外之意,可通其所记之事的意蕴,据其所记之事,可明其言外之意。因此,《春秋》的价值在于它的义法,不是它的记事。

> 《春秋》以辞成象,以象垂法,示天下后世以圣人之极。观其辞,必以圣人之心存之。……是故善说《春秋》者,止诸至圣之法而已矣。

圣人借编年纪表达自己的义法。相对于圣人的义法而言,这些所记之事是次要的。庄存与不满于汉学家对史实、典制、名物的偏好,视之为见木而不见林。⑭

庄存与认为赵汸"比辞属事"的研究方法揭示出孔子《春秋》的深意,因此,他希望避开"凡例"的陷阱。这些凡例将孔子的义旨局限为无聊的学术分析和乏味的历史凡例,因而受到王安石、朱熹等名儒的轻视。

历史摆脱了"事"的禁锢,重新回归万古常新的"义"。对庄存与来说,只有"辞"才是探究古代真谛的正确门径。《春秋》记载的事件本身是前途暗淡的,是动乱、死亡、毁灭的写照。但是,这些事指向更高层次的义旨,也即孔子借《春秋》阐发的圣人思想。

作为戴震的同事和朋友,庄存与开始一次引入注目的学术转变(与戴震后来从考据学到义理的转变不尽相同)时,其研究方法接近汉学家们的主张。庄存与同考据家一样,都视"辞"为明"理"的前提。考据学主导的研究方式走到其实践者的对立面。18世纪70年代,戴震主张"由语言以通乎古圣人之心志"。一论及孔子的义理，庄存与则声称《公羊传》而非《左传》，才是解开《春秋》大义的钥匙。⑮

庄存与论述的 22 条《春秋》要旨在许多方面与其早先对"例"的论述相重叠。他解释每一条"要旨"以阐明他所认为的《春秋》要义。庄存与认为，《春秋》为总结乱世的教训而作。如第四章所言，《易经》为太平时代而作。《春秋》记述了三代理想世界的解体，以"托古改制"名义呼唤着变革。《春秋》的本意是治乱，孔子极巧妙地表达了这层用意。这就是司马迁"礼防于乱萌之前"的含义。这也就是《春秋》无空言的原因。在庄存与看来，《春秋》虽记述乱世之事，却提出一个治世蓝图。《春秋》本质上与《易经》相通，勾勒出宇宙图式。《春秋》记载其人、内外之事，重记事以明礼教，它发掘出事物的诸多联系，寻绎出一条宏观线索加以贯通。所以，圣王之道于此阐发无遗。一种整体观点为《春秋》的历史纪年奠定了基础。⑯

庄存与认为，作为一部周朝衰落时代的鲁史著作，孔子的《春秋》可谓信史。书中对史事的选择都旨在传之万代，以便永弭灾乱。"古文经学的历史编纂学失去孔子《春秋》的真意。《春秋》的中心不是记事，而是让记事服务于大义的阐发"。《春秋》不是一部"凡例"目录，而是"志天事"之作。孔子要借此"见经世之志"。⑰

庄存与认为自己已在《春秋》的"属辞"中找到《春秋》赖以建构的"要旨"。例如，庄存与这样解释孔子书丧事的用意，认为它是对经典忠孝之道的通论。

> 《春秋》志卒葬，圣人以送死为大事。为人君父，言之则所以善吾生者，乃所以善吾死也。为臣子言之，亲丧固所自尽也，而必尽之于礼，然后为忠孝之至矣。

在论述《春秋》频繁提及城防、盟誓时，他解释道，这类记载展示"邪正"。他进一步论述道：

> 邪正各有偶。苟一义一法，足以断其凡，则无可凡，皆削而不

书。《春秋》非记事之史也,所以约文以申义也。

庄存与本质上同意西汉董仲舒对《春秋》的评价。他最后断言,这即是孔子尊王重人之道,尽管《春秋》242 年间发生无数征伐之事,孔子均逐一记录,以示对征伐所遗灾祸的深切悲痛。[78]《春秋》的道德内涵使之与非经典的历史著作严格区分开来。

在庄存与看来,西汉的《公羊传》和东汉何休的《公羊传》注是早期帝国遗留的重建汉代《春秋》经义的主要工具。庄存与不仅欣赏《公羊传》,而且以今文经说解释其他四种儒家经典。通过今文经学的运用,古文经拘泥于《左传》的习气、杜预繁琐的《春秋释例》都可以被取代了。[79]

但是,庄存与并未考虑如何使《公羊传》适应他本人仅是朦胧意识到的今文经学的争论。他于 18 世纪后期倡导《公羊传》抵制和珅擅权危害的保守主义意图与 19 世纪初成熟的今文经学的激进后果有所不同。庄存与的学术主张旨在抵消他所认为的汉学的激进政治影响,这种影响似乎从 18 世纪 40 年代即威胁帝国官方意识形态的稳固。

当然,庄存与也不是正统宋学的倡导者,而朱子从未借《春秋》阐发自己的学说,反而置之于次要地位。庄存与则视《春秋》为理解孔子学说的门径,他告别朱子,重新描绘今文经学的孔子形象。当他借《公羊传》这样一部非正统经典发挥己意时,就不仅有异于汉学,甚至走到理学的对立面。"真汉学"切断了与汉宋两家的联系。重建西汉今文经学的理想鼓舞着庄存与的弟子们向汉以降的一切基于古文经学的政治话语宣战。

庄存与尽管相信孔子的理论,所依据的文献却仅限于汉代的材料。尽管他是一位出众的常州今文经学的开拓者,举业顺达,他后来才认识到,要为自己与和珅的对立辩护就需要一套新的理论构架。因此,不应低估庄存与对今文经学重建的意义。

庄存与没有预见到,他的大胆开端将会导致一种对经典政治学说激进式的重新发挥,同时还将影响他曾维护过的儒教国家的合法性。他看到的仅是以新的学说捍卫经典遗产。他敏锐地发现,考据学向宋学的挑战将导致帝国意识形态的瓦解。因此他要维护伪《古文尚书》，崇尚《周礼》。他为应付自己目睹的帝国政治的道德崩溃,力图树立孔子意志主义学说的权威。结果,他以公羊学传统为自己的个人道德奠定了坚实基础。

如上所述,庄存与的保守姿态是国家、地方双重利益的体现。经学理论、政治话语和观念史兴趣三者的歧异,若从常州庄氏长时段的学术传统及和珅对庄氏这样一个拥有国家事务参与权的职业精英的威胁来考察,都含有异常的意义。

庄存与向《公羊传》的转向是汉学深入影响常州社会的明证。新的今文经学的学术范式正在形成中。庄氏族学传统从庄存与到刘逢禄的递进是在这样一个大家族调整其文化资源和学术方向,由宋学向汉学转变的大环境下形成的。这里并不存在今文经学的"秘传"。庄存与出于政治考虑转向公羊学是自觉的选择。内阁学士庄存与这样做时,是在转变、调整显赫的庄氏家族的学术传统。

他的孙子庄绶甲和外孙刘逢禄继承了他的学说,他们与存与的侄外孙宋翔凤一起受到庄存与的鼓励,在庄氏家族的荫助下进行研究。刘逢禄的母亲早年曾带刘逢禄向存与问学。刘逢禄转向董仲舒的《春秋繁露》、何休的《公羊解诂》之前,曾在庄存与门下受学。

刘逢禄曾吸收其外祖父庄存与著述学说所阐述的微言大义。庄存与去世时,刘仅12岁,他所受的其余教育由庄氏家族年轻的长辈完成,他们与汉学的关系远比其祖密切,其中主要的老师是庄述祖。庄述祖因和珅的阻挠,放弃仕途,致力于经学和今文经学研究。刘逢禄是庄述祖的音韵训诂成就和庄存与的公羊学建树的综合体。⑧

注　释

① 波考克《政治、语言和时代》,233—272页;席尔斯《传统论》,3、10、54—55页;史华慈《传统与现代的界线》。

② 波考克《政治、语言和时代》,244—245页;席尔斯《传统论》,44、258页。有关讨论见拙著《从理学到朴学》,175—222页;《作为哲学的批评》,见霍布斯沃姆《传统的发明》。

③ 钱穆《两汉经学今古文平议》,235—236、264—265页;卢元骏《经学之发展与今古文之分合》,39页。有关讨论见顾颉刚《春秋的孔子和汉代的孔子》卷二,130—139页。在基督

④ 黄道周《凡例》；佐藤震二《清代公羊学术考》上，20—25页。有关讨论见拙著《从理学到朴学》，204—209页。

⑤ 关于孟子的春秋观，见《孟子引得》，25/3B/9页；莱格英译《四书》，676—677页，英译《孟子》，114页。司马迁曾在《史记》一书中(卷四七、六/1943)称赞《春秋》。冯友兰《中国哲学史》波特英译本卷一，45—46、400—403页；周予同《经今古文学》，22—27页；顾颉刚《汉代学术史略》，62—72页。

⑥ 席尔斯《传统论》，54—55页；赵《常州学派》，159页；刘若愚《中国文学理论》，64—65页。

⑦ 详参杜预《春秋释例》序。常州今文经学家也广泛利用《周礼》一书。早在宋翔凤之前，今文学者即开始排斥《周礼》。

⑧ 刘知己《史通》，381—391页(《外篇五》)；稻叶一郎《中唐以降新儒学之研究》，377—403页；普莱布郎克《新儒家与新法家》，88—91页；皮锡瑞《经学历史》，264页。

⑨ 有关王安石的论述，见周予同《经学历史》注，29—30页；皮锡瑞本人的论述见《经学历史》，250页；刘子键《宋代中国的变革》，30—33页。

⑩ 宇野精一《周礼刘歆作伪论》；杨向奎《经史斋学术文集》，267—274页；叶国良《宋人疑经改经考》，97—107页；吉原文昭《北宋春秋学之一瞥》，633页。

⑪ 钱穆《两汉经学今古文平议》，265页；杨向奎《经史斋学术文集》，149、249—251页；黄俊杰《旧学和新知》，211—212页；《孟子的道德论》；肖公权《农业中国》，43—46、569页；郝允一《明初的礼部》，52、63页。

⑫ 有关讨论见陈庆新《宋儒的尊王攘夷的发微与其政治思想》；田浩《功利主义儒家》，31、108、166—167页；田浩《12世纪中国的准民族主义》，403、423页。

⑬ 陈亮《龙川文集》，4.5b—6b页；田浩《12世纪中国的准民族主义》，401—411页；郎格罗斯《元代政治思想中的〈春秋〉》，124—125页；皮锡瑞《经学历史》，250页。

⑭ 孙复《春王尊王发微》，1.2a—3a、1.16a—16b、2.3b、12.8a—8b页。有关讨论见牟润孙《两宋春秋学的主流》，113—115页；皮锡瑞《经学历史》，250—251页。

⑮ 田浩《12世纪中国的准民族主义》。日本幕末时期倒幕人士就以"尊王攘夷"的口号进行倒幕运动。这一激进口号即源于中国的历史经验，间接取之宋儒对《春秋》的解释。见Najita《日本》，43—68页；埃尔《君主与国家》，82—110页。

⑯ 有关胡安国的注见牟润孙《两宋春秋学的主流》，170—172页；宋鼎宗《宋儒春秋攘夷说》；赫沃特编《宋人传记》，39—40页；施罗克尔《处于攻击下的新儒学》，165—166页。

⑰ 戴维斯《作为政治的历史编纂学》，33—39页；张《正史修撰》，68—71页。

⑱ 司马光《资治通鉴》序，卷一，33—34页；张《正史修撰》，96页；戴维斯《作为政治的历

史编纂学》,40—42页;田浩《功利主义儒家》,413页;哈威尔《历史、公共政策》,690—695页。朱熹关于中国历史的著作(即《通鉴纲目》)是以1084年完成的《资治通鉴》为基础写成的。《资治通鉴》一书以孔子《春秋》为样板,按编年体的形式,记述了从东周至五代的历史。

⑲ 常《正史修纂》,71—88页;戴维斯《作为政治的历史编纂学》,95—105页。

⑳ 戴维斯《作为政治的历史编纂学》,95—105页。

㉑ 《四库全书总目》,26.10b—14a、28.16b—17b、29.31a—34a页。

㉒ 《朱文公文集续集》,2.6b页。

㉓ 《二程全书》;《河南程氏遗书》,15.16a—17a、20.1a页。

㉔ 《太史升庵文集》,43.12b页。关于杨慎,见林庆彰《明代考据学研究》,36—127页。

㉕ 杨慎《俗儒泥古》,68.2a—2b、45.15a—17a页。

㉖ 同上书,42.2a—3b页。戴震怀疑朱子《大学》注的故事最早见王昶《春融堂集》,55.6b页。

㉗ 唐顺之《季本〈春秋私考〉序》。

㉘ 季本《春秋私考》序,4a—7a页;《孟子引得》,25/3B/9。季本指出,朱子曾说过《左传》是一部与楚国有关的史书。

㉙ 季本《春秋私考》序,7a—b页。

㉚ 王交《季本〈春秋私考〉后序》。

㉛ 唐顺之《荆川先生文集》(1573),7.2a—3a、17.4a—6a、17.12b页。

㉜ 阎若璩《尚书古文疏证》,8.14a—18b页;郝经《读书》,3b页。

㉝ 郝敬《春秋非左》序;安皆川《春秋非左》序。

㉞ 郝敬《春秋非左》,2.29b—30b、32b—33a页;郝敬《读〈春秋〉》,2b—4b页。

㉟ 姚际恒《春秋通论》序;《春秋论旨》,A.6b页。

㊱ 姚际恒《春秋通论》序,2a页。

㊲ 同上书,2b—3a页。

㊳ 姚际恒《春秋通论》,A.1a—b页"附录";《四库全书总目》,26.5a—6b页。

㊴ 姚际恒《春秋通论》,A.2a—3a页。

㊵ 同上书,A.3a—b页。关于考据家的历史编纂学,见拙著《从理学到朴学》,70—76页。

㊶ 同上书,A.4a—5b、6a—6b页。

㊷ 同上书,A.6a—7b页。

㊸ 杨超曾为惠士奇所作的"碑"。

㊹ 《四库全书总目》,30.11a—b、17a—b页。

㊺ 惠士奇《半农先生春秋说》,7.18a—19b页。

㊻ 同上书，5.10a、1.22a—22b 页。

㊼ 同上书，8.18a—19a、9.26a—27b 页；高本汉《周礼与左传》。

㊽《四库全书总目》，26.27a—28b、31a—34a 页。

㊾ 同上书，26.28a—30a 页。进一步讨论见拙著《从理学到朴学》，188 页。

㊿ 杨椿《顾栋高〈春秋大事表〉序》。杨对《春秋》的观点见其《孟邻堂集》，5.13b—17b 页。

(51) 顾栋高《春秋大事表》，42.18b—21b 页。

(52) 杨椿《春秋考后序》，5.15b—17b 页。

(53)《四库全书总目》，29.34a 页；拙著《从理学到朴学》，59—60 页。

(54)《四库全书总目》，31.36a—38a 页。四库馆臣称杨椿"讳学宗汉儒"，认为他采用董仲舒的某些观点，又"不肯标董仲舒之名"。另见卢文弨《抱经堂文集》，361—366 页(卷二七)。

(55) 庄存与《周礼记》，161.1a；庄绶甲《周礼记》跋，36a—37a 页。

(56) 李新霖《清代经今文学述》，174 页。

(57)《四库全书总目》，26.4b—6b 页。

(58) 何休的三部论战性著作分别为《左传膏肓》、《穀梁废疾》、《公羊墨守》，有关论述见达尔《汉代的纬书》，388—400 页。

(59)《四库全书总目》，26.1a—4b 页。

(60)《魏源集》，238 页，内有魏源为庄存与著作集所作的序。

(61) 所有这些论著均见庄存与《味经斋遗书》。

(62) 苏舆《春秋繁露义证》5.9a—9b 页有董仲舒对"十旨"的讨论。董仲舒与庄存与都使用过"旨"字。冯友兰《中国哲学史》卷二，76 页。

(63) 宋濂为赵汸《春秋属辞》所作的序。赵汸《春秋属辞》序，《续修四库全书提要》卷二，736—737 页。

(64) 见拙著《从理学到朴学》，186—188 页；《四库全书总目》，28.13b—18a 页，古德里希《明代传记辞典》，125—127 页。

(65)《四库全书总目》，28.15a—16b 页。

(66) 赵汸《春秋属辞》序。

(67)《四库全书总目》，28.15a—b 页；古德里希《明代传记辞典》，127 页。

(68) 毛奇龄的观点见《四库全书总目》，29.17a—b 页。

(69)《四库全书总目》，28.15a—b 页；《续修四库全书总目》卷二，736 页。

(70) 庄存与《春秋律例》，1a—4b 页。

(71) 同上书。马尔姆维斯特《公羊传与穀梁传研究》73、77、82、123、163、168 页。

(72) 庄存与《春秋要旨》，1a—11b 页。

(73) 温德莫施《中国的法律观念》,8 页。

(74) 庄存与《春秋要旨》,1a—2a 页。

(75) 同上书,1a—1b 页;戴震《戴震文集》,146 页;拙著《从理学到朴学》,27—29 页。

(76) 庄存与《春秋要旨》,2a 页。

(77) 同上书,2b—3a 页。

(78) 同上书,4a—4b 页;苏舆《春秋繁露义证》,22a 页;冯友兰《中国哲学史》卷二,77 页。

(79) 庄存与《春秋要旨》,7b 页;李新霖《清代经今文学述》,83 页。

(80)《诸暨庄氏通谱》,8.30b—31a 页;王念孙《申受府君行述》(1876),12.46b 页。刘本人的论述见《刘礼部集》(1830),10.25a—b 页。宋翔凤是庄培因嫁与苏州宋氏的三女儿之子。

第六章 从庄述祖到宋翔凤

第一节 庄述祖

庄存与的公羊学说主要通过庄述祖传授给他早慧的外孙刘逢禄。据记载,庄述祖10岁时,庄培因因对其父去世过度悲痛(同年去世)而病故。庄述祖被叔父庄存与收养,但在其父一支中仍拥有长男的身份。他尽管在1780年以名列前茅的优异成绩中进士,可是,由于和珅忌恨他与阿桂一派的关系,他未能取得高位。他遂后以学术研究为主,也曾担任过省、县的低级官员。1797年,他46岁时,彻底退出官场。

庄述祖在和珅擅权时期未进入翰林院,他尽管未取得像担任过翰林院官员的父亲、叔父那样令人眩晕的政治声望和地位,却成为文字学和金石学领域的专家。庄述祖的著作于1837年在其死后才被出版。李兆洛经刘逢禄的介绍了解到庄述祖的经学成果,他为庄述祖作传写序,赞扬他为恢复圣人所遗古学做出的客观公允的建树。李兆洛的论述显示出常州庄氏在19世纪初当地学界的重要性。①

1788年庄存与病逝后,12岁的刘逢禄及庄绶甲、宋翔凤受庄述祖的指导继续学习。他们以庄存与的公羊学为主,同时也研究考据家的音韵训诂之学。尽管庄氏家族出于应付科举考试的目的重视宋学教育,刘逢禄却对得之于庄述祖的汉学产生了同样程度的好感。考据学显然已渗透到庄氏家族的第十二代(庄存与、庄培因)和第十三代(述祖）。②

在庄述祖的父辈那里，经学与政治互为表里，不可分割。庄述祖则不同，他早期的学术生涯是18世纪汉学家生活历程的典型代表。考据家也常入仕为官，可是，一遇适当的机会就会辞官归里，潜心经史研究。庄述祖因政治环境所迫早早地退出仕途，而不像其叔67岁才致仕。因此，他可以将大部分精力投入到个人的研究之中。③

庄述祖除研究《春秋》之外，还写过大量专门的考证著作，其中有广为学界称道的《毛诗考证》《尚书今古文考证》，他的宏伟学术计划之一是重建夏商两代的经典文本。他认为这些文本的价值可以与周代的经典遗产相匹敌。

一　夏商经典文献的重建

庄述祖凭借其文字学和金石学的造诣完成了一系列著作。比如，其从《夏小正》的博杂注释中揭示《夏时》的原始面貌。《礼记》所收的有关版本错误地将正文——也即古代论述天文、地理、动物、气候、历法的专门知识的提纲和注释相混淆。后世许多学者认为是郑玄等学者使《夏小正》一书陷入混乱之中。④据以前人推测，《夏时》的原文已佚失，现存的只是其注。

宋代付崧卿声言：《夏时》的原文与注释连为一体。清代考据学解决了《水经注》存在的类似问题。毕沅、孙星衍、孔广森都整理过付崧卿遗留的版本，并注意到庄述祖的研究。刘逢禄继续庄述祖未竟的讨论。⑤最后，夏代的"绝学"经考证家的精心分析复原了。孔子之前的遗产可追溯到更为遥远的古代。

作为古代学术的纲要，《夏小正》显然是考据研究的对象。庄述祖指出：

> 《夏时》亦为孔子所正，《夏时》之取夏四时之书，犹《春秋》之取鲁史也。圣人之旨于是乎在。⑥

庄述祖还认为,复原夏代的经世传统可以证实《春秋》所载的义例和训诫。

> 天有阴、阳而生万物,万物之生又本于地。王者之事范焉。《夏小正》包括三种历法:大历、小历、王事。大历范天,小历范地,王事本人。天圆地方,人道归仁,仁亦为天地之心王事之极。⑦

他还认为,《夏时》"三传"的研究与《春秋》"三传"的研究并行不悖。

> 《春秋》之义以"三传"而明,而"三传"之中又以公羊家法为可说,其所以可得而说者,实以董仲舒综其大义,胡毋生析其条例,后进遵守,不失家法,至何邵公作《解诂》,悉括就绳墨,而后《春秋》非常异义可怪之论皆得其正。凡学《春秋》者莫不知公羊家诚非谷梁所能及,况左丘本不传《春秋》者哉!

仁的普遍意义(贯穿天、地、人三方面)是远古学说的中心教诲,集中阐发于《夏时》、《公羊传》两书。庄述祖称这些著作阐发出与周代有关的夏代释例和义旨。⑧

二 今、古文之争

庄述祖对古史的兴趣引导他重新考察公元79年东汉白虎观会议的记录。这次会议由皇帝召集讨论今、古文之争。这场争论成为新莽政权灭亡60年以来儒士中间最重要的争论。与会者重新确认今文经学作为正统圣人学说的地位。与公元前51年石渠会议不同(石渠会议争论的焦点是《公羊传》、《穀梁传》两传哪一部是《春秋》注),白虎观会议还展示出对后汉古文经学的显著支持。事实上,会议记录《白虎通义》透露出公元1世纪调和今、古之争的努力。⑨

1777年,汉学向常州的主要移植者卢文弨在南京集会讨论《白虎通义》,他希望校勘《白虎通义》,以完成一个更为可靠的版本。庄述祖是与会者之一。这是18世纪恢复汉学在学术界主导地位的理想途径。1784年庄述祖刊行《白虎通义考》，卢文弨作序，这是南京聚会的一项成果。

庄述祖运用自己对《白虎通义》的研究成果充实庄存与开创的公羊学研究。庄述祖的研究表面上是继续惠栋及其他汉学家的汉学研究，实质上是重写东汉今文学的历史。他指出，《公羊传》是当时通行的《春秋》注释，而《左传》对《春秋》的解释未被白虎会议提及。他还强调指出，惟有"属辞比事"方法才能把握《春秋》要旨。这些明确支持庄存与学术方向的观点清楚地表明庄述祖同庄存与一样，都视今文经学为汉学。⑩

他固然指责《左传》为一部与《春秋》无关的典籍，但是，后来仍与孙星衍一起校定《春秋释例》，18世纪的大多数学者视此书为保存后汉经学传统的最重要著作。庄述祖、孙星衍的校本以《永乐大典》为基础，1802年由武英殿刊印行世。孙星衍在1802年版的序言中指出："杜预的著作保存不少古义，不同于赵匡等下笔武断、喜好攻击汉儒经说的著作，所以他与庄述祖都欣赏杜预的著作。"杜预的著作因在写作时间等方面接近汉代而成为汉学家无比珍视的资料来源。⑪

三 今文经学研究的先驱

庄述祖与学术主流派——考据学者一样，承认古文经学的重要性，但并未因此成为口头上的今文经学信徒。不过，与庄存与不同，他是用当时汉学家的考据话语来研究今文经学。作为一个学者，庄述祖的研究重心不同于庄存与。因此，汉学对理学正统产生的政治影响已不再左右庄述祖个人的研究。但是，今、古文之间的语言学争论却吸引了庄述祖的注意力。其实，庄述祖已在探讨许多训诂音韵问题，刘逢禄后来即以庄述祖的研究为基础，建立了一整套系统的今文经学学说。例如，他的经学研究表明，他注意到王莽篡位后刘歆在推动古文经学发展中的不良作用。他怀疑刘歆的《左传》起初有许多古字的说法，认为既然如此，现存《左传》中的古字何以相当贫乏。他断言，《左传》显然经历过巨大的版本、文字变化，现存的《左传》并不是汉代流传的原本。⑫

　　庄存与最初将《左传》文本的变化归咎于魏晋儒生,并认为他们还应为东汉灭亡时其他儒家经典原貌遭窜改负责。但是,他在后来的讨论中,根据经学和文字学研究,批评刘歆要为窜乱《左传》负责。他推测刘歆不谙篆书,因而代之以隶书书写《左传》。有趣的是,常州学者对刘歆的怀疑最先出现于对汉代书写文字的文字学讨论之中。

　　庄述祖因这些问题开始重新思索所谓的《今文尚书》的文献学基础。与前代学者杨椿一样,他认为今文是一个相对性术语,因为它是在篆书变为汉代通行的隶书后才通行起来的。杨椿业已发现今文经典起初也是以公元前3世纪通行的篆书记录的。⑬

　　庄述祖尽管没有指责刘歆作伪,但指责其无知。汉代学者忘记今文经典与较早书写形式的相似性,这意味着王莽时代的学者可以伪造不太道地的古代篆书。汉代学者对这种相似性的普遍无知使刘歆及其同伙可以窜改帝国档案中幸存的以篆书书写的典籍。他坚信,《左传》和《逸周书》都被窜改过。

　　庄述祖还认为,十六篇《古文尚书》的来历也是可疑的。他声称,刘歆及其同党在帝国档案中发现的版本已被王莽时代的所谓古文经学者广泛窜改过。因此,它几乎不可能是孔壁重新发现的原始版本。他给外甥刘逢禄的信中曾描述过王莽时期经学传统可能存在的分支。对古代篆书的一系列错误理解导致官方准许颁行一套问题成堆的古文经典。这些经典都已转写为汉代的隶书并颁行太学。⑭他还认为,公元4世纪出现的《古文尚书》二十五篇属赝品。庄述祖在自己的《尚书》论著中继承了常州汉学家孙星衍的工作。孙星衍运用《尚书》今、古文不同的材料建立了一个系统的基础,以收集汉唐时期对《尚书》可靠章节的传注。

　　庄述祖把自己的研究与汉代文字学结合起来。后者始于段玉裁,他认为存在两种古文献——今文和古文。段玉裁、孙星衍都认为,已佚失的《古文尚书》因与孔壁发现但后来佚失的比较古老的真《尚书》有关,所以较为可信。⑮

　　尽管多数汉学家承认现存的二十五篇不可信,但仍然认为长期佚失的十六篇《古文尚书》是可靠的。这个论点极为重要,因为这些篇章恰恰就是段玉裁、孙星衍认定现存的今、古《尚书》中的真《古文尚书》版本优先性的基础。但是,庄述祖与福建经学家陈寿祺则是第一批认识到《今文尚书》优越性的学者。1829 年,刘逢禄从事对今、古文《尚书》的研究,他重复过不少段、孙已做的工作,但是也发展了庄存与的研究框架。这样,刘逢禄不再像段玉裁、孙星衍一样,机械地信从《古文尚书》,转而相信《今文尚书》更为可信。⑯

刘逢禄等今文学者一旦以坚实的训诂学基础证实自己的观点,他们就可以凭借这种认知工具为庄存与先前阐发的公羊政治学说做出有力的论证。在这一过程中,今文经学就变成公羊学和今文经的训诂考据研究的综合体。我们将于第七章看到,刘逢禄把庄存与的"义理"和庄述祖的考据结合起来,形成了内容更为丰富的今文经学体系。⑰

第二节 庄有可

庄有可(庄氏家族二房另一支的成员)与庄述祖一样,将小学传统引入庄氏家学。尽管(或许就因为)他精于考证,但举业不顺,毕生转而致力于学术研究。他的考证工作涉及的是汉学家普遍关心的文献和难题。⑱

庄有可是庄氏家族中一个贫寒家庭的子弟,以教书、编书为生,一生从事考证。他在这方面,接近汉学家们具有代表性的生活方式。18、19 世纪,汉学家多因举业不达、仕途受挫,而以学术研究为主,兼以教书补充生计。他从事过多种职业,1792 年,他到奉天助校文溯阁《四库全书》;1801 年,他到安徽合肥任教,助修方志。他在安徽期间,其子庄选男中进士,和珅失势后,又进入翰林院。⑲

庄有可治学 40 年,致力于经学研究,著书之多是庄氏家族前所未有的。到他 55 岁时,已著书 500 卷。据他本人的传记记载,他的成果在常州之外名气不大,但在常州他却是与张惠言、洪亮吉、庄述祖、恽敬齐名的一流经学家。⑳

一 今文的文字学

庄有可同庄述祖一样,对今、古文之争中古文字学课题极有兴趣。庄述祖在给庄有可的信中,曾对他的博学十分惊叹,称赞他精通《说文》。庄述祖发现,庄有可凭借文字学造诣,可以追踪从古代篆书到汉代隶书历史性转变过程中的"假借字"的演变。文字学是研究今、古之别的关键。

《易经》、《春秋》论著是庄有可的代表作。《武进阳湖合志》的经籍目录收录了他的5种易学著作、12种《春秋》论著。其中大部分是两种经典的注释,还有一些是考证地名、人名。《春秋小学》是其代表作,该书写于1797年。当时,他在直隶莲城书院任教。这部著作是他以考证方法讨论《五经》及有关注释的宏伟计划的一部分。㉑

庄有可用考证方法研治《尚书》、《诗经》和《周礼》。他就庄存与盛赞的《周礼》写过两部著作。他和庄存与一样,熟谙长期以来存在的怀疑《周礼》真实性的说法,以及杨椿重新指出的对《周礼》的质疑。但是,他又和庄存与一样,认定《周礼》是了解古代礼制的不二法门。他的《周官指章》详细讨论了《周礼》记载的数百条典章。㉒

二 《古文尚书》之争

庄有可研究《尚书》时,同意阎若璩、惠栋考证出的《尚书》属伪的结论。他本人只是一名教师和学者,与长期和经学有关系的政治没有瓜葛,因此毫无顾忌地指责伪《古文尚书·大禹谟》的"人心道心"一章。我们已经看到,围绕《大禹谟》的争论已成为汉学的缘起。作为18世纪40年代帝国政治的代言人,庄存与认为"人心道心"之论对维护政治和社会秩序至关重要。庄有可则与之相反,他以典型的汉学形式攻击佛教偏好的道心、人心相分的理论。

人之所以为人在于其心。心同于天道。心是人的主宰,人的身体五官都受它的宰制。天无二道,人无二主。所以心无二物,又岂能有与此二物相应的二名?

伪《古文尚书》行世后,作伪者在书中加入荀子的言论,而忽略了他的大意。……既然孔孟都未阐发这种观点,尧舜岂能有这类主张行世?佛家讲"多心"、"降服多心",这类说法与伪《古文尚书》的见解十分接近。㉓

18、19世纪之际,戴震、阮元等著名汉学家都断言:朱子、阳明等理学大家既要为以佛道见解窜改儒学负责,又要为经典变成玄学空谈的来源承担责任。清代考据家在讨论"仁"等重要范畴时,坚持认为汉以降的玄学传统曾与佛教为伍。㉔

戴、阮都认为,后来的新儒家都沉溺于异端学说,并错误地将其掺入儒家正统学说。佛学向儒学的渗透成为汉学批评以程朱为基础的正统理学时的经常性话题。庄有可支持清除儒家学说中佛教影响的举动。㉕

庄有可尽管不同意庄存与对"人心道心"之争所持的态度,但是,仍然用细密的小学考证补充正在兴起的今文经学学说。他为《周礼》的辩解表明自己仍像庄存与一样欣赏古文经学传统,还没有从整体上倡导今文经学的优越性。但是,对《古文尚书》的攻击是18世纪出现的一系列考证学争论的第一个环节,恰恰是这些争论到19世纪导致了对所有古文经学文献的质疑。因为庄存与要维护为帝国正统性服务的经学意识形态,同时又因为他对考据抱有敌意,所以他没有预见到这样的后果。

挖掘汉学如此珍贵的宝藏的任务就落到庄有可、庄述祖身上,到刘逢禄之时,就形成了成熟的常州今文学派。公羊学说通过这种方式首次与汉学结合起来。有趣的是,庄氏家族成员继续寻求内涵更为广泛的儒学理论,其范围将超过大多数考据家有限的文献学研究范围。

庄存与和庄氏家族遗留的训诫对于庄有可同庄述祖一样是十分重要的。汉学被补充以理论和经世内容,其本身也并非目的。庄有可写道:

人纵读书尽天下，而独不知读《春秋》。余读《春秋》三十余年，叹其义理无穷。至千变万化，而一以贯之之道，未尝不自喜可于此得其要尔。

庄氏族人声称，不了解含有今文"汉学"的《春秋》微言大义，就读不懂《五经》。㉖

第三节 庄绶甲

刘逢禄在庄氏家族受学期间，与庄绶甲、宋翔凤建立了密切的关系。他们从不同的角度继承并进一步发挥了庄存与、庄述祖的学术内容，但是，一致主张把公羊学理论和考证方法结合起来。刘逢禄、宋翔凤的好友李兆洛注意到，刘逢禄继续庄述祖的公羊研究，庄绶甲则承袭庄述祖的小学研究。

李兆洛还描述了他本人与张惠言、刘逢禄、宋翔凤、董士锡之间的深厚友谊。他们都是常州老一代汉学家洪亮吉、孙星衍、赵怀玉、黄仲则等的后继者。不过，当今、古文两派的家法被重建并重新评判之时，在两代人之中，汉学内在的一致性正在缓慢消逝。㉗

作为庄氏族人以及庄存与与庄述祖学术的直接继承者，庄绶甲形成了一套经学观，这套经学观是庄氏家学传统进入 19 世纪以后的代表。庄绶甲与述祖、有可一样，毕生大部分时间致力于学术研究，从未在举业或官场得势。他为保证庄存与著作的出版，生前未刊行自己的著作。1828 年，庄存与著作刊行后，他英年早逝，年仅 54 岁。

由于 18 世纪 80 年代和珅与庄氏家族的对立，19 世纪以后，庄氏家族的地位主要依赖学术声望而非政治权力。1800 年之后，庄氏家族仅有两人——庄说男、庄受祺进入翰林院，5 人通过会试。庄氏家族举业的衰微与 18 世纪辉煌的建树——17 人中进士、7 人举翰林形成鲜明的对比（详参第二章）。㉘

一　文字学的重要性

庄绶甲继承其叔庄述祖的文献考证之学，同样强调文字学对经学研究的重要性。他认为，要从汉唐以降的书体发掘出原始而正确的字义，了解古文字至关重要。研究古文字的演化过程可揭示今、古文的真正差异。秦始皇焚书坑儒之后古文书写经典的佚失是导致了今、古文之别的主要原因。㉙

李兆洛曾给庄绶甲写信，认为秦汉书体的转变对研究与骈体文体出现有关的文体变化十分重要。李兆洛还认为"古文"之类的术语代表着唐代以后对秦汉古文原初含义的曲解。书风与文风开始被结合起来讨论。

庄述祖致庄绶甲的信中讨论过古代的篆书和小篆。庄述祖注意到，后者是秦代出现的汉代隶书的先驱。古文因"小篆"的出现而成为一个书法术语。小篆出现后，早期文字被定名为"大篆"。汉代的隶书（也即今文）流行后，秦代的小篆同样又被称为"古文"。

庄述祖向绶甲解释道，汉代以后，大篆或失传，或无法理解，秦代的"小篆"被错误地理解为"古文"，而事实上，惟有大篆才能被称为"古文"，因为它是更古老的文字。他断言，古代篆书形体包含着探讨幸免于秦汉之际浩劫的经典起源的重要线索。㉚

庄绶甲的《释书名》是一部有关古代书体的简史，它讨论了庄述祖提出的文字学问题，书中论述了中国书体的早期历史（庄绶甲将其与《易经》八卦结合起来考察），接着分析今、古文书体的区别。他认为，这种差别出现于周代以后，当时古代书体不是失传，就是难以释读。因此，"古文"只是指后代更接近现代的书体。这些书体尽管也早于汉代的隶书（称"今文"，最早出现于公元前2世纪），但只是西汉建立前不久流行的书体，而不是比这更为久远的古代所通行的文字。㉛

古文经从孔壁出土后，其书体已无人能解，因而被称为"蝌蚪文"，后被与汉代通行的书体相对照，并转写为汉代通行的书体。"蝌蚪文"本身则失传了。庄绶甲进一步分析指出：古文经因刘歆插手而成为官方奉行的经典读本。在这一过程中,以古代书体书写的文书无可挽回地失传了。庄绶甲同庄述祖一样,指斥刘歆及其他汉代学者不学无术,他们对《五经》的修订和窜改造成经典遗产的主要空缺,导致经典曾使用过的古文字的失传。㉜

庄绶甲认为,小学和文字学的作用在于通过重建古代书体的过程来把握古代文化。为"反本修古",一个人须先通晓书法史、文字史,在今文经学对传统古文经的怀疑之中,隐含着一种恢复"真古文"以取代现存的"假古文"的强烈愿望。因此,文字学为今文派攻击古文派提供了一个关键性武器。庄述祖与庄绶甲尽管没有充分认识到这一点,但仍为今文经学补充了许多来自小学的武器。㉝

二 今文经的优越性

庄绶甲除文字学著作外,还写过一部讨论《尚书》差异的著作。他在该书的引言中,记述了自己和刘逢禄是如何继承、发展庄述祖经学研究的不同学术侧面而又相互补充的。他说刘逢禄重视《易经》、《春秋》,自己专攻《尚书》、《诗经》,刘的学术兴趣表明他与外祖庄存与的学术兴趣极为接近。庄存与也极为重视《易经》和《春秋》。㉞

庄绶甲运用不同来源的史料(其中包括东汉石经的残片),从两汉不同的师承门派追溯现存《尚书》(不包括伪《古文尚书》)的起源。他希望运用这种方法复原原始"古文"本《尚书》,汉代的两种《尚书》版本都是由此派生的。对现行"古文"的批评是以一种更为古老的"古文"本的存在为前提的。

庄绶甲还吸收那些前代考据学者对《尚书》关键字词考释的珍贵研究成果。他列出一个引人瞩目的名单,其中有清代著名学者阎若璩、惠栋、戴震、钱大昕、王鸣盛、孙星衍、段玉裁、臧琳。这个清代学者目录表明,庄绶甲将自己的研究视为清代考据学研究主流的一个分支。他还想通过小学的另一个分支训诂学恢复《书经》大义。㉟

庄绶甲尽管受到汉学的影响,却仍倾向于将汉学方法融入其祖庄存与阐发,后为庄述祖、庄有可补充以更多小学考证的公羊大义。他在自己的文集中,批评过《左传》,特别谴责刘歆在促成《左传》成为《春秋》正统注本过程中扮演的角色,尤其否认《左传》阐发《春秋》义例的说法。他坚信,这类说法是经古文派捏造的,它忽视了《公羊传》在阐释《春秋》大义方面的优越性。由于刘歆的影响,东汉许多博学之士也受欺蔽,认可了这样一部与注《春秋》无关的著作。㊱

庄绥甲通过自己的大量学术成果再次证明《公羊传》在《春秋》注释方面的中心地位,以及《春秋》作为一个整体在经学研究上的重要性。宋翔凤、刘逢禄作为庄绥甲的亲属、同学和同事,也将自己的卓异学术成果补充到常州今文经学体系上。

第四节 宋翔凤

宋翔凤在庄述祖的学生中名气不大,他一生只中过举人,中举时仅24岁。他仅担任过知县之类的下层官员,主要以学术研究为世所知。他的学术成果与常州今文经学关系密切。据他的传记记载,他精通训诂名物,其研究成果包括一部关于《尔雅》的论著。《尔雅》是汉代经注的资料汇编。

宋把名物训诂研究和重建西汉经学"家法"的著作结合起来,以使经典原有的"微言大义"(西汉今文经学阐述经义的方式)重新取得儒学话语的主导地位。宋翔凤在这方面的努力使庄存与、庄述祖的学说传给戴望等人,戴望又将其传予19世纪后期的学术界。㊲

一 《春秋》之"义"

宋翔凤强调《公羊传》的优先地位,他认为《春秋》的核心内容是"义"而非"例"。他继承明代以来的《春秋》研究方法,指责杜预以《左传》为基础的长期为人尊奉的"凡例"式的《春秋》研究是错误的。他指出:凡例愈繁,《春秋》义旨愈晦,对《春秋》义旨的理解亦失传。根据宋翔凤的观点,乏味的《春秋》释例直接导致宋儒取消《春秋》在科举考试

中的权威地位。王安石之所以指责诋毁《春秋》为"断烂朝报",就是因为杜预的研究把《春秋》贬为一堆凡例的汇编。㊳

历史考证的胜利导致历史本义的消失。过于偏重于《春秋》凡例的归纳要求相当的知识积累以保证其研究的精确性。这就导致学术研究中的见树不见林的流弊。宋翔凤为寻求经学考证与义理研究的均衡,呼吁折衷汉学考证与宋儒义理之学。

> 若知经而不明史,是通例而不通事;知史而不明经,是通事而不通例,惟有兼通事例,才不会产生流弊。
>
> 古之明经者,不泥于训诂考证,不流于牵强附会;他们既不陷于各种争论,也不流于玄虚之谈。因此,他们能明古圣之道,成为一代杰出的学者。
>
> 训诂之学,兴于汉而成于唐,义理之学,起于唐而盛于宋。训诂、义理若各执一编,或流于附会之说,或牵于虚空之论,则必为后世学者所讥弹。㊴

宋翔凤折衷汉宋的主张是 19 世纪儒士面临的社会和政治环境的折射。18 世纪知识分子大多忽视的众多难题摆到他们面前。例如,1814 年的《无锡金匮合志·儒林传》引言在强调考证在儒学话语中的中心地位的同时,又主张汉宋折衷。

宋翔凤同其常州族人一样,要求一整套能重新阐发《春秋》昭示的道德规范的儒学理论。在常州今文经学的学术体系中,考据本身不是目的,而只是理论和道德研究的补充。宋翔凤大力强调经学与社会、政治秩序的关系,表达出明确的学以经世的意图。他说:国不安源于道不行,士人难辞其咎也。㊵

今文经学研究推动了 19 世纪学界对常州学者一直指斥的琐细考证的批评。此外,学界对《公羊传》的日益重视刺激了 17 世纪常州浓郁的经世学风的再度兴起。在这个东林党人的故乡,经世传统从未完全消失。常州与无锡、武进的东林遗风关系密切,庄、刘两族因这种关系在倡导他们的 17 世纪先辈的经世传统时,要比常州其他人占据更有利的位置。

二 今文家对"孔子"形象的重塑

宋翔凤、刘逢禄放弃古文经学塑造的孔子形象,代之以今文经学对《论语》的重新解释。他们从《公羊传》转向《论语》,表明与其外祖庄存与一样信赖何休。庄存与认为何休是西汉今文"家法"最忠实的继承者。本书第七章将讨论刘逢禄重新辑录何休已佚的《论语》注的工作。这里首先讨论宋翔凤与刘逢禄性质相近的研究。他认为《论语》本身就包含着《春秋公羊传》阐发的大义。

宋翔凤和刘逢禄一样,竭力排斥经古文家对《论语》所作的通行注释。宋翔凤认为,孔子在《论语》一书中就已通过他最信赖的弟子们传与后人的微言表述了自己的主张。由此而言,《论语》阐发了《春秋》大义,宋翔凤以《论语》作为理解《公羊传》对《春秋》解释的辅助证据。他抛弃了孔子及其弟子去世后"微言大义绝"的传统说法,指出:

> 仲尼没而微言未绝,七十子丧而大义未乖。盖其命意备于传记,千百世而不泯者也,是固好学深思者之所任者。

《春秋》的微言大义并未失传,而是被后人掩盖了。㊶

宋翔凤为纠正经古文家以《左传》为基础对《论语》、《春秋》的错误阐发,致力于《公羊传》的研究。他认为,孔子在《春秋》一书阐发的理论,以及他的弟子们在《论语》中记述的孔子学说都保存于《公羊传》中。在宋翔凤对《论语》的重新阐发中,一个预言家、救世主形象的孔子重新出现了,它源于西汉。宋翔凤的学生、刘逢禄的支持者戴望曾这样论述用《论语》重述《春秋》大义的意义:

> 孔子身为素王,欲得使如尧、舜、汤、武为天下君,致纯太平。……仲尼之道,祖述尧舜也。……盖明托王之事,三代之改制。

汉代儒士董仲舒即认为,获麟是孔子成为"素王"的明确征兆,孔子于公元前479年去世前不久已受命于天。

> 颜渊死,子曰:"天丧予。"子路死,子曰:"天祝予。"西狩获麟,子曰:"吾道穷。"吾道穷三年,身随而卒。由此而观天命成败,圣人知之,有所不能救。

董仲舒认为,天赋予孔子拨乱反正、重建新朝新制的使命。孔子在世时尽管未完成这一使命,但是他可以以统治者的身份讲话,并预示大一统时代——汉朝的来临。今文经学从琐碎复杂的考证转向一套更为古老的有关孔子学说的理论和经学遗产。㊷

宋翔凤要使《论语》摆脱经古文家的解释。他认为,根据孔子《春秋》大义阐释其弟子在《论语》记录的孔子言论不失为理想方法。因此,宋翔凤根据《公羊传》解释《论语》。《春秋》和《论语》相结合,提供了一条揭示圣人即"素王"理论的重叠线索。经古文家力主的孔子形象在今文家攻击下再次受到重创。

> 《论语》今文学也。今文家传《春秋》、《论语》,为得圣人之意。今文家者,博士之所传。自七十子之徒递相传授,至汉不绝。

宋翔凤进一步指出,孔子经七十子到汉代官方认可的今文经学的直接师承关系为王莽篡权带来的社会动乱所打断。由于刘歆的支持,古文经一度取代今文经成为官方的正统学说。

> 自古文家得《周官经》于屋壁,西汉之末,录之中秘,谓是孔公所作。凡他经之不合者,咸断之曰夏、殷。其实,《春秋》乃孔子所定,本尧舜文王之意,述三代之治。㊸

宋翔凤明确地把今文经学研究与《周礼》辨伪史联系到一起考察。这样做就使两个平行而不相干的课题结合到一起。18世纪,庄存与认为《周礼》与《春秋》相辅相成,到19世纪,宋翔凤则认为二者相互抵触。杨椿等人尽管指责《周礼》由刘歆、王安石等先后伪造和利用过,但还没有将《周礼》的真伪与古文经学联系到一起。宋翔凤指责刘歆窜乱《春秋》,但没有认定他是《周礼》的作伪者。尽管如此,宋翔凤对今文经学的《春秋》、《周礼》研究所做的贡献仍然是很重要的。⑭

两汉经学研究"家法"的不同成为讨论《周礼》、《春秋》二者异同的焦点问题。《春秋》、《周礼》因今文经学捍卫者与古文经学支持者的争论而失去了前人所推测的两者相辅相依的关系。两种对立的经学主张渗入到对这两部经典的阐释之中。九经之一的《周礼》来源的可疑性——按宋翔凤的说法,没有师承流传线索——现在被今文家当做把柄,为他们倡导的孔子地位高于周公、《周礼》价值不及《春秋》的主张辩护。在宋翔凤的眼里,东汉经学的家法远逊于西汉时期各经学派别环环相扣的家法师承关系。⑮

三 今文学的微言大义

宋翔凤尊孔子为"素王"。当时,一些学者辑出西汉的谶纬文献成果为宋的这一主张提供新的佐证。西汉时期,今文经学与谶纬相结合。承认孔子为素王就意味着认定孔子于乱世受天命。宋翔凤指出:现代的官员士绅都不了解孔子,惟天知孔子,命他接受上天委任的"素王"的使命。宋翔凤的这套主张既不符合宋儒的理性原则,也不为考据学的实证方法所证实。它转向对孔子预言家形象的信仰。孔子著《春秋》笼罩着神秘的色彩,这种观点对学者的吸引力不逊于《左传》对孔子的理性和历史的记载。

《春秋》结尾的"获麟"记载对今文经学家具有一种特殊意义。《公羊传》曾以充满预言气息的语言讨论过此事。

> 何以书?记异也。何异尔,非中国之兽也。然则孰狩之,薪采者也。薪采者则微者也,曷为以守言之?大之也。曷为大之?为获麟大之。麟者,仁兽也,有王者则至,无王者则不至。有以告者

曰:"有麛而角者。"孔子曰:"孰为来哉?孰为来哉?"反袂拭面,涕沾袍。颜渊死,子曰:"噫,天丧予。"子路死,子曰:"天祝予。"西狩获麟,子曰:"吾道穷矣。"㊻

在汉代的纬书中,"素王"孔子具有特殊的神性,可以使那些熟悉惯常圣人形象的人大吃一惊。在《春秋纬演孔图》一书中,孔子曾以这样的方式向世人预言:

(孔子)胸文曰:制作定世符运。孔子身长十尺,坐如龙蹲,望之如朴,就之如升,视若营四海。……得麟之后,天下血书鲁端门曰:趋作法,孔圣没。周姬亡,彗东出。秦政起,胡破术。书记散,孔不绝。

尽管汉代谶纬的迷信内容引起大多数汉学家的反感,但是,这些纬书均出于汉代,仅凭这一点,它们就有资格被用于更有价值但属同一个时代的其他文献的辑佚工作。其实,著名考据学者钱大昕、王念孙都常用纬书校勘其他文献。因此,不仅西汉今文经学可以取代东汉古文经学取得汉学的资格,就是西汉的纬书也可得到这一资格。㊼

在其他学者中,19世纪的黄奭致力于纬书的辑佚工作,并重构经学与纬书的关系。后来康有为和其他人求助于一个更富有宗教色彩的孔子形象时,纬书复兴的意义已超出狭隘的文献考证范围,对晚清今文经学富有宗教色彩而理性不足的走势有深刻的影响。考证训诂重新为汉以降士人避之惟恐不及的学说及理论的复活开辟了道路。㊽

宋翔凤运用《公羊传》建立今文经学对《论语》的解释,这与用纬书资料补充汉代经学研究是一致的。宋翔凤曾阐发《春秋》"不书"与《论语》中孔子就许多问题"无言"的联系,断定这些"不书"、"微言"之处恰是孔子隐含微言大义的明证。㊾

古文经学坚持认为,孔子《春秋》对"性"、"命"理论建构的沉默表明他对玄学的厌恶。因此,在古文经学的《论语》解释中,孔子似乎怀疑和冷淡理论思辨的价值。这一孔子形象带有浓郁的理性主义色彩,也最为西方人熟知。赫利·克利尔（Herrlee Creel）等人声称孔子未修《春秋》，因为《论语》从未提及此书。克利尔对古文经学观点的发挥超出其提倡者预想的范围，孔子在此又成为一个回避迷信的"不可知论"者。⑩

宋翔凤为改变古文经学的优势，把《论语》与《春秋》综合起来，进行综合分析。宋认为，只要把《春秋》与《论语》综合起来考察，就不难看出，《论语》的"不言"就是《春秋》的"不书"，《春秋》的微言大义可以被用来理解《论语》的意蕴。孔子不是一个怀疑主义者，而是以其弟子记述的隐秘形式表述自己的观点。在宋翔凤看来，恪守古文经学传统的汉学家误解了《春秋》、《论语》，因而也误解了《五经》的义理。

> 谓孔子不言性与天道，而学者误为孔子之言自然与天道合，非唯失于文句，实乃大乖意旨。㉛

宋翔凤讨论过《春秋》、《论语》成书时的学术氛围，以证实孔子《春秋》及孔门弟子在《论语》中记述的"微言大义"。宋翔凤还论及道家哲学家老子——与孔子同时代的学者，他似乎是一位崇尚黄帝的自然主义学说的圣人。宋翔凤认为，这些学说保存于《归藏》之中，《归藏》奠定了《易经》宇宙论模式的基础。宋翔凤认为，孔子对《易经》的研究表明他和老子一样对古代圣人传下来的理论内容极有兴趣。因此，他断言：《春秋》是孔子微言大义的渊薮，孔子学说源于《易经》。㉜

在讨论"孔、老之道同源"的问题时，宋翔凤批驳汉学家对孔子《春秋》"不书"的解释。汉学家认为孔子的"不书"是讲求实用，反对玄学空谈的体现。宋翔凤彻底地反叛汉学，纠正汉学对宋儒道德理论的批评，认为孔子的"不书"恰恰说明古文经学缺乏理论思维。宋翔凤曾注释《论语》子贡讲的一段话。"夫子之文章，可得而闻也。夫子之性与天道，不可得而闻也。"他发现古文经学的相关解释忽略了孔子编修六经的初衷。孔子不是因"不书"放弃自己的学说，而是借此证实自己的学说。㉝

甚至连孔子的学生都不明他的用意。子曰：予欲无言。子贡曰：子如不言，则小子何述焉。子曰：天何言哉！四时行焉，百物生焉，天何言哉！宋翔凤认为，孔子借"无言"、"微言"超越通常的话语。所以，"性"与"天道"的讨论是不能用通常的术语讨论的微言大义。孔子的"说"同天"说"一样，只供那些能倾听的人理解。㊾

这段记载中与道家学说明显相近的内涵没有被今文经学家忽略，今文家们用《论语》印证《春秋》大义。宋翔凤重建孔子微言大义时，要求精通汉代经学遗产。宋翔凤讨论《春秋》的结尾——获麟，以及《论语》的文化危机感时，认定二书保存着一位"素王"在礼崩乐坏之时留给后人的"微言大义"。孔子在沉睡了许多世纪之后，又一次以唯意志论的圣王形象出现于一个新的动荡时代。

注　释

① 庄述祖传记见《毗陵庄氏增修族谱》(1935)，21.26a—b 页。庄述祖更详细的传记见台北故宫博物院所藏传稿，no.4470。李兆洛《珍艺宦遗书》。李为庄述祖所作传记，见李兆洛《养一斋文集》，13.5a—6b 页。

② 王念孙《申受府君行述》，12.47a 页；李兆洛《养一斋文集》，3.13b—14a 页。李为庄述祖所作《珍艺宦遗书》序，见徐珂《清稗类钞》，69/28 页。

③ 台北故宫博物院传稿，no.4470；李兆洛《珍艺宦遗书》序。关于考证学者的职业模式，见拙著《从理学到朴学》，95—137 页。

④ 庄述祖为《夏小正经传考释》所作序。《夏小正》一文收在戴德所编《礼记》一书中。

⑤ 庄雅州《夏小正析论》，1—7 页。有关《水经注》的讨论见拙著《从理学到朴学》，225—226 页。

⑥ 庄述祖为《夏小正音读考》所作序，5a—6a 页。

⑦ 庄述祖《文稿》，5.7a—10a 页；李新霖《清代经今文学述》，178 页。

⑧ 庄述祖《夏小正音读考》序，5a—b 页。

⑨ Tjan Tjoe Som《白虎通研究》；日原利国《白虎通义研究序论》，63—64 页。

⑩ 庄述祖《白虎通义考》，1a—6a 页，及该书《校勘记》部分，同上书，4.5a—6a 页。

⑪ 庄述祖在杜预《春秋释例》方面的贡献，见其《春秋释例》序。

⑫ 庄述祖《历代载籍足证录》，1.20a 页。

⑬ 庄述祖《说文古籀疏证目》，25a 页。庄述祖曾就这一问题和宋翔凤通过信，见庄氏《文稿》，6.26a—27b 页；庄述祖《历代载籍足证录》，1.3a—3b 页。

⑭ 庄述祖对汉代石经的论述见《文稿》，5.27a—28b 页，有关《逸周书》的论述见其《文稿》，5.31a—32b 页。庄述祖给刘逢禄的信见《文稿》，6.23a—23b 页。

⑮ 庄述祖《尚书今古文考证》，见拙著《从理学到朴学》，207—210 页。

⑯ 庄述祖《尚书今古文考证》；刘逢禄《尚书今古文直解》序。

⑰ 周予同《经今古文学》，28—29 页。

⑱ 庄有可的传记附见台北故宫博物院传稿，no.4470。另见庄有可的年谱，见《毗陵庄氏增修族谱》(1935)，12A.36a—39b 页。

⑲ 《毗陵庄氏增修族谱》(1935)，5.74 页。

⑳ 《武进阳湖县合志·艺文志》(1886)32.4a、5b、7a、10a—b 页著录了庄氏已刊著作的目录。拙著《从理学到朴学》130—133 页讨论过文人角色的转变。

㉑ 《武进阳湖县合志》(1886)，32.4a、10a—10b 页。庄述祖致有可的信见《文稿》，6.25a—b 页。

㉒ 《毗陵庄氏增修族谱》(1935)，12A.36b 页；庄有可为其《周礼指掌》所作序。

㉓ 庄有可《今文尚书集注》；《慕良杂纂》，2.9a—b 页。

㉔ 有关讨论见拙著《作为哲学的批评》。

㉕ 有关例证见《揅经室集》卷一，213—214 页。

㉖ 庄有可为《今文尚书集注》所作序；《慕良杂纂》，1.1a 页。庄述祖《历代载籍足证录》1.1a—21b 页讨论过这封信对这一问题的贡献。庄述祖《文稿》，6.25a—b 页。

㉗ 李兆洛《珍艺宧遗书》序。庄绶甲的传记附见于台北故宫博物院所藏庄述祖的传稿，no.4470；李兆洛为庄绶甲所作传记见《养一斋文集》，12.31b—33b 页。

㉘ 《毗陵庄氏增修族谱》(1935)，9.6b—8a、19a 页；《武进庄氏增修族谱》(1840)，13.25a—26a 页；李兆洛《拾遗补遗斋遗书》，1b—2a 页。

㉙ 《武进庄氏增修族谱》(1840)，22.55b 页；李兆洛《养一斋文集》，18.4b—5a 页；《李申耆年谱》，2.7a—b、3.30b 页。

㉚ 庄述祖《文稿》，6.26a—27b 页。

㉛ 庄绶甲《释书名》，1a—6a 页。

㉜ 同上书，7a—10b 页。

㉝ 同上书，6a、10b—19b 页。

㉞ 庄绶甲《尚书考异序目》，1a 页。

㉟ 同上书，1b—2b 页。

㊱ 庄绶甲《文稿》，9a—13b 页。

㊲ 宋翔凤的传记附见台北故宫博物院所藏刘逢禄传稿，no.4455(1)；汤志钧《清代常州经今文学派与戊戌变法》，73—76 页。

㊳ 宋翔凤《朴学庐文钞》，3a—3b 页。

㊴ 同上书，5Aa—5Ba 页。

⑩ 同上书,5Ca—5Da 页;《无锡金匮县志》(1814),21.1b 页;拙著《从理学到朴学》,233—248 页。

⑪ 宋翔凤《论语说义》,393.3b 页。

⑫ 戴望《论语注》,20.3b 页。戴望传记附见台北故宫博物院所存刘逢禄、宋翔凤传稿,no.4455(1);苏舆《春秋繁露义证》,5.4a、6.4b 页。进一步讨论见冯友兰《中国哲学史》卷一,71—72 页;魏斐德《历史与意志》,105—106 页。

⑬ 宋翔凤《论语说义》,389.1b,3a 页。

⑭ 同上书,393.3a 页。

⑮ 同上书,389.3b—4a 页。

⑯ 同上书,389.1b、13b 页;《春秋经传引得》,487/Ai/14 页;马尔姆维斯特《公羊传与穀梁传研究》;司马迁《史记》卷四十七的有关论述,该书择要作了论述。有关讨论见岛田虔次《辛亥革命时期的孔子问题》,5—8 页。

⑰ 冯友兰《中国哲学史》,129—130 页;苏舆《春秋繁露义证》,7.13a—14b 页;达尔《汉代谶纬文献》,28—29、524—526 页。The cowherd. Pleides, ladle 都属于 28 宿。木铎是《论语》的一个隐喻。《论语引得》,5/3/24 页。对文化的毁灭指公元前 213 年发生的焚书坑儒事迹。近藤光男《清代的经学和纬书》,251—269 页。

⑱ 原田正己《清代思想家的纬书观》,273—299 页;李新霖《清代今文学述》,156—157 页。传统观点认为古文经学是理性的,今文经学是迷信的,这种说法过于简略。西汉刘歆和东汉的郑玄都在自己的学术研究中运用纬书。见 Tjan Tjoe Som 论《白虎通》的著作卷一,144 页。杨向奎《经史斋学术文集》,139—142 页。

⑲ 宋翔凤《论语说义》,391.6a 页。

⑳ 克里尔《孔子和中国的道》,103—104 页;克里尔《孔子是不可知论者吗》。

㉑ 宋翔凤《论语说义》,391.6a 页。

㉒ 同上书,392.1b—3a 页;Shchutskii《易经研究》,95—98 页。宋翔凤运用《老子》证明孔子不是一个不可知论的理性主义者,这种论点不完全成立。今文经世学者魏源后来重新评价东汉以来影响道教至深的佛教学说。他力图恢复先汉道家原貌。先汉道家倡导清静无为和经世致用,这种主张源于《黄帝》、《易经》。在 19 世纪的今文经学家眼中,儒家、道家的自然主义,经世学说与其说是相互抵触的,不如说是相互补充的。清代儒道会通的努力并不使我们意外,因为西汉今文经学家董仲舒就会通儒、法、道三家,为汉帝国建立起一套可行的意识形态理论。

㉓ 宋翔凤《论语说义》,391.6a—8b、393.1a—2a 页。又见劳英译《孔子》,70 页;《论语引得》,8/5/13 页。

㉔ 宋翔凤《论语说义》,397.5a—6a 页;《论语引得》,36/17/17 页;劳英译本《论语》,146 页。

第七章　刘逢禄与今文经学

刘逢禄在许多方面都是常州今文经学发展至顶峰的象征。刘逢禄之后,今文经学走出其二次发源地——常州,因魏源、龚自珍著作的影响成为19世纪前期知识界极有影响力的思潮。1820年前后,刘逢禄享誉京城,龚、魏二人曾向刘逢禄问学。①

第一节　刘逢禄的仕途经历

刘逢禄少年成名,这主要得益于他的两个财力雄厚、名望显赫的家族的文化资源。刘逢禄早年即被誉为常州的神童,与比他年轻的李兆洛齐名。刘逢禄和李兆洛都是在常州地方科举考试中最出色的学生,被誉为常州"两申"。李兆洛尽管是常州汉学的产物,但景仰庄存与的建树,与庄氏家族关系密切。

刘逢禄直到1814年才中进士,据戴望记载,他1805年考举人时的试卷已引起世人瞩目。他用《公羊传》解释经典,这使阅卷者大为震惊。刘逢禄因此被尊为国士,今文经学由此传入北京。②

这当然与其出众的家庭和家族声望有关。他的祖父刘纶、外祖父庄存与长期为官京师,在上层官僚中留下自己的印记(详参第二章)。而且,刘、庄两族子弟几代都举业顺达,官属高位。和珅势力消除后,刘逢禄在19世纪继承了这笔遗产。他在1814年的殿试中名列前茅,任职翰林院,不久便入礼部——通向朝廷显官要职的必经过渡(详参第三章)。③

刘逢禄身居礼部,不甘于为官平庸。例如,1820年嘉庆帝因晕眩突然去世后,刘逢禄运用自己的经学造诣为嘉庆帝的葬礼拟订出一套建议、规程。他还写过一封热情洋溢的建议上书河南学政,建议让汤斌配享山东曲阜孔庙。刘逢禄对这位清代前期颇有争议人物的表彰得到礼部尚书王廷珍的支持。道光皇帝采纳了刘的建议。④

刘逢禄运用非凡的历史造诣,在礼部对外事务处理方面确立了自己不寻常的地位。例如,他精通《春秋》义例,这在1824年就显得珍贵无比。当时,越南热衷于中国文化的明命帝(音译)的使团出了差错,越南使团的负责人拒绝中国官方拟定的道光皇帝致越南国王敕令的某些语汇。这位使臣因敕令中称越南为"外夷"而大为不满。"外夷"源于"内诸夏"与"外夷戎"之别,这种差别特别盛行于周代。它也是《公羊传》解释《春秋》记载对外交往时常用的一个术语。⑤

这一事件表明,不仅西方,甚至连亚洲向中国朝贡的国家也对儒家礼治主义对他们的蔑称表示不满。作为一个侍奉满洲统治者(他代表蛮族征服者)的汉族官僚,刘逢禄必须小心应付越南人的不满。他同庄存与处理1758年的旗人骚动一样,陷于以华夏本位为基础的经典遗产和外族统治中国的政治现实的夹缝之中。庄存与因要求满蒙旗人与汉人一样遵守科举考试标准而引起骚乱,刘逢禄的应对之策则更为老练。

越南使臣建议不用"外夷",改用"外藩"。"外藩"的歧视色彩相对弱一些,它专指由理藩院负责管理的蒙藏各部。清廷通过理藩院区分满洲和中国其他少数民族,负责不属于常规官僚机构处理的北方及西北边疆地区事务。

刘逢禄小心翼翼地运用经学知识处理此事。他注意到《周礼》将围绕国都的地区分为九服,其中"夷服"位于王畿7 000里之外,藩服位于王畿9 000里之外。刘逢禄由此断言:"因此,'藩'是指比'夷'与中夏更疏远的国家。"因此,清朝称越南为"夷"体现着周代处理外交事务方式所表现出的更为亲近之意。⑥

接着，刘逢禄引证了汉代《说文解字》的文字学事例。语言学被运用于外交文书。刘逢禄认为，古代大多用"物"部首的字表示中国以外的民族。"夷"字旁的字不像"物"部首的字包含着明显的轻蔑色彩，"夷"字由"大"、"弓"两字组成，有尊重周边民族的含义。

刘逢禄认为，用"外夷"称呼越南是乾隆皇帝制定的政策。四库馆臣征集校订群书时，被整理的古今许多书籍都有"夷"字，乾隆帝下令无须删改书中这些"夷"字。当时，如有人用诋毁性字句攻击朝廷或旗人，就会受到严厉的惩处。乾隆的命令就是在这个背景下颁布的。⑦刘逢禄审慎地指出，在乾隆朝禁毁反清文献和考察满洲起源期间，皇帝本人否认"夷"有轻蔑之意。

刘逢禄又援引清朝"六合一家"的文化统治思想，向越南使臣阐发清朝华夷一体的政策。他还提及1770年乾隆帝为编纂《满洲源流考》而下的诏谕，诏谕中说"舜"是"东夷之人"，这是孟子说过的。孟子还提到周朝的建立者"文王"是"西夷之人"。

乾隆引用孟子的说法是要抵消汉族的华夏中心主义观念。刘逢禄则引证孟子的话驳回越南人的请求。既然圣人都是"夷"人出身，越南人声言他们在儒家世界秩序中的地位受到损害的说法显然是不真实的。据清朝关于此事的史料记载，越南使臣得到刘逢禄的回复后，默默而退。当然，乾隆帝和刘逢禄的这套策略不能应付太长的时间，满汉冲突、中西对立最终还是在鸦片战争和太平天国起义中爆发了。⑧

刘逢禄在礼部任职12年，因善于"以经义决疑事"而为世称道。1817年，他运用《春秋》义例解决安徽的家庭继承权纠纷。1824年，又以此解决了一场丧葬争议。在1817年的争议中，礼法被用来决定妻子的地位如何影响家庭继承权。在1824年的争断中，他引用何休的《公羊解诂》作为权威性依据来判定死者应着葬服的式样。⑨

刘逢禄从庄存与、庄述祖那里接受了公羊学训练，他因此可以追踪西汉经学传统，这种传统似乎在解决外交来往文书、法律难题方面特别有用。刘逢禄及其他今文学者重新发现汉代经学研究及其与礼、法制度的联系还适用于对现代问题的解答之后，再次重申经学研究在政治话语中的核心地位。⑩

第二节　刘逢禄与汉学

刘逢禄不同于他的外祖父,他主要因学术声望而非官职赢得世人的尊重。他在京期间,与当地的一流学者关系密切,这种关系有利于使常州今文经学转化为全国性学术。

在刘逢禄的京城好友中,有一些是当时一流的考据学者。他除与常州学者李兆洛、孙星衍、恽敬、张惠言等过从甚密外,还和当时的汉学护法——扬州的阮元交往甚多。阮元一生的精力主要集中于推动汉学的发展,到 19 世纪 20 年代,他的学术观点日趋平和,采取兼容汉宋的立场。

一　刘逢禄与阮元

1820 年前后,刘逢禄敦促阮元重刊《十三经注疏》,该书汇集汉唐及宋初的主要研究成果。刘还建议阮元将清代经学研究成果汇编为一部宏大的丛书,结果是 1829 年《皇清经解》的问世。该书历经著名的学海堂四年的筹划和编纂,在国内学界引人瞩目,并流传到朝鲜、日本和西方。《皇清经解》被认为是《十三经注疏》的延续,是清代考证学研究成果的集中体现。⑪

阮元对清代学术的主要贡献是他推动了以崇尚郑玄、许慎等的东汉古文经学为主的汉学运动的发展。刘逢禄要求阮元把那些研究西汉今文学家法的成果也收入《皇清经解》,这些成果多以董仲舒、何休的经学为基础。《皇清经解》最终收入了一批与常州今文经学有关的学术论著,内有庄存与的《春秋正辞》;孔广森的三部著作,包括他的《春秋经传通义》;刘逢禄的七部著作,包括他的名著《公羊春秋何氏解诂笺》、《春秋左传考证》;刘逢禄的弟子凌曙的两部著作,其中有《公羊礼疏》。⑫

阮元与研治公羊学的学人来往并为他们提供赞助,他本人晚年也对西汉今文学派产生了相当的兴趣。他为孔广森《春秋经传通义》所作的序中追溯了公羊学的源流和清中叶复兴之前的变迁,指出了孔广森与何休公羊学的四点差异(刘逢禄在批评孔广森的公羊学著作时曾讨论过这些差异,详后)。他断言,《公羊传》在阐发孔子精心发挥于《春秋》的微言大义方面要优于《左传》。⑬

1793年,阮元任山东学政。在此期间,他重修汉代学者郑玄祠,此举表明,阮元把郑玄看做东汉古文经学"家法"的关键人物。1801年,他任浙江巡抚,在杭州创办诂经精舍。他指出,这所学校的命名是为纪念东汉学者郑玄和《说文解字》著者许慎的学术研究。⑭

1820年,阮元在广州创办学海堂,该校倡导与杭州诂经精舍相同的汉学研究。学海堂这个校名的来历与诂经精舍不同,后者是纪念许慎、郑玄,前者则是为了纪念今文经学家何休,因为他的经学造诣渊深似海。由此可见,到19世纪20年代,庄存与重新发现的何休和公羊学传统已不仅是与庄氏家族相关的常州地方学术传统。⑮

学海堂八山长之一的徐荣(音译)曾阐发阮元为学海堂所取校名的意义。1824年,他为学海堂在越秀山上新建的一座建筑物赋诗,诗中写道:

> 碧玉楼高不可寻,南园南望莽萧森。
> 清泉精舍无遗址,宝月孤台孰嗣音?
> 百代渊源前日事,千间广厦古人心。
> 会将两汉公羊学,直扫浮华见古今。⑯

阮元与许多和常州今文经学有联系的学者存在私人交往。凌曙是刘逢禄的学生,他后半生做阮元的助手,还教过阮元的儿子。阮元的密友程恩泽是一位著名学者,辅导过许多与今文经学有关的学者。程在北京的朋友有刘逢禄、魏源、龚自珍,这些人的经世主张和政治活动受到广泛注意。19世纪早期汉学与今文经学上述的众多联系表明,我们应扩大对今、古文之争的理解,进一步讨论常州今文经学进入考据学主流的方式。⑰

二 考据式认识论手段

常州庄、刘两族学者的公羊学研究折衷汉宋,经庄述祖、庄有可、庄绶甲的努力初步赢得了国内学界的注意。他们把庄存与的公羊学研究兴趣和考据方法结合起来,而刘逢禄最终完成了这二者的一体化。汉学最新考据成果参与到西汉今文经学的重建工作之中。它使一流汉学家们注意到公羊学理论,这些汉学家们开始看到并注意到,应吸收庄存与的研究成果,消除汉宋之争的有害影响。

刘逢禄同样认识到,应运用考证学的实证方法补充、支持庄存与及其常州今文学者取得的理论成果。如果没有考据学的支持,公羊学研究就缺乏认识论手段,无法使自己在诸如编纂《皇清经解》一类的活动中,获得和考据学主流一样的重视。庄存与的易学著作就因为没有运用考据方法(如第四章所言),被阮元拒绝收入《皇清经解》。18、19世纪之际,考据学方法得到广泛应用,成为一种认识论工具。一部著作若缺少考证方法的应用,就得不到学界的认可。这种学术变迁对于今文经学和汉学一样真实。

如同庄述祖、庄有可业已证明的那样,考证不是某一派的垄断物。刘逢禄对文字音韵训诂之学投入了相当精力,因而赢得汉学同行的赞赏。刘逢禄在汉学研究,特别是古音研究领域贡献卓著。而今文经学一旦和考据结盟,就得到了赢得学界认可的认识论手段。⑱

第三节　刘逢禄与今文经学研究

在刘逢禄手中,今文经学从一种独特的理论学说转变为公认的汉学形式。刘逢禄运用考据为公羊学对经典的解释提供了知识论依据。他为今文经学赢得学界的完全承认开辟了道路。当时,宋翔凤因怀疑《周礼》的真实性而对古文经的可信度提出质疑(详参第六章)。与此同时,刘逢禄就古文经的起源及其他与公羊学有关的经学问题补充了更多的小学证据。⑲

当古文经的可靠性受到日渐强烈的怀疑之时,一个多世纪以来汉学家们提出的考据佐证不知不觉地成为今文经学的有力武器。19世纪的大部分时间内,今文经学获得了具有文献学可靠性的名誉,与受到怀疑的《周礼》、《左传》、《古文尚书》的处境形成鲜明的对比。尽管19世纪的《五经》研究整体上不一致,考据学方向则是明确的。

17、18世纪,重建汉学遗产的努力采用了复兴东汉以训诂音韵为主的学术传统的形式。18、19世纪之际,常州今文学者继续推进这场回归经典真实起源的运动,他们集中研究西汉今文经学的家法,视之为发掘儒学遗产更为可靠的来源,以扩大自己的知识视野。甚至连那些与常州今文学派没有直接关系的考据主流派学者也转向这一领域。⑳

福建学者陈寿祺就是知识界普遍存在的学术转变的很好例证。陈寿祺是第一批承认《尚书》今文经优于古文经的学者之一,属今文经学的考据家。19世纪前期,陈寿祺完成西汉今文学派《尚书》经说的辑佚工作,对段玉裁及其古文派学者的发现作了修订。他的儿子陈乔枞继承其父的事业,除校订《尚书》今文经说外,还有其他著作,其中收集了过去两个世纪考据学者围绕《古文尚书》所取得的成果。陈氏父子与庄述祖、刘逢禄一样,倡导西汉今文"家法"通用的今文本《尚书》,指责古文本《尚书》。㉑

训诂考证成为重构经学遗产的方式。考据家相信只有对儒家经典予以文献学层面的精确理解,才能得到义理。因此,他们扭转宋明理学的治学方向,以语言学而不是哲学作为重构古代学术遗产的不二法门。刘逢禄的过人之处在于对古文经的文献学批评上所发挥的关键性作用。他在转向公羊学之时,就视此为重建长期湮没而为庄存与开拓的今文经学的文献学前提。公羊学至此得到考据话语做基础。积极的公羊学理论和汉学的知识主义传统相结合,最终形成了今文学派。㉒

诚如刘逢禄的官修传记作者所言:刘逢禄的学术建树在于既贯通大义,又无琐碎之弊。刘逢禄虽是庄存与的学生,但他从何休转向西汉董仲舒的今文经学。汉学的一致性实质上消失了,刘逢禄的学术转变

标志着他和郑玄及东汉古文经家法的告别。㉓

刘逢禄认为东汉古文经学过分琐碎,西汉今文经学可以取而代之,成为儒学的理论基础,西汉今文经学重视义理,东汉古文经学重视训诂,二者几乎完全对立。这种对立以新的方式体现为汉学和宋学的对立。今文学派向刘逢禄及其他人提供了一种寻求义理、考证彼此平衡发展的文献学途径。㉔

一 刘逢禄与钱大昕

刘逢禄明显的学术折衷立场同时表现于不同方面。他的今文经学的折衷主张的中心是孔子的《春秋》,他视之为探求"圣人之旨"的关键。他于19世纪曾著文批评钱大昕的《春秋论》,显示出理论勇气和学术上的诚实精神。钱大昕是乾隆朝最著名的汉学家,惠栋死后,又成为苏州汉学传统的代言人。如同其祖庄存与反对扬州、苏州的汉学传统,刘逢禄坚信自己的学术扎根于庄氏经学传统,可以向汉学巨子挑战。

钱大昕秉承宋代以来的怀疑主义解释传统,认为《春秋》"无书法",圣人也没有借此阐述自己的"褒贬"秘义,它只是一部"记述之史"。因此,《左传》是《春秋》最佳的注释,因为《春秋》只是史书纲目,《左传》补充了大量的资料,使之更为丰满。《公羊传》讨论的都是些缺乏经学研究价值的诬罔之说。㉕

刘逢禄准确地发现,钱大昕把《春秋》仅视为史事记录的说法,只是早先王安石观点的再现,王安石即指责《春秋》为既缺乏道德内涵又没有实用价值的人名、地名记录。刘逢禄为《公羊传》辩护:

> (钱大昕)非公羊不及左氏,乃《春秋》之不及左氏也。左氏详于事,而《春秋》重义不重事。左氏不言例,而《春秋》有例无达例,惟其不重事,故存什一于千百,所不书多于所书,惟其无达例。㉖

刘逢禄承认《左传》的史学价值。但是,他又认为,《春秋》是一部经典,《左传》只是史书,前者的主旨与后者对《春秋》的注释存在巨大的理论差距。钱大昕及早先的学者都根据《左传》琐碎记事的分类研究《春秋》。刘逢禄则尊奉《春秋》为经典,并由此批评了将《春秋》贬为史书的主张。汉学家们关于经、史起源的争论出现了。刘逢禄批评钱大昕的观点,更为明确地阐述了今文经学与之相反的超历史观点。

二 经与史

早在17、18世纪,经、史关系之争业已出现。18世纪晚期,史学研究的影响几乎不逊于经学研究。经学的普遍性和史学的特殊性曾是区分经、史的理论界线。现在,这种区分受到质疑。例如《尚书》和《春秋》都是上古留下的史书,却成为经典,解释"经"、"史"之别就成为一个时常提起的难题。㉗

作为经学、史学两方面研究的专家,钱大昕甚至提出超乎其他多数学者的主张——经、史无别论。钱认为,古代经、史不分,汉以后四部分类法出现后,才出现经与史的区别。因此,钱大昕反对重建经学传统时以经压史的偏向。他认为,史学与经学具有同等价值。㉘

钱大昕及其好友、妹夫——王鸣盛等考据学者都反对毫无用途的玄谈、武断的褒贬传统,崇尚以考证方法描绘历史的真实面貌。苏州汉学信徒王鸣盛坚信:"议论褒贬皆虚文耳。作史者之所记录,读史者之所考核,总期于能得其实焉而已。"钱大昕认为,历史事实本身已经褒贬自显。在钱大昕看来,褒贬的确立与朝廷断狱相似,从《春秋》推断出来的无法证实和神秘褒贬的理论肯定缺乏史料依据的支持。钱、王二人都反对下列先验假设:孔子的《春秋》是历史基本"义理"的模式和体现。㉙

18世纪晚期,历史学者章学诚提出"六经皆史"的著名口号,这一口号应从钱大昕、王鸣盛等历史考证学者所做的学术建树的背景下加以理解。他们为章氏戏剧性主张的提出提供了舞台。章氏的主张在于使经学史学化,将经典置于史学范围考察、研究。我们应注意到,这种对《春秋》先天具有的至尊地位的贬低同时威胁到孔子作为史家的地位。既然《春秋》缺乏实际用途,其著者的地位就不言而喻了。㉚

章学诚就声称,孔子只是先秦诸子中最主要的一家,儒学仅是百家中的一家。孔子的意义仅在传播西周周公的学说。章学诚对周公、孔子不同地位的论述重新掀起《周礼》(与周公有关)优于《春秋》(与孔子有关)的争论,而恰在此时,庄存与及其常州亲属们正在发挥《公羊传》描述的孔子形象,视之为借历史宣示经典真理的圣人。

围绕孔子地位的争论反映出18世纪对宋学道统论日益增长的不满。宋代以来,孔孟成为经学的核心。章学诚则认为(他为《周礼》辩护,无意之中站到古文家的立场上)周公才是三代最后一位圣人,孔子则不是。当今文经学家要切断《春秋》与《周礼》的联系,尊《春秋》而贬《周礼》之时,古文经学家则为推崇《周礼》而强调二者的联系。两种对立的观点都在走向一个共同而尚不清楚的结局,将汉学传统分为今文、古文两个阵营。㉛

常州今文家倡导的非正统公羊学意味着一种与古文派对立的有关孔子历史地位的学说正在18、19世纪之际形成。今文经学家不太重视孟子,这反映出他们与宋明理学的差别。对于刘逢禄和其他今文学者,孔子才是三代的中心人物,周公则不是。

因此,刘逢禄对钱大昕观点的批评不仅是其个人不满于钱大昕《春秋》论点的流露,而且是汉代今、古文之争再现的充分反映,它也反映出经学和史学的对立。今文经学者没有顾及宋明理学正统学说在士绅学者中业已黯然失色的处境,力图把经典从站在古文经学立场的史学家手中拯救出来。

刘逢禄与庄存与一样,都视《公羊传》为核心典籍。他认为,学者们都在寻求圣人的智慧,圣人之道萃于六经,而明道的关键则在于《春秋》。不了解《春秋》凡例,无论考证工作如何精到,都无法理解《五经》之道。㉜

三 刘逢禄与孔广森

刘逢禄在《春秋论》的第二部分,讨论了孔广森的公羊学研究。孔广森是孔子的直系后代,1770年前后一度从庄存与受学。刘逢禄赞赏孔广森对《公羊传》与汉代家法关系的认识,但认为他不承认何休《公羊传》为西汉今文家的嫡传,因而有误解东汉经学传统之处。他批评孔广森过于注意收集汉以后今文经学家法的解说,反倒忽略了何休与西汉今文经学的历史联系。常州今文学者认为,何休是西汉今文经学的一线单传。今文家法源于西汉的太学,当时,博学之士胡毋生、董仲舒都推崇《公羊传》。㉝

刘逢禄认为,孔广森因不承认何休是《公羊传》笺释《春秋》本义的嫡传,因而忽略了公羊学的早期经师和七十子传予后人的理论学说。刘逢禄特别强调指出,孔广森误解了西汉公羊学的基础"三科九旨"说,他与其说是依据《公羊传》或《穀梁传》的正宗解释阐述己说,不如说是仰赖经典本文印证己说。

刘逢禄认为,孔广森忽视东汉何休对"三科九旨"意义的阐发,而采纳一些不正宗的、歪曲"三科九旨"本义的解释。一位常州今文经学家为捍卫孔子,竟向孔子的嫡系后代发起攻击,这是多么具有讽刺意味。刘逢禄实际上是指责孔广森已陷于贬低孔子地位的古文经学主张之中。而常州今文经学者正在高扬他的地位。㉞

孔广森与刘逢禄解释的差异至关重要,富有政治意义。孔广森把《公羊传》中的"三科"解释为下列三点:天道、王道、人情。"九旨"根据"三科"分为三组。天道分为:季节、月份、日期;王道分为:讥、贬、绝;人情分为:尊、亲、贤。孔广森的解释包含着一个永恒不变的宇宙图式,在这个图式中,不变的自然、政治、道德现象相互作用。这种解释与董仲舒、何休借《春秋》阐发的充满变化内容和变革精神的意志主义解说是相抵触的。㉟

孔广森尽管崇尚《公羊传》,不承认《左传》为《春秋》的可靠注释,但是,他解释"九旨"时的根据不是何休学说,而是荀崧的主张。他还拒绝接受董仲舒和何休对"三科"的循环式解释。孔广森尤其反感何休对"三科九旨"解释中的迷信内容。孔广森视之为不合时宜,因为孔子不是预言家,而是教师,他不可能预知未来,那些把《春秋》解释为汉代事件预兆的说法完全是没有根据的。孔广森因此放弃西汉公羊学传统。他拒绝何休的经传,认为他的主张是错误的,不仅空洞无物,而且"纵横

异说",长期为人遗忘是它应得的报应。㊱

常州学者臧琳在重建汉学的主导地位的开拓性工作中,已对今文经学的先知色彩持怀疑态度(详参第四章)。《春秋》含先知之义的主张与清初汉学倡导者的实证主义倾向是相抵触的。常州无锡人、考据学者顾栋高毕生致力于春秋史的研究,他也指责今文经学,因为后者对迷信的辩护是儒学主流无法接受的。㊲

刘逢禄运用考据方法消除汉学家对今文经学的批评,指责孔广森对"三科九旨"的解释缺乏两汉经学"家法"的依据。孔广森通过冷漠董仲舒和何休的方式,回避今文经学阐发《五经》时必然提出的孔子有先知意义的说法。刘逢禄则认为,何休对"三科九旨"的补充、发挥,是真正的西汉今文正统学说遗产。

不论古文经学家们如何难以理解,谶纬学说曾经是董仲舒描述的以"素王"和圣人形象出现的孔子形象的一部分,现在又在宋翔凤、刘逢禄的著作中出现了。刘逢禄完整地接受了汉代今文学者的孔子观,认为孔子是为拯救东周王朝而被上天降生的,上天命他通过《春秋》一书拯救千世万代处于水深火热中的人们。㊳

四 何休的"三科"

刘逢禄坚信,何休在传授西汉今文经学上是慎重的。他的解释比孔广森所引证的依据更符合西汉今文经学的原貌。刘逢禄吸收何休关于"三科"的解释,即:"张三世","存三统","异外内"。如卜所述,何休的见解比孔广森的更为激进,因何休的解释诚如刘逢禄所言,是对宇宙和王朝变迁学说的精心发挥。这套学说还为何休之前的荀崧所接受。

何休	荀崧	孔广森
三科:存三统	张三世	天道
张三世	存三统	王道
异外内	内外	人情

	何休	荀崧	孔广森
九旨：	新周	季节	季节
	故宋	月份	月份
	新王	日	日期
	有见	讥	讥
	有闻	贬	贬
	有传闻	绝	绝
	内其国	尊	尊
	外诸夏	亲	亲
	内诸夏而外夷戎	贤	贤

作为一种含有变化和变革内容的基本理论，"三科"在何休那里与"九旨"关系密切。荀崧虽接受了"三科"之名，但未将"九旨"包括其中。荀认为，"九旨"在"三科"之外，因此，与前者无直接联系。恰是这种观点使孔广森放弃何、荀二人的"三科"说，原封不动地保留荀的"九旨"说（详参上表）。

荀崧认为"张三世"是"三科"中的第一科。与之相反，何休则将"存三统"置于"三科"的首位，而把"张三世"排在第二位。何休认为，"存三统"包括新周、故宋、以春秋当新王。

何休的"存三统"及其三个要点意指孔子已受治理王国的天命，在《春秋》中预见性地提出"故周王鲁"作为汉朝统一中国的先兆。孔子的"素王形象"被三世说中的变化、变革内涵所神化。刘逢禄在另一部论何休的著作中解释道：

> 王鲁者，即所谓以《春秋》当新王也。夫子受命制作，以为托诸空言，不如行事博切深明，故引《史记》而加乎王心焉。孟子曰：《春秋》者，天子之事也。夫制新王之法，以俟后王，何以必乎鲁？曰：因鲁史之文，避制作之僭。祖之所逮闻，惟鲁为近，故据以为宗师，张治本也。㊳

何休列在"三科"第二位的"张三世"与第一条阐发的历史变迁内涵

相重复。"张三世"包括三点：所见异辞,所闻异辞,所传闻异辞。这三点使孔子借《春秋》区分周朝不同的统治时期。

《春秋》对于孔子在世时（所见）经历的鲁国三朝"微其辞"；对孔子出生前（所闻）的四朝"痛其祸"；对于孔子只是在史书中知道的更早的五朝"杀其恩"。与孔广森不同,庄存与在《春秋正辞》一书中,已论及"三世"说对把握孔子本旨的重要性。他说：据哀录隐,隆薄以恩。屈信之志,详略之文。智不危身,义不讪上。有罪未知,其辞可访。拨乱启治,渐于升平。十有二象,太平以成。

"张三世"是通过一含有宇宙观的语言政治学来表述的。庄存与、刘逢禄都认为,这种观点揭示历史从"乱世"向"升平世"的转变,最终将变为"太平世"。根据何休的"张三世"学说,孔子在《春秋》中隐含着对产生"大一统"的升平世的论述。

董仲舒已注意到《春秋》把 242 年分为十二代,又分为三等。按照《公羊传》的解释,《春秋》对每一代都用特定的术语记载,以表示自己对每一件历史事件的评价。董仲舒阐发了《公羊传》的观点：

> 《春秋》分十二世以为三等,有见,有闻,有传闻；有见三世,有闻四世,有传闻五世。……所见六十一年,所闻八十五年,所传闻九十六年。于所见微其辞,于所闻痛其祸,于传闻杀其恩,与情俱也。

在宇宙论层面,董仲舒的三世说体现为万世循环的变化观,这种变化由阴阳五行相克相生而产生。政治学说、君臣关系都和宇宙变迁相呼应。汉以前的儒家道德哲学与西汉前后知识阶层盛行的非正统的宇宙论学说结合起来。董仲舒本人就指出：

> 今《春秋》之为学也,道往而明来者也。然而其辞体天之微,故难知也,弗能察,寂若无。能察之,无物不在。是故为《春秋》者,得一端而多连之,见一空而博贯之,则天下尽矣。

在董仲舒的政治理论中,天道之变和王朝变迁都有相应的典制改变。因为三世中的每一世都有相适应的典章制度。典制同王朝一样随阴阳五行的变迁而循环改变。"三统"的变化贯穿时空两个维度,与之相应的是典制的改变:

> 古之王者受命而王,改制称号,正月服色定,然后郊告天地及群神,远追祖祢;然后布天下,诸侯庙受,以告社稷宗庙山川,然后感应,……所以明乎天统之义也。

"三科"中的第三科,也即最后一科经董仲舒、何休的阐述,是指"异外内"。何休与荀崧不同,他通过对"九旨"最后三条即"内其国"、"外诸夏"、"内诸夏而外夷狄"明确界定"异外内"的范围。⑩

所以,《春秋》暗含着一种安排内外不同人群的文化理论,它导致朝贡制度的形成,朝贡制度是儒家处理对外事务的中心。周朝内部诸侯地位要高于周边的部落。这种今文经学的外交观念成为刘逢禄处理对越外交争执的基本框架。

刘逢禄认为,《春秋》以文化特性而非种族特性确定政治地位。从夷狄之君转化为中国之主是一个接受中国王道范式的文化同化过程。与两宋儒士在处理夷狄问题上的强硬路线相反,刘逢禄作为一个少数民族征服者所建立王朝的官员,其论点就温和宽容得多。⑪

刘逢禄在《春秋论》结论部分指出,孔广森的"三科九旨"说缺乏对孔子《春秋》所记历史事件的动态考察。孔广森因有这样的疏忽,自然无视《公羊传》的特性,也不会采用今文家法。而没有"三科九旨",就没有《公羊传》,没有《公羊传》,就没有《春秋》,也就无"微言大义"。⑫

第四节 刘逢禄的《论语》学

刘逢禄之所以反驳钱大昕、孔广森的观点,主要动机是渴望恢复孔子的神圣地位。与此同时,刘逢禄在《公羊传》找到一个历史框架,这一框架对恢复《公羊传》因汉学长期攻击而失去的神圣地位是极为有用的。为了借《公羊传》达到这个目的,刘逢禄同宋翔凤一样,转向孔子的《论语》来论证今文经学勾画的孔子的"素王"形象。

1802年,刘逢禄撰写《论语述何》,辑录何休已佚的《论语》注。刘逢禄研究何休公羊学的同时,认识到有必要辑录何休已失传的其他经学著作。刘逢禄从《后汉书·何休传》中看到,何休经学造诣精湛,当时即罕有匹敌者。他认为,何休的公羊学只是其恢宏的学术建树的一部分,而辑录何休的《论语》注可以更全面地了解两汉今文经学遗产的风貌。㊸

刘逢禄在许多方面承袭宋明儒学的传统。宋明学者重视《四书》研究,认为它对研究深奥的《五经》,如果不是首要的,也是必要的工具。刘逢禄视《论语》为"六经的摘要",把宋学传统应用于今文经学研究之中。孔子的"微言"现在可以从《四书》之一的《论语》得到论证。㊹

一 孔子的道德危机感

在刘逢禄看来,《论语》的微言含有深奥而富有预见性的内涵,这种看法被古文经学家视为荒诞不经。刘逢禄、宋翔凤及后继者戴望都以董仲舒、何休提出的"素王"形象概述孔子的一生。例如,他引用"三科"中的"张三世"学说解释《论语》的下列一段话:

> 子曰:多闻阙疑,慎言其馀,则寡尤。多见阙疑,慎行其馀,则寡悔。言寡尤,行寡悔,禄在其中矣。

这段关于"耳"、"目"、"言"的讨论被刘逢禄极方便地用以证明孔子曾以"三科"——所见、所闻、所见闻——制定过《春秋》历史编纂体例。刘逢禄认为,公羊学的"三科"说已为《论语》所证实。㊺

此外,刘逢禄还用《论语》中的另一段话证明孔子曾通过今文经学"以春秋当新王"的理论阐发自己的王朝变化观。《论语》写道:

> 子张问：十世可知也？子曰：殷因于夏礼，所损益可知也。周因于殷礼，所损益可知也。其或继周者，虽百世，可知也。

刘逢禄把孔子的回答解释为对孔子在《春秋》一书阐发的因历史环境而变化学说的印证（详参第八章）。因此，"王鲁"即是一个新王朝将继周而起，它将继承周朝的礼制，如同周承殷礼一样。《论语》再一次展示出孔子学说的预见性特色。㊻

《论语》的中心思想之一是为后世儒学家一致接受的"正名"学说，孔子认为，"正名"与社会秩序相关，在社会秩序中，人的行为应与社会和政治功能相吻合。社会秩序要求言行相谐，孔子说过：政者，正也。子帅以正，孰敢不正。"政"和"正"都是同一个词，都要强调道德是政治、社会生活的前提条件。㊼

刘逢禄认为，《春秋》可谓"正名"的集中体现。作为对社会的审视，《春秋》有"褒贬"之例，以批评社会秩序的混乱，关注诸侯的伪善，因为他们已不再实践自己的理想。刘逢禄指出，孔子《春秋》的义法就是《论语》"正名"学说的具体而微。他还补充道，《公羊传》、《论语》二书的中心问题都是社会、政治生活中的礼的问题。㊽

二 时代变迁观

刘逢禄还引了《论语》的下列一章：

> 子曰：周监于二代，郁郁乎文哉，吾从周。

因为这段话与公羊学的"存三统"理论很相近。《论语》此章认为夏、商、周三代是王朝变迁的模型。每一朝代都代表"一个统一时期"，都将为下一个所取代。每一朝代都受惠于前一代的"文治"。孔子在《春秋》、《论语》两书中阐述了王朝循环交替的时代变迁主题。在刘逢禄看来，这种王朝的循环交替也是贯通古今的变化模型。㊾

刘逢禄认为这种时代变迁学说适于阐发孔子"素王"说。他再一次引用《论语》证明《公羊传》的启示学说。

> 仪封人请见,曰:"君子之至于斯也,吾未尝不得见也。"从者见之。出曰:"二三子何患于丧乎? 天下之无道久矣,天将以夫子为木铎。"

刘逢禄认为,《论语》所记载的这段对话再次证实下列观点:孔子受命于天,修《春秋》以为千秋万世之训诫。《论语》提到的仪封人就认为孔子是"素王"。㊾

《论语》记载着孔子对未来的展望。刘逢禄认为这种展望在下列一段记述孔子周游列国感觉的材料中尤为明显。

> 子畏于匡,曰:"文王既没,文不在兹乎? 天之将丧斯文也,后死者不得与于斯文也;天之未丧斯文也,匡人其如予何?"

在这段广为人知的对话中,孔子认为自己周游列国是继承文王旧业。这段记载与公羊学的孔子将所学传予亲近弟子的说法相吻合。经典自然是孔子子弟们将亲炙的圣人学说传予后世的文献媒介。易言之,《论语》是孔子学说的口头记录。刘逢禄最后断言:《春秋》和《论语》相互补充,《论语》是孔子口授予弟子们的"微言大义",没有著录于《春秋》之中。他称何休、董仲舒以《公羊传》为基础建立的学术体系是孔子"微言大义"的嫡传。㊿

如前所述,汉代围绕孔子《春秋》微言大义的争论是从解释《春秋》以"获麟"为结尾的原因展开的。董仲舒把获麟解释为孔子受命于天的先兆。据何休及《孔子家语》的记载,圣人认为获麟是周朝复兴的希望已经破灭、周命已尽的征兆。

> 叔孙氏之车士曰子鉏商,采薪于大野,获麟焉,折其前右足,载以归。叔孙以为不祥,弃之郭外,使人告孔子曰:"有麕而角者,何也?"孔子往观之,曰:"麟也,胡为来哉?"反袂拭面,涕沾衿。叔孙

闻之,然后取之。子贡问曰:"夫子何泣尔?"孔子曰:"麟之至,为明王也。非其时而见,害,吾是以伤焉。"

刘逢禄发现《论语》的下列材料可以证明今文经学的解释:"凤鸟不至,河不出图,吾已矣乎!"

由于凤鸟、河图都是吉祥物,刘逢禄解释说,孔子在周室衰微时的失望感贯穿于《论语》、《春秋》两书之中。他断言:此言盖在获麟之后,与获麟而死。天告夫孔子以将没之征。周室将亡,圣人不作,故曰:"孰为来哉!"又曰:"吾道穷矣。"《论语》及《春秋》以公元前481年结尾都充分说明,孔子晚年已认识到一个时代即将终结的自然征兆。㉒

何休对《论语》、《春秋》的解释展示出这两部晚周典籍所阐发的灾异思想。对刘逢禄来说,《公羊传》和孔子弟子的口传记录都为否定古文经学塑造的孔子形象及孔子著史意图提供了证据。刘逢禄声言,《论语》属于今文经学传统,而不属于古文经学传统。"《论语》是六经要义的体现。它澄清了《春秋》许多晦词深义。这就是孔安国、郑康成等古文经学者不通《论语》的原因。"㉓

孔子作为"圣人"、"素王"的形象再一次出现于儒学研究和经学理论中。刘逢禄成功地将其外祖父不甚系统的公羊学研究转变成为今文学派。

三 戴望与陈立的孔子研究

戴望、陈立都是19世纪中叶的今文经学信徒。他们支持重新估价孔子在儒家政治和社会理论形成过程中所发挥的作用,完全接受刘逢禄所描述的孔子形象,进一步比较《春秋》、《论语》二书,为今文学派提供更多的依据。

戴望因倡导17世纪颜李学派的学说而闻名于世。但是,他以"麐堂"斋号表明了个人对《春秋》的启示性内容——特别是获麟一事的重视。他还以斋名命名自己的文集。他继续从事刘逢禄、宋翔凤开辟的《春秋》、《论语》的比较研究,他专心于获麟的研究,视之为证明今文学

孔子形象的依据。(54)

戴望为论证孔子曾受天命，引用了《论语》广为人熟知的一句："五十而知天命。"他由此断言，作为"素王"，孔子创立典制、《五经》来继承周代典礼，使其传之万世，这是孔子受命于天的原因。 243

戴望还补充了以下证据，孔子 70 岁正值象征周朝衰亡的获麟之时，孔子两年后去世。戴望认为，孔子"七十而从心所欲"的说法充满感伤和憧憬。时代的动乱达到极点，盛平之世近在眼前。(55)

孟子称孔子著《春秋》而使乱臣贼子惧，戴望同意这种观点，并把它与《公羊传》综合起来考察。他认为《公羊传》只是一部强调《春秋》重要意义的注释，孟子则赋予《春秋》特别严肃的意义，这种意义为后世儒家学者所接受。

> 世衰道微，邪行暴力有作，臣杀其君者有之，子杀其父者有之。孔子惧，作《春秋》。《春秋》者，天子之事也。是故孔子曰，知我者其惟《春秋》乎？罪我者其惟《春秋》乎！

他同刘逢禄、宋翔凤一样，把"三科九旨"作为从公羊学角度重新研讨《论语》的理论框架。《论语》成为了解今文经学的一扇窗口。(56)

戴望认为，孔子常提及周和周公，这正是他托古以为将来法的证据。孔子著《春秋》以鲁史为主，旨在"王鲁"。鲁国包括夏、商、周三代典制，治乱之道可以从周至鲁的转变中把握。《春秋》视鲁为有道之邦，因而不想在著史时疏远鲁国。 244

孔子希望把鲁国作为理解周公阐发的治国之道和恢复周公之制的关键。刘逢禄和戴望都视《春秋》为一套使新王之法系统化，同时又期待后世圣王出现的理论框架。(57)

《春秋》记载周室的衰微，预测汉代大一统局面的出现，并由此提出了一个"三统"、"三世"的政治发展理论。他又进一步补充道：夫子言夏道不亡，商道不作；商德不亡，周德不作；周德不亡，《春秋》不作。《春秋》知周道亡也。

孔子目睹时艰，著《春秋》，贬责当世混乱。他因预言"太平"时代，所以以"获麟"作为《春秋》的结束。孔子根据旧史编著《春秋》为后王立法。⑱

陈立虽是刘逢禄的信徒，与常州《左传》研究家刘文淇关系甚密。刘文淇毕生致力于《左传》研究，并使之成为刘氏家学传统（详参第一章）。1843年，刘文淇为陈立文集写序，因其重视东汉郑玄经学而予以高度评价。刘文淇尊信古文经学，他认为陈立之学优于孔广森、刘逢禄两人，因为他们两人盲从何休的荒诞之论，无视郑玄更为可信的成果。⑲

刘文淇的观点似乎认为，陈立与扬州古文学派关系比他与常州新兴的今文学派的关系更为密切。若刘文淇的观点无误，那么，陈立以郑玄的经注研究《公羊传》，这实际上将古文经学置于比今文经学更高的地位。此外，陈立还从汉学家段玉裁研治学术，段氏极为推重《古文尚书》，而刘逢禄、陈寿祺则对此嗤之一鼻，推崇《今文尚书》。

但是，如果细心观察就不难发现，刘文淇夸大了陈立研治《公羊传》时对古文经学的兴趣。事实上，刘逢禄对陈立的影响远远超乎刘文淇的想像。陈立文集中有一文就明确表示，他完全赞同刘逢禄的主张，即惟有依据《公羊传》，才能理解《春秋》意蕴。他著有《春秋王鲁说》一文，支持今文家提出的孔子著《春秋》是以鲁史为汉朝大一统先兆的说法。⑳

陈立同样认为孔子是"素王"，他的《春秋》在于立"王道之法"。由此可见，他极为明确地接受了庄存与初创于前、刘逢禄补之于后的公羊学主张。在陈立心中，今文经学提出的"春秋王鲁论"确凿无疑。陈立赞成何休对《公羊传》的解释，反对郑玄对何休经说的责难，认为"获麟"是孔子受命于天、期待新朝的体现。㉑

陈立还接受刘逢禄的主张，指责古文经学将《春秋》贬为"鲁史志"的论调。他认为，《春秋》不只是一部史书，它的"非常可怪之论"是其义法的体现。因此，他明确反对古文经学家对何休《公羊传》的批评。例如，刘文淇的亲戚和老师凌曙曾著《公羊问答》，嘲弄何休的著作为"汉儒空言"，主要用古文经学家法研治公羊学。陈立反对这种观点，认为《春秋》阐明了孔子七十弟子所述的微言大义。㉒

刘逢禄对阮元、凌曙、陈立等扬州学者的影响表明,常州今文经学已波及汉学的发源地。尽管刘文淇等人试图贬低常州今文学派对扬州学术的影响,但是,后者对扬州的影响仍需要予以认真对待。18世纪的常州今文经学多受苏州、扬州汉学的影响,19世纪以后,这种局面改变了。今文经学经宋翔凤的努力传入苏州,由陈立之手进入扬州。㊿

第五节 刘逢禄与《左传》

刘逢禄力图恢复孔子在今文经学理论框架中的应有地位。此后,他又向《左传》发起轰动一时的攻击,二者相互配合。他在1805年刊行的名重一时而又为人毁誉不一的《左氏春秋考证》一书中,充分运用考证方法证明所谓《左传》起初并非《春秋》注,他广搜博证,步步深入地揭示刘歆作伪的真相。刘逢禄断定,就是刘歆本人在王莽当政时,出于贬低今文经学、为王莽政权辩护的目的,捏造《周礼》和另一部著名典籍《左传》,并以此加强古文经学的可信度。㊾

一 左丘明的问题

如前所述,攻击左丘明并非异常之举。许多学者早就不同意晋、唐学者杜预、刘知己的观点,认为《左传》作者左丘明非孔子嫡系弟子。杜预、刘知己两人都因认定左丘明是孔子弟子,因而重视《左传》,而轻视西汉其他两部《春秋》传。唐代经学家啖助、赵匡都对杜、刘的观点有过质疑,并怀疑左丘明是否为《左传》的作者。

尽管宋明学者对《左传》有新的批评,但它仍是官方认可的《春秋》注本,也是古文经学受人欢迎的《春秋》、《论语》的研究著作。当时,对《左传》攻击最激烈的莫过于晚明的郝敬,他首次提出《左传》不与《春秋》配套,而且不是为注释《春秋》而作。他还声称,《左传》原本是一堆七零八落的史料,后为刘歆及其党羽"发现",拼凑成一部《春秋》注。㊿

二 考证的用途

刘逢禄的《左氏春秋考证》援引了前代学者对《左传》的批评。与之不同的是,刘逢禄运用考证方法支持自己对《左传》的攻击,首次把这场历年久远的争论直接引入考据学主流。具有讽刺意味的是,刘逢禄考辨效仿的典范就是阎若璩的《尚书古文疏证》、惠栋的《古文尚书考》,阎、惠的著作在当时及后世都引起某些士大夫的强烈不满,前述的庄存与即是一例。刘逢禄在19世纪招致同样的争论。⑯

刘逢禄运用考据学尺度考察《左传》的不可靠性,这反映出汉学及其研究方法已在今文学派身上打上了深深的印记。刘逢禄意识到,今文经学如果没有系统的论证方法,就将难以得到学术界的认可,这大概是鉴于其祖庄存与声名不彰的教训。庄存与的研究就缺乏阎若璩、惠栋、戴震考证研究倡导的严格实证方法。刘逢禄还充分吸收了庄述祖的学术经验和教训。刘的研究迫使许多学者重新考察《左传》作为《春秋》正统注释的可信度。

刘逢禄的《左氏春秋考证》在汉学界引起巨大争论。广东一流的汉学家陈澧就反对刘逢禄批评《左传》、偏袒何休的做法。陈澧的反击表明,直到19世纪后期,刘逢禄的论题甚至在遥远的广东,也是为人重视的。

《左氏春秋考证》被收入《皇清经解》。后来,康有为阅读《皇清经解》时,该书曾直接影响康有为的经学观。此外,刘逢禄的研究为魏源、廖平、康有为等学者的研究开辟了道路。他们都把刘歆与古文经的伪造联系起来考察,其中包括《古文尚书》和《周礼》。不了解刘逢禄的《左传》研究成果,就不可能对19世纪90年代广州今文经学的发展作出妥切的解释。⑰

三 作伪大师刘歆

刘逢禄是第一个研究和论证刘歆伪造《左传》并排斥《公羊传》的学

者。他断言,《左传》原本绝非《春秋》注。关于这一点,郝敬已有过论述。刘逢禄发展郝敬的观点,指责刘歆利用文风、语法与《国语》相近的史书精心编造《左传》,并武断地废除《公羊传》,将《左传》列为《春秋》的文字注释。刘逢禄除进一步研究阎若璩、惠栋讨论过的伪《古文尚书》外,还对汉学家普遍尊奉的其他儒家经典古文本的来源提出更多的质疑。⑱

刘逢禄大胆地宣布并证实学界久已存在的疑点:刘歆作伪,窜改《五经》,蒙蔽后世学者。刘逢禄的精彩考证证明,刘歆为抬高古文经学,曾毁弃公羊学的大义。他说:

余十二岁时,读《春秋》、《左传》二书,即察《左传》多遗《春秋》大义,故疑其书法必有误也。后读《公羊传》及董仲舒论著,方明《春秋》非记事之书,而《左氏传》亦非传《春秋》之著也。

刘逢禄还说,他与宋翔凤就这个问题交换过意见。宋翔凤就《公羊传》优于《穀梁传》、《左传》的观点向刘提出一些疑问,刘回答后,宋翔凤称赞他不仅善通《公羊传》,而且是《左传》的谏臣。刘逢禄否定《春秋》和《左传》有联系,恢复了其本来面目,即战国时期具有独立价值的史学著作。⑲

刘逢禄为证明刘歆出于王莽时期的政治目的伪造《左传》,逐条讨论《左传》窜乱之处,评实刘歆即是作伪者。《左传》时常突然冒出一段"君子曰"的议论,刘逢禄认为,这种重复而不自然的形式就是刘歆及其党羽窜改史书,使之成为《春秋》注的痕迹。刘逢禄还指出,朱子已怀疑这种生硬的"君子曰"格式,他可能就是因此而轻视《春秋》。⑳

四　儒学正统——今文学

有趣的是,刘逢禄在自己的论著中引证朱子怀疑《春秋》的论述。阎若璩及其他考据学者常引朱子的观点作为正统儒学对自己论点的支持。刘逢禄和他们一样,吸收宋学的主张,以增加今文学派在今、古文争论中的力量。刘逢禄认为,《左传》纯属是一部史著,它没有《春秋》隐含的道德内容。

与《左传》相反,《公羊传》阐述了褒贬义法,确定礼制。刘逢禄称这些内容代表着孔子传予后代的道德理论。他已在今文经学中找到了道德力量,以克服汉学的消极后果和支离破碎的弊病。汉学曾斥责宋学为变相的佛道之子,但暴露出新的支离破碎的流弊,这是他们为批评宋学所付出的代价。⑦

刘逢禄还以《史记》的记载为主寻求旁证。《史记》在后来尽管受到个别窜改,但基本上保存了西汉原貌,没有受到古文经学伪造之风的影响,这股伪造之风曾殃及东汉及唐代的经学研究。许多学者把司马迁和西汉今文经学联系起来考察,因为司马迁与董仲舒关系密切,他视《史记》为《春秋》的续作。19世纪末、20世纪初,一场学术论战又降临到司马迁身上。在这场争论中,今、古文两派都把司马迁视为自己学说的佐证。

司马迁景仰孔子史学,他认为,《春秋》的褒贬义例即是历史编纂学的源头。他说:

> (孔子)乃因史记作《春秋》,上至隐公,下讫哀公十四年。十二公。据鲁,亲周,故殷,运之三代。约其文辞而指博。故吴楚之君自称王,而《春秋》贬之曰:"子";践土之会实召周天子,而《春秋》讳之曰"天王狩于河阳"。推此类以绳当世贬损之义。后有王者举而开之。《春秋》之义行,则天下之乱臣贼子惧焉。⑫

刘逢禄还据《史记》断言《左传》和左丘明的联系也是假的。刘歆声言左丘明直接根据孔子学说著《左传》,刘逢禄则以《史记》为证断定刘歆的说法是错误的。因为《史记》只提到《左氏春秋》一书,没提到左丘明属孔子弟子,也没有说《左氏春秋》为《春秋》注。刘逢禄认为《史记》的沉默就是他论证的最有力证据。至于《后汉书》等材料的记载,在刘逢禄看来,其来源都是可疑的,因为他们都接受古文经学主张,把《左传》视为经学遗产。这种论点是刘歆编造的,而刘歆则是晚于司马迁的人物。⑬

根据 20 世纪著名学者梁启超、顾颉刚、钱玄同、张西堂的研究,刘逢禄《左氏春秋考证》的学术水准可与阎若璩的《尚书古文疏证》媲美,同为富有独创性的著作,都为 20 世纪对传统经学遗产历史地位的全面重估铺平了道路。他们对刘逢禄的高度赞扬使我们能够准确估计 20 世纪的疑古运动是如何吸收清代考据学成果的。需要申明的是,20 世纪发生的这一切都是阎若璩、刘逢禄始料不及的。

刘逢禄同其外祖父庄存与一样,意识到汉学家发起的复古运动,可以推翻宋学的正统学说,但提供不出可替代的道德理论。刘逢禄对汉学的攻击将破坏整个儒家的根基,但是,他的初衷则恰恰相反。他认为庄存与转向《公羊传》以后提出的今文学说可以填补 18 世纪汉学家造成的空白。他希望中国历史上第一个官方儒学形态将取代东汉古文经学为基础的汉学。⑭

第六节　刘逢禄论何休

刘逢禄运用考证方法怀疑古文经学《春秋》经说的可信性,同时又重建今文经学对《春秋》和《公羊传》的解释。何休的公羊学著作是东汉现存惟一可信的公羊学论著,刘逢禄重建何休的公羊学家法,其成果比前人更为准确、精致。他的重建工作形式多样,如讨论公元 2 世纪郑玄、何休之间的学术争论,分析郑玄对今文经学失传应负的责任。

支持何休意味着攻击清代汉学的偶像郑玄。刘逢禄曾为何休攻击《左传》、《穀梁传》的著作写跋,郑玄对这些著作曾予以轰动一时的回击。刘逢禄的目的极为明确:发展何休《穀梁废疾》的思想主张,抵消郑玄反驳的影响。他还为何休的《左传膏肓》辩护,称自己的目的不是要否认《左传》的史料价值,而是恢复《春秋》、《左传》的历史本来面目。他借重掀何休、郑玄当初的论战,明确宣示今文经学优于汉学运动中的古文经学。⑮

刘逢禄在第一部研究何休公羊学的著作中,试图显示何休优于郑玄之处。他说：

> 康成兼治三传，故于经不精。今所存《发墨守》可论说者惟一条，然多牵引左氏。其于董生、胡毋生之书，研之不深，概可想见。

作为一位"考古以求是"的学者，刘逢禄明确表示攻击郑玄不是要否定汉学，只是使之完善。西汉今文经学既近于古人，又强调道德理论，在刘逢禄看来自然优于东汉郑玄的古文经学。⑯

刘逢禄摘要批评"汉圣"郑玄的主张后，1805年转向撰写著名的《公羊春秋何氏解诂笺》，系统阐述何休的公羊学。他从汉学研究的视角看待自己的研究。惠栋已完成易汉学的重建工作，刘逢禄则希望复兴汉代春秋学研究，恢复何休在东汉经学"家法"中应有的显要位置。

刘逢禄认为，他对何休、西汉董仲舒今文经学的研究完全可以和惠栋、张惠言跳出东汉樊篱，研习虞翻易学，重建西汉易学的成功建树相比。张惠言的学术成果引导刘逢禄继续研究虞氏易。刘认为，明易也是董仲舒和何休的研究核心。而今文家的春秋学说是通晓易理的前提。"要明易学，必先明《春秋》。"

易理涵盖礼制，《春秋》吸取它所吸收的三代礼制阐明经世方要。刘逢禄与庄存与一样，认为《易》与《春秋》相互补充，展示古代圣人的思想世界。⑰

刘逢禄重建何休公羊学时运用释例一词，这个词最早出现于杜预的《春秋释例》，刘逢禄运用这个词说明杜预的《春秋》研究方法对他的影响。庄存与也重视古文经学，尽管他批评18世纪流行的杜预"凡例"式的《春秋》研究。庄存与倡导《公羊传》，重"旨"轻"例"。刘逢禄虽然沿用杜预的术语，但是，在他的研究著作中，何休的"释例"取代了杜预的"凡例"。刘逢禄以旧瓶装新酒。"凡例"传统受到今文学者的改变。

刘逢禄的分析把"例"等同于何休研究《公羊传》使用的"三科九旨"。他紧随庄存与，根据今文经学理论，放弃古文经学的历史编纂法，进一步简化杜预根据《左传》归纳的繁琐凡例。刘逢禄的研究部分地说明，他在杜预的"释例"和姚际恒反"释例"倾向之间作出有趣的折衷。

姚际恒怀疑"释例"的可靠性。在刘逢禄归纳的30多条例中,"三科"占优先地位。"例"的内容则从基于《左传》的古文经学历史编纂法转为本于《公羊传》的今文学"大法"。⑱

在讨论"三统"时,他综汇《周易》、《春秋》形成例的要点。他的讨论证实了时代的变迁和典制变革的必要性。他坚信,圣人传给后人的学说极其重视经世意识。作为各种例,这种经世意识主要阐发于《易》、《春秋》两书。政治变革是商周易代的应有之义。《春秋》还是"三统"的第三个阶段,也即汉朝大一统的先兆。

作为"素王",孔子是第三个阶段的代言人。杜预的"例"含有静止、停滞的意蕴。现代往往与永恒不变的古代理想相比较。但是,在刘逢禄那里,这种静止的古代观彻底改变了,"例"成为讨论未来变迁与变革学说的一部分。对现代来说,过去只是一种富有前瞻性和创造性理想的模本。现代成为时代变革(迁)的焦点。⑲

刘逢禄重建何休公羊学说时,附带讨论了《春秋》与法的关系。汉代以降,孔子、周公都被视为礼法的创立者。其实,今文经学中孔子的立法者的形象与古文经《周礼》中的周公形象和他的集权政治范式可以相互补充,后者始于周代早期。一般认为,《周礼》与先秦法家的政治理论和实践关系密切,因而尚法,要用法律的奖赏惩训手段扼制社会邪恶的滋长。

如果按通常的观点,只强调儒学对德治的重视,那么,把伪经《周礼》与"立法者"孔子综合起来考察似乎不太适宜。尽管孟子称孔子曾在家乡鲁国作过行政官员,但是,我们通常认为,在孔子心目中,法律是不得不有的邪恶。不过,这种论点低估了法家对西汉官方儒学的形成发挥的决定性作用。《公羊传》即特别注意《春秋》的术语文例,以为断狱判案之用。下面,我们将在第八章讨论刘逢禄在复兴西汉今文经学的同时,是如何认识儒学在西汉法家话语中的作用的。⑳

注　释:

① 王念孙《申受府君行述》,12.55b页;王家俭《魏源年谱》,30、33页;吴昌绶《定庵先生年谱》,219页。

② 戴望《刘先生行状》,1.21b—22b 页;王念孙《申受府君行述》,12.47a 页;李兆洛《养一斋文集》(1852),3.14b—14a 页;李兆洛为庄述祖《珍艺宦遗书》序;徐珂《清稗类钞》,69/28 页。江南许多官宦之家都让子女到北方应试,参与当地竞争不太激烈的科举考试。

③ 详参台北故宫博物院所存刘逢禄传稿,no.4455(1)。

④ 同上。

⑤ 同上书,《春秋经传引得》239/成 15/12 称:"《春秋》首内天子而外诸侯,内诸侯而外夷狄。"

⑥ 传稿,no.4455(1)。

⑦ 同上;克劳斯利《满洲源流考》,761—766 页。

⑨ 传稿,no.4455(1);克劳斯利《满洲源流考》,765—771 页;《孟子引得》,30/4B/1 页;劳英译《孟子》,128 页。

⑩ 传稿,no.4455(1)。

⑪ 《申受府君行述》,12.55a—65a 页。关于阮元的论述见拙著《从理学到朴学》一书。

⑫ 有关《皇清经解》内容的论述,见《学海堂》一文,51—82 页。

⑬ 阮元《揅经室集》卷二,222—224 页;侯外庐《近世中国思想学说史》卷二,599 页。

⑭ 阮元《揅经室集》卷二,505 页。

⑮ 阮元或以阮元名义所作的序。

⑯ 《学海堂集》,16.22a—23a 页。

⑰ 凌曙指出董仲舒的《春秋繁露》是今文经学的关键性著作。李新霖《清代经今文学述》,81—84 页;维海姆《中国儒学》,307 页。

⑱ 详参拙著《从理学到朴学》,2—36 页。

⑲ 李新霖《清代经今文学述》,186 页。

⑳ 周予同《经今古文学》,28—29 页。

㉑ 陈寿祺《左海经辨》A.1a—12b、13a—21b、22a—26b、36a—40b 页论述过今文家对《尚书》的校订。陈乔枞《左海续集》;梁启超《清代学术概论》,90 页。

㉒ 刘逢禄《春秋公羊经何氏释例》,1280.2b 页;《哲学与小学》,211—217 页。

㉓ 传稿,no.4455(1)。

㉔ 戴望《刘先生行状》,1.26b 页。刘逢禄在所著《公羊春秋何氏解诂笺》序中阐述了这一观点,1290.1a—2a 页。

㉕ 钱大昕《潜研堂文集》卷一,17—22 页。

㉖ 刘逢禄《春秋论》,见《刘礼部集》,3.17b 页。

㉗ 拙著《从理学到朴学》,72—73 页。

㉘ 钱大昕《廿二史考异》序。

㉙ 王鸣盛《十七史商榷》序,2a 页;钱大昕《潜研堂文集》卷二,224—225 页。

㉚ 章学诚《文史通义》,1 页。

㉛ 章学诚《章氏遗书》,2.3b—4a 页;尼维森《章学诚》,147—150 页。

㉜ 刘逢禄《春秋论》,3.16a—19b 页;《春秋公羊经何氏释例》,1280.2b 页;岛田虔次《辛亥革命时期的孔子问题》,3—8 页。

㉝ 同上书,3.19a—b 页;传稿,no.4455(1)。

㉞ 同上书,3.20a 页。

㉟ 同上书,3.19a—19b 页;孔广森《春秋公羊经传通义》,691.1a—10a 页。

㊱ 小岛祐马《中国的社会思想》,112—131 页;中村俊也《孔广森的〈春秋公羊经传通义〉序》,892、896、899、901 页;《续修四库全书提要》,820—822 页。四库馆臣曾在《四库全书总目》一书中讥讽公羊学,见 6.1a 页;江藩《汉学师承记》104—150 页。

㊲ 臧琳见《续修四库全书提要》卷二,831 页;小岛祐马《中国的社会思想》,113—114 页;李新霖《清代经今文学述》,183—184 页。

㊳ 刘逢禄《春秋论》,3.20a 页;《刘礼部集》,4.35a、7a—19b 页。刘对孔广森"九旨"的讨论,见《续修四库全书提要》,823—824 页。

㊴ 同上书,3.20a 页;《春秋公羊经何氏释例》,1285.5a 页;《孟子引得》,25/313/9 页。刘的引文见《史记》,3297—3298 页(卷一三〇)。

㊵ 同上书,3.19a—19b 页;《刘礼部集》,4.1a—3b 页;庄存与《春秋正辞》,375.1b 页;李新霖《清代经今文学述》,163—166 页;苏舆《春秋繁露义证》,1.6b、7.13a—14b 页;沃《董仲舒的政治思想》,88—106、91—93 页;台恩《董仲舒的思想体系》,173—175 页;冯友兰《中国哲学史》卷一,81 页。关于《公羊传》的三世说,见《春秋经传引得》,487/Ai/14 页。

㊶ 《刘礼部集》,4.6a 页。

㊷ 刘逢禄《春秋论》,3.20a 页。

㊸ 刘逢禄《论语述何》,1298.9b—10a 页。《刘礼部集》中的观点尽管不完整,但已被讨论过。

㊹ 同上书,1298.10a 页。

㊺ 刘逢禄《论语述何》,1297.5a 页;《论语引得》,3/2/18 页;劳英译《论语》,65 页。

㊻ 刘逢禄《论语述何》,1297.5b 页;《论语引得》,4/2/23 页。

㊼ 《论语引得》,25/13/3、24/12/17 页;劳英译《论语》,115、118 页。

㊽ 《论语述何》,1297.6a 页;《刘礼部集》,4.8a 页。

㊾ 刘逢禄《论语述何》,1297.8b 页;《论语引得》,5/3/14 页;劳英译《论语》,69 页。

㊿ 刘逢禄《论语述何》,1297.9b 页;《刘礼部集》,2.29a 页;《论语引得》,5/3/24 页;劳英译《论语》,71 页。

(51) 刘逢禄《论语述何》,1297.14b 页;《刘礼部集》,2.29a 页;《论语引得》,16/9/5 页;劳英译《论语》,97 页。

(52) 刘逢禄《论语述何》,1297.15a 页;《论语引得》,16/9/9 页;劳英译《论语》,97 页。有关引文见《孔子家语》,86—94、170—196 页;莱格《中国经典》卷五,833—834 页。

(53) 刘逢禄《论语述何》,见《刘礼部集》,2.24a 页。

(54) 戴望《谪麟堂遗书》。

(55) 戴望《论语注》,2.1b 页;《论语引得》,2/2/4 页;劳英译《论语》,63 页。

(56) 戴望《论语注》,2.1b—5a 页。有关引文见《孟子引得》,25/3B/9 页。我修订了莱格译文的某些部分,莱格英译《四书》,676—677 页;劳英译《孟子》,114 页。

(57) 戴望《论语注》,5.1b、7.1b、14.6b 页;刘逢禄《春秋公羊经何氏释例》,1285.5a 页,该处讨论了《春秋》"王鲁"的含义。

(58) 戴望《论语注》,2.3b、3.3b、11.1a、15.2b—4a、20.2b—3a 页。

(59) 刘文淇为陈立《句溪杂著》所作序;传稿,no.4455(1)。

(60) 陈立《句溪杂著》,2.11a—11b 页。

(61) 同上书,2.11a 页。

(62) 同上书,2.12a—12b 页;凌曙《公羊问答》,864.15b—18b 页;胡默尔《中国名人传》,535 页。

(63) 李新霖《清代经今文学述》,181—187、296 页。

(64) 刘逢禄《左氏春秋考证》(1805),1.1b 页。刘逢禄把《左传》与刘歆联系起来考察。刘逢禄《箴膏盲评》,1296.12a 页。

(65) 张西堂为刘逢禄《左氏春秋考证》所作的序(北京,1932),17—22 页。我参考了 1805 年的原刻本和 1932 年的新印本。

(66) 戴望《刘先生行状》,1.31b 页;传稿,no.4455(1)。

(67) 徐世昌《清儒学案》,174.29a—32a 页;详见拙著《学海堂》,51—82 页;张灏《危机中的中国知识分子》,33—34 页。

(68) 刘逢禄《左氏春秋考证》(1805),1.1a—1b、1.8b 页;戴望《刘先生行状》,1.31b—32a 页;张西堂《左氏春秋考证》序,28—29 页。有关刘逢禄的《左氏春秋考》证,见拙著《学海堂》一文,65—71 页。司马迁《史记》卷一四。

(69) 刘逢禄《左氏春秋考证》(1805),1.1b—2a 页;钱玄同为是书 1932 年重印本所写"书后",1—2 页。

(70) 同上书,1.2b—3a 页。

(71) 同上书,1.4a—4b、1.5b 页;拙著《从理学到朴学》,40 页。

(72) 同上书,2.1a—2b、2b—4a 页;司马迁《史记》卷四七;冯友兰《中国哲学史》卷一,45—

46页。

⑬ 刘逢禄《左氏春秋考证》,2.4b—7a页,有关司马迁的论述见该书68页。

⑭ 张西堂为刘逢禄《左氏春秋考证》所作序,1—56页;钱玄同为刘氏此书所作"书后",1—40页;有关讨论见拙著《从理学到朴学》,29—32页。

⑮《刘礼部集》,3.24a—25a、26a—26b页。

⑯ 见刘逢禄为所著《公羊春秋何氏解诂笺》所作序,1290.1a页;《刘礼部集》,3.28b页。

⑰ 刘逢禄《春秋公羊经何氏释例》,1280.2a—3a、9b页;《春秋公羊经何氏释例》序,2a—3a页。关于刘与张惠言易学的联系,见《刘礼部集》,2.15a—15b页。李兆洛为刘逢禄所作传记见《养一斋文集》,14.1a—3a页。

⑱ 详见刘逢禄的《春秋公羊经何氏释例》。

⑲ 刘逢禄《春秋公羊经何氏释例》,1280.5a—9b页。

⑳《孟子引得》,48/3B/6页;劳英译《孟子》,176页。

第八章　法家与今文经学

18世纪后期常州公羊学的复兴同时引出西汉礼法合一传统的再发现。刘逢禄的研究特别展示出早期儒家政治学说与法家重刑名传统的联系。法家与公羊学关系的维系后为魏源、龚自珍及晚期今文家进一步发挥。

第一节　律与礼

礼义及其实践与中华帝国日常生活的内容息息相关,礼及其与国家法律的关系相辅相成,它们在所处社会、政治环境中的运转是协调一致的。伯端·梅克纳特(Brian McKnight)即指出:"在传统中国,行为的各种礼仪化特征不仅是美化世俗活动的赏心悦目的形式,也是世俗活动取得效力的关键。"①

我们已看到,汉武帝时的大史学家、与董仲舒同时代的司马迁把孔子的《春秋》视为自己的史学典范。他特别强调指出:孔子《春秋》是礼制的源泉。历史编纂学就是对社会正当行为的解说。孔子把这些解说当做礼制载入《春秋》之中。

> 余闻董生曰:"周道衰废,孔子为鲁司寇,诸侯害之,大夫壅之。孔子知言之不用,道之不行也,是非二百四十二年之中,以为天下

仪表,贬天子,退诸侯,封大夫,以达王事而已矣。子曰:我欲载之空言不如见之于行事之深切著明也。……故有国者不可以不知《春秋》……为人臣者不可以不知《春秋》,……夫不通礼义之旨,至于君不君,臣不臣,父不父,子不子。……故《春秋》者,礼义之大宗也。夫礼禁未然之前,法施已然之后,法之所为用者易见,而礼之所为禁者难知。②

历史编纂学反映并同时贯穿于礼义化的行为之中。儒家的礼义是道德理论的实践。礼义一旦为人忽略,就需要法律的补充来纠正这种倾向。法律是完成礼治所无法完成的使命的最后手段。司马迁不同于孔子,他在《史记》的结尾保留了自己的道德评价。不过,他的《史记》本质上还是效仿《春秋》,善善而恶恶,这是一种与礼义实践关系密切的道德世界观的产物。③

刘逢禄尽管尊信《春秋》,称赞董仲舒为"礼学开山",但他对儒家国家这类复杂的礼法问题考虑得更为精细。他虽是礼学专家,并供职礼部,但却认识到法律的力量,及其在圣人学说中的根源。此外,他还认为,法律本质在于礼。

> 或称《春秋》为圣人之刑书,又云《五经》之有《春秋》,犹法律之有断令。而温城独以为礼义之大宗,何哉?盖礼者,刑之精华也。失乎礼即入乎刑,无中立之道,故刑者,礼之科条也。④

刘逢禄确信法律为经学遗产内容的同时,还把法律的理论基础归结为礼学问题。"权"的权威性和合法性都来自经典。礼是象征的权力,它要优于运用通过法律行使的权力。

> 故持《春秋》以治秦汉之狱,不若明《春秋》以复三代之礼,本末轻重,必有能权衡者。

对刘逢禄而言,礼义是《春秋》的核心。礼仍然是理想化的,但是,法律才是汉代传予后世的经典秩序的本质。⑤

第二节 律与《春秋》

儒家对律的重视远不及法家。在先汉法家体系中,法律仅是治国的工具,与儒家信徒倡导的礼制呈对立之势。汉代通过把法律奠基于礼制之上——也即法律的儒家化,为非道德的法律提供高尚的道德基础。儒法两家都为儒家国家及维护其合法性的意识形态的形成作出过贡献,但双方各自的贡献存在巨大的鸿沟,礼与法的内在张力反映出消除这一鸿沟的长期努力。⑥

清代今文学者再次发现,汉代常引《春秋》,特别是《公羊传》解决礼与法的冲突。两汉期间,据《春秋》义法判狱断案的现象并不稀见。以孔子《春秋》为决事依据意味着董仲舒等汉儒运用《公羊传》审核当时的案例。可以断言,孔子《春秋》的褒贬义法可以当做"决事比",为判定类似的案例提供标准。

作为一种司法案例,"决事比"用温德莫施(Leon Vandermeersch)的话说,即是指常规条例运用于该条例未预料到事例的方式。决事比一旦拥有规范价值,就不只是事例,而被归为"科"。如前所述,在汉以后历朝中,"律"一直是至关紧要的内容。律的根源可追溯到儒法合流,它运用经义指导法律解释和案例的类比。⑦

邵雍曾把《春秋》称为圣人制定的法典,这个著名论断表明,《春秋》在帝制中国的影响何等巨大,我们讨论今文经学时最感兴趣的是何休的"三科九旨"及其与作为法律表达形式的关键性术语的重叠程度。其实,"九旨"是"三科"的体现,如同"条例"为"科"的分支。⑧

在一部元代的深刻影响庄存与的《春秋》论著中,赵汸叙述了他从法律角度在《春秋》中找到的"八例"。赵汸认为,法律判断和历史判断是"比事"。赵汸认为策书是《春秋》的第一例,在汉代则指皇帝的诏令。又如,汉代朝廷的"旨"与庄存与所研究的"春秋要旨"的"旨"都使用了同一个词语,庄存与所说的"旨"又与何休"三科九旨"的"旨"很相似。⑨

法家对儒家的影响在汉以前荀子一支儒学身上体现的最为明显。荀子一派反对孟子对人性过于乐观的估计。荀子的主张因为韩非、李斯的传播而深刻影响法家的发展。韩非、李斯都从荀子游学。

　　唐代以后，法家对帝国后期儒学的影响为人普遍忽略了。其实，瞿同祖正确地称之为汉代"法家儒家化"，也可视为"儒家的法家化"。法家化趋势在西汉今文家中最为明显。公羊学传统起源的一部分可追溯到荀子。董仲舒的法律思想在许多方面体现出对荀子反孟子主张的吸收。《公羊传》中的法的突出地位与礼的中心地位构成一个系列的两个终点。⑩

　　西汉时期，今文经学从《春秋》归纳的褒贬指导方针受到"礼"、"法"微妙平衡的左右。法律判决要以《春秋》为基础，这类判决与礼的具体化是不可分割的。法律的普遍主义倾向(不承认例外)受到法律的特殊主义(它坚持认为应根据个人的身份、地位、亲属关系、社会环境做出不同的裁决)的修正。例如，《公羊传》的许多判断常以一种公式化的形式制定"此非礼也"。⑪

第三节 《春秋》与案例

　　法家强调的奖惩分明的原则极易被同化为《春秋》的褒贬传统。汉代学者在根据《春秋》的"例""决事"时，不仅运用它的历史编纂学规则，而且遵循它所规范的行为标准。一部现已失传的汉代律例手册，竟收录 13 472 个根据经义判决的案例，并因此享誉于世。

　　董仲舒本人写过一部《公羊董仲舒释狱》的法律著作，该书据说包括 232 个根据经义判决的法律案件，其中只有一部分保存下来。该书大概是中华帝国时期最早的案例记录簿，与西汉今文经学有着直接联系。董仲舒在一个案例中发现：

　　　　时有疑狱，曰：甲无子，拾道旁弃儿乙，养之以为子。及乙长，有罪杀人，以状语甲。甲藏匿乙，甲当何论？仲舒断曰：甲无子，振活养己。虽非所生,谁与易之?诗云:螟蛉有蜾蠃负之。《春秋》之义,父为子隐,甲宜乙,而不当坐。⑫

董仲舒以经义判决法律案例不是一个孤立事件。两汉时期,儒家学者既要通晓经学,还要知道经学产生的法律意义。汉代儒士因此要研习这两方面的知识以为入仕做官之用。马融、郑玄等东汉著名经学家都步董仲舒的后尘,运用律例之学阐明经义。在汉代博士制度中,职位提升究竟在多大程度上依赖学者对经学、法律的会通,仍是需要进一步研究的课题。可以肯定的是,至少在宋以前,儒法两家仍然相互依存。⑬

我们可以肯定,《春秋》褒贬传统可以用于"决事比",这为后世审判案例提供了标准。日原利国指出:汉儒把行为动机视为审判的标准。《公羊传》在阐发儒家对一个政治活动的判断时,主要集中于行为动机,而不是行为结果。⑭

例如,《公羊传》在解释隐公即位一事时指出,根据《春秋》的记载,他的即位未得到官方认可。孔子记载诸侯即位时,通常使用"即位"一词表示认可此事,但没用这个词记述过隐公即位。

> 公何以不言即位,成公意也。何成乎公之意?公将平国而反之桓;曷为反之桓;桓幼而贵,隐长而卑,其为尊卑也微,国人莫知。隐长又贤,诸大夫扳隐而立之。隐于是焉而辞立,则未知桓之将必得立也。且如桓立,则恐诸大夫之不能相幼君也。故凡隐之立,为桓立也。

桓公因出身高贵,理应继承王位,因受现实条件(桓公年幼)的限制无法继位。但是,《公羊传》尽量隐讳隐公在位期间的实情。隐公在位11年,至公元前711年为桓公暗杀。根据《公羊传》的记载,桓公未等到隐公本人放弃王位就"正式"即位了。《公羊传》未直接提及隐公死于桓公之手一事。《穀梁传》则有记载:

君之不取为公,何也?将以让桓也。让桓正乎?曰:不正。《春秋》成人之美,不成人之恶,隐不正而成之,何也?将以恶桓也。其恶桓何也?隐将让而桓杀之,则桓恶矣。桓杀而隐让,则隐善也,善则其不正焉,何也?《春秋》贵义不贵惠,信道而不信邪。⑮

因此,《穀梁传》也对"即位"作出不同的评价。

继故不言"即位",正也。"继"故不言"即位"之为正,何也?曰:先君不以其道终,则子弟不忍即位也。继故而言"即位",是为与闻乎弑,何也?曰:先君不以其道终,已正即位之道而即位,是无恩于先君也。

《公羊传》讨论隐公之时,间接提及桓公行刺之事:

何以不书葬?隐之也。何隐尔,弑也。弑则何以不书葬?《春秋》,君杀,贼不讨,不书葬,以为无臣子也。⑯

《公羊传》、《穀梁传》都很同情隐公。因为隐公有让位之心,一旦桓公长大成人,他就让位于桓公。此外,桓公派人行刺之事也被注意到了。赵汸在一部 18 世纪常州今文经学家敬重的《春秋》论著中讨论过隐公被桓公暗杀之事,他认为此事是理解孟子字义的关键。

作臣杀其君者有之,子杀其父者有之;孔子惧,作《春秋》。⑰

仁井田升注意到在儒家司法审判中,犯人的动机和后果并不被完全分开。如上述案例所言,善意的动机要比导致犯罪的错误行为更受重视。在一个案例中,不是依据法律,而是这种以行为动机为依据的判决决定正义。董仲舒就认为,《春秋》根据每个事例中行为主体的动机判定是非曲直。例如,董仲舒强调行为动机要比行为后果更重要。

A 是 B 的妻子,B 伤害自己的母亲。A 发现后,杀死丈夫为婆婆出气。A的行为与周武王相似,周武王为除残去暴而消灭了商纣。[18]

经学专家一旦认为可行,经学"决事比"所作出的法律判断就成为可使用的法律实体。根据类比规则,一个王即可因犯罪而被后继者所杀,那么,丈夫如不能向母亲尽孝,妻子就可以杀死丈夫。孟子讨论的杀君事例根据类比原则也可适用于家庭。

如上所述,汉代已出现把历史事件和现实问题相比附的趋势。把历史当做案例手册,这反映出早期帝国经学、道德训诫和历史类比三者完整的联系。可以确信,唐宋儒家诚如罗伯特·哈威尔（Robert Hartwell）所言,特别强调中古社会的礼制运转。但是,他们运用来自《春秋》、《周礼》的经学模式与汉代今文经学家运用历史事例判决案例在精神实质上是相似的,尽管二者在内容上不尽相同。[19]

第四节 经学、法律和新儒家

经义,尤其是那些《春秋》衍生的经义是汉代及至后期帝国儒学法律解释的基础。那种把《春秋》视为"圣人之刑书"的传统一直保存到中华帝国后期。[20]北宋著名新儒家程颐写道:《五经》有《春秋》,近乎法律有例。他（和朱子同为中华帝国晚期最具权威性的正统理学代表）确定了孔子"审判官的形象":

> 夫子当周之末,以圣人之不复作也,顺天应时之治不复有也,于是作《春秋》为百王不易之大法,所谓考诸三王而不谬,建诸天地而不悖,质诸鬼神而无疑,百世以俟圣人而不惑者矣。

孔子立法者的形象甚至为倾向于古文经,寻求更为富有尊严和人性的孔子形象的宋代儒士所接受。孔子的教师形象尽管与他的世界预言人,或半神半人的形象是冲突的,但其间仍含有某种一贯、系统的内容。程颐即指出:

后王知《春秋》之义,则虽德非禹汤,尚可以法三代之治。自秦以下,其学不传,予悼夫圣人之志,不得行于后世也,故作传以明之,俾后之人通其文而求其义,得其意而法其用,则三代亦可复也。

这里所说的孔子因颁布"经世之大法",再次超乎作为一个常人的孔子而成为受人膜拜的圣人。㉑

明代心学家王阳明也讨论过《春秋》,他后来指责程颐用涉及特殊事例的法律判断解释《春秋》的内容——汉代以来通行的做法:

爱曰:"伊川亦云:'传是案,经是断',若书弑其君,伐其国,若不明其事,恐亦难断。"先生曰:"伊川此言,恐亦是相沿世儒之说,未得圣人作经之意。……圣人述六经,只是要正人心,只是要存天理,去人欲。"

王阳明认为,把《春秋》"律例化"的努力是误解孔子本意。但是,法律是犯罪的界定。过分注重细节只能强调犯罪本身的重要性,而忽视《春秋》修身正己的道德意义。王阳明用道德理想主义方式提出自己对孔子的理解:

若是一切纵人欲、灭天理的事,文安肯详以示人?是长乱兴奸也。故孟子云:仲尼之门无道桓、文之事者,是以后世无传焉。此便是孔门家法。㉒

尽管王阳明持有异议,以法律尺度解释《春秋》仍然是清代中后期法律话语的一部分内容。清代今文经学重要的代表——龚自珍强调《公羊传》的法律特征,赞成董仲舒运用《春秋》研究法律条例的做法。对多数清代今文经学家来说,礼法并非无法调和。龚自珍即写过一部论著,讨论以《春秋》为基础的法律解释,书名《春秋决事比》。龚的论著与西汉董仲舒的公羊学论著遥相呼应。龚自珍此书的大部分已佚失了,该书根据其师刘逢禄以"三科九旨"为基础对律例的解释阐发律的经学基础。

龚自珍与刘逢禄一样,力图解释《春秋》的"常律",强调礼法合一。龚解释说:"或问,任礼,任刑,二指孰长?应之曰:刑书者,乃所以为礼义也。出乎礼,入乎刑,不可以中立。"

龚自珍认为,《春秋》是行之万代的律书的经学依据,已经建立起适应古今内外需要的法律条例。在《春秋》的万余字中,孔子已揭示数千条"旨"作为法律判决的指南。㉓

刘逢禄、龚自珍等今文经学家为强调律例而披上一层尚礼的意识形态外衣。礼、刑的目的最终都是一致的:维护人伦,应付时变。龚自珍认为孔子著《春秋》的主要原因是根据与时代变迁相应的人伦秩序阐发儒家道德学说。常州今文经学家摆脱宋明程朱理学描绘的永恒不变的天理世界,强调孔子遗留的经学秩序中的"例"和"旨"。㉔

今文经学的法律特征还成为儒家经典教育内容的一部分。阮元创办的著名学府学海堂在1868年举行的考试中要求学生回答下列问题:

> 《公羊传》注引《汉律》考,何邵公解《公羊传》,多引《汉律》以证其说。试证以今律,详考而发明之。㉕

《学海堂集》保存的一份学生答卷表明,"圣人之刑书"仍是该题的标准答卷。学生金佑基在答卷中阐发了"今律"与孔子《春秋》条例的可比性,这种观点与汉儒何休的主张十分一致。㉖在一个西方影响极为明显、强烈的城市,此类传统观点仍居于统治地位。1868年考试所反映的儒家法律观念仍反映出法家学说和今文学说之间内在的经典对话。《春秋》仍然是法律判断的渊薮。

刘逢禄对今文经学的重建追溯到西汉的官方儒学,当时,儒法合流的趋势达到高潮。当魏源等人提出"儒家法律化"的要求时,儒法合流起源的被发现将最终损害儒家的道德理想。19世纪,江南的教育中心也受到这种再评价的影响。常州龙城书院、杭州诂经精舍的学生都

被要求讨论"三科九旨"的作用,如同广州学海堂要求学生撰写论述《春秋》法律用途的文章。㉗

第五节　今文经学的现实对策

"知权"是《公羊传》对《春秋》解释的关键。《公羊传》记叙了公元前700年郑国大臣 为宋国俘虏后,被迫在推翻郑国指定继承人和受宋国侵略而亡国之间作出选择一事,解释了被俘大臣祭仲因明"权变",善于两害之中取其轻而值得信任的原因。

> 祭仲者何？郑相也。何以不名,贤也。何贤乎祭仲？以为知权也。其为知权奈何？古者郑国处于留,先郑伯有善于邻公者,通乎夫人以取其国,而迁郑焉。庄公死,已葬,祭仲将往省于留,涂出于宋。宋人执之,谓之曰:"为我出忽而立突。"
>
> 祭仲不从其言,则君必死,国必亡。从其言,则君可以生易死,国可以存易亡,少辽缓之,则突可故出,而忽可故反,是不可得,则病,然后有郑国。
>
> 古人之有权者,祭仲之权是也。权者何？权者,反于经而后有善者也。权之所设,舍死亡无所设。行权有道,自贬损以行权,不害人以行权。杀人以自生,亡人以自存,君子不为也。

这种现实主义主张已近乎法家政治学说。法家集大成者韩非论及势以时变时指出:

> 故圣人议多少,论厚薄为之政。故罚薄不为慈,诛严不为戾,称俗而行也。故事因于世,而备适于事。……
>
> 夫古今异俗,新故异务,如欲以宽缓之政治急世之民,犹无辔策而御駻马,此不知之患也。

韩非强调"时与势"与公羊学"权变"主张相近。这种巧合全然不同于清代理学正统学说崇尚的严格固定的道德形式主义。在清代，僵化的道德原则成为地位崇高的"国家声音"。公羊学对盲从道德信条的批评体现出明势察变的意志主义特征。㉘

刘逢禄及其支持者重建今文经学与公羊学的意志主义的活动有助于19世纪初叶政治改革的意识形态架构的形成。汉代公羊学有限的唯意志论思想部分地体现出当时儒家学者对法家的道德相对主义思潮的回应。法家能够阐发一套不受约束的政治理论来倡导变法、改革。董仲舒等西汉儒士回应法家理论时，成功地为法家的国家权力学说套上一层道德外衣。改革主张进入儒家理论。

庄存与、刘逢禄等今文经学家目睹和珅擅权的危害后，逐步强调变革的意义。他们的主张越来越明显地带上公羊学的意志主义和法家的实用主义的政治主张双重交会的色彩，这绝非偶然。常被同时代人斥责为法家的魏源代表着士大夫这一态度的变化：

> 古乃有古，执古以绳今，是为诬今；执今以律古，是为诬古。诬今不可以为治，诬古不可以语学。……
>
> 读黄、农之书，用以杀人，谓之庸臣；读周、孔之书，用以误天下，得不谓之庸儒乎？靡独无益一时也，又使天下之人不信圣人之道。㉙

魏源的老师刘逢禄初步认识到今文经学与经世之学的联系。庄存与已有公羊学因势"托古改制"的主张。当然，他的主张仍然与清朝高层官僚的保守政治主张联系在一起。他的著作在他去世40年之后才为人所注意。㉚

刘逢禄刊行其考证成果后，他的把今文经学和考据折衷的主张引起直接而热烈的争论。他的主张若无细密地讨论所涉及的考据问题，就无法得到学界注意。刘逢禄因为家族和官场的关系，在汉学大本营北京有许多朋友。他们虽然重视后汉史料，但同样认识到刘逢禄研究

《春秋》、《左传》的价值。因此,刘的朋友阮元将刘的著作收入《皇清经解》并非偶然之事。在考证学风盛行的时代,刘逢禄的研究为今文经学提供了认识论的手段。

刘逢禄的观点得到两位重要的后来者龚自珍、魏源的补充、发展和修改。通过他们的努力,当中国面临西方入侵和内部社会、经济危机时,今文经学成为日趋广泛的改革呼声的一部分。19 世纪初,没有人能够预测到历史将如何发展到这一步,但庄存与、刘逢禄完成了西汉今文经学的不容置疑的复兴。他们后继者的任务就是继续公羊学说,为此要超越常州今文学派兴起时的范围,扬弃庄、刘两族酝酿起源之处的局限,超越地域性经学传统的限制。

今文经学理论和认知特色主要是由庄存与、刘逢禄的研究所赋予的。此后,他们的后继者从"托古"转向"改制"。在本书的最后一章,我们将讨论常州学派所阐发的今文学说赖以兴起的道德和社会危机。作为和珅擅权的后果,儒家政治观及其合法性语言发生变化,儒家国家及士绅官僚目睹了并非开始于 17 世纪的经世意识和清议传统的复兴。历史环境的戏剧性变化有助于解释公羊学如何从 18 世纪保守的意识形态变为 19 世纪的经世改革学说。

注 释

① 梅克纳特《宋代的士》,329 页;克泽《礼仪、政治和权力》,35—36 页。
② 司马迁《史记》卷一三〇;杨向奎《经史斋学术文集》,113—118 页,杨在这里把司马迁和西汉今文经学家董仲舒联系起来。刘师培则认为司马迁属古文经学派,见小岛祐马《中国的社会思想》,343—347 页。
③ 梅克纳特《宋代的士》,329 页;吉兹《作为一种文化系统的意识形态》,61 页。
④ 刘逢禄《春秋公羊经何氏释例》,1280.10a、1284.1a—14a 页。
⑤ 同上书,1284.14a—14b 页。
⑥ 陈奂《公羊逸礼考证》有关礼法一体的讨论;温德莫施《中国的法律观念》,8—9 页。
⑦ 温德莫施《中国的法律观念》,17—18 页。
⑧ 朱彝尊《经义考》,182.5a 页;温德莫施《中国的法律观念》,8—9 页。
⑨《四库全书总目》,28.15a—15b 页;李新霖《清代经今文学述》,196 页。
⑩ 瞿同祖《中国社会与中国法律》,278 页;冯友兰《中国哲学史》卷一,279—336 页;波

特和莫里斯《中华帝国的法律》,23—32 页。有关今文经学与荀子的关系,见刘师培《群经大义相通论》,21a—25b 页;杨向奎《经史斋学术文集》,87—97 页。

⑪ 波特和莫里斯《中华帝国的法律》,29—38 页。

⑫ 班固《汉书》卷三〇;《诗经》引喻见《诗经引得》,46/196/3 页。中国农民认为螟蛉的幼虫往往为其抛弃,被黄蜂收养。《诗经》因而记载与这种说法有关的诗作。程树德《九朝律考》,170—177 页。沈家本《汉律辑佚》22.4a 页记载了汉代以《春秋》断狱的案例,有关讨论还见邢义田《秦汉的律令学》,66 页;波特和莫里斯《中华帝国的法律》,144—145 页。埃伯莱在《宋代的家庭》一文中作过不同而又近似的讨论,234 页。

⑬ 程树德《九朝律考》,31—32、165—170 页;邢义田《秦汉的律令学》87—91 页注意到汉以后对礼法合一的重视程度有所下降。梅克纳特《法律专家与官吏》。

⑭ 日原利国《汉代春秋公羊学的发展》。

⑮《春秋经传引得》1/隐公 1/1;马尔姆维斯特《公羊传与穀梁传研究》,68—69 页。

⑯《春秋经传引得》,23/桓公 1/1、22/隐公 11/4;马尔姆维斯特《公羊传与穀梁传研究》,86、94 页。

⑰ 赵汸《春秋属辞》,4.11b 页。

⑱ 日原利国《汉代春秋公羊学的发展》,1—16 页;黄源盛《汉代春秋折狱之研究》,1—16 页;埃斯克拉《中国法律》,383—387 页。董仲舒提到的案例见《春秋繁露义证》,3.18b 页;程树德《九朝律考》,230—231、271—273、409 页。隋代以《春秋》断狱的事例见 Hulsewe《汉律拾遗》卷一,51—52 页;仁井井升《中国法制史研究》,609—619 页。

⑲ 田浩《功利主义儒家》,33—35 页;哈威尔《历史评论》,690—727 页;陈《论清律的例》,213—214 页。

⑳ 这也是邵雍的观点,见《经义考》,168.1a—10b 页。

㉑ 宋人对法律的观点见《经义考》,168.3b—4b 页。程颐的观点见该书182.4b—5a 页;郎格罗斯《元代政治思想》,119—131 页;梅克纳特《法律官员》;陈荣捷英译《中庸》,115 页。

㉒ 王阳明《传习录》,7 页;陈荣捷英译《宋明理学论著选》,20—21 页;《孟子引得》,1—2/1A/7 页;王阳明的引文出自《孟子》。

㉓《龚自珍全集》,233—235 页。

㉔ 同上书,55—64 页,有仅存的龚对法律及《春秋》的论述。

㉕ 容肇祖《学海堂考》,1 页。有关这次考试的论述见拙著《从理学到朴学》,127 页。

㉖ 金佑基的答卷见《学海堂集》四集(1886),10.13a—17b 页。

㉗ 刘逢禄《刘礼部集》,4.21a—23a 页;《诂经精舍文集》,79—81 页(卷三);《龙城书院课艺》,3a—5a 页。

㉘《春秋经传引得》37/桓 14/4。见马尔姆维斯特《公羊传与穀梁传研究》106 页英译引

文(我在引用时对此作了修改);《韩非子索引》,856页;瓦特森英译《韩非子》,99—101页。

㉙ 刘逢禄《刘礼部集》,4.23a页;格里德《知识分子与国家》,114—115页;《魏源集》,48页。

㉚ 魏源于1830年所写《刘礼部遗书》序。《魏源集》241—243页讨论过刘复兴西汉今文经学的业绩。刘逢禄为魏源《诗古微》所写的序(9.6a—6b页)表达了对魏源的赞许和支持。

第九章　政治、语言和今文遗产

到18世纪最后30年，中国的人口达到3亿。如此迅猛的人口增速，与随之而来的士绅们对土地、教育、官职争夺的加剧，给所有的中国人都带来负面影响。和珅及其同党加剧的腐败之风其实只是清朝内在危机的先兆。金川、王伦、白莲教、八卦教等一系列国内叛乱结束了康熙以来较长的相对和平时期。漕运一直负责将南方税收运交北京的朝廷，它与盐政的腐败展示出清朝政府所面临难题的广度和深度。

士大夫受和珅乱政后果的刺激，抨击当时的衰微局面，在和珅身上找到了发泄不满的对象。庄存与及其常州子弟与和珅的对立成为他们应付帝国危机的诸多努力的一部分。和珅的一时得势公开使士大夫的忠诚标准陷于危机，无形之中引发今文经学所代表的改革愿望。和珅对依附于他的士大夫们的纵容包庇严重破坏了正统政治价值观念。

宋学的倡导者、汉学的辩护者、今文经学研究的支持者都意识到中华帝国晚期的政治文化需要一套经世学说。在清朝的政制框架内经典既然仍是政治事务的基本指南，那么，任何改革动机都须在经典中找到历史先例。①

19世纪初叶，士大夫力图结束他们视为无谓的汉宋之争。继刘逢禄、魏源、龚自珍之后，许多人呼吁重新全面评估儒学理论及其经世学说。他们意识到，士大夫有必要重新重视摆在眼前的社会、政治、经济问题。经世学说一度仅为常州学者所关注，但到19世纪却成为一流学者关注的课题了。

第一节 政治危机与乾嘉易代

鸦片战争——导致当时士大夫团结一致的最重要事例——失败后的政治参与意识激起对东林党的强烈兴趣。19世纪，清议又出现了，它的再次出现基本反映出士大夫们对晚明士人在朝廷维护以士绅为基础的政治目标的认识的改变。东林党从一个贪图私利的个人小集团的形象转变为一个由具有忧患意识的士大夫组成的关心公众利益的政治群体。晚明政治的崩溃（详参第一章）又在晚清政治环境里重现。

尽管对东林党的重视不可能由常州士人掀起，常州府与无锡东林遗风的密切关系为当地学者提供了了解17世纪地方先贤的独有机遇。东林党和今文经学都成为政治发展的组成部分，这种发展将导致士大夫们对政治改革态度的明显转变。②

明代式的士大夫政治参与意识出现于鸦片战争以后，在此之前是18世纪后期对乾隆晚年——和珅擅政时期政治腐败的批评。常州庄氏家族，特别是庄存与是这种批评的倡导者。如前所述，庄存与借公羊学的经典语言表述自己的不满。18世纪80、90年代，乾隆帝授予和珅——一名满洲侍卫巨大的权力和声望。

作为皇帝的宠臣，和珅得以聚敛仅次于国库收入的巨额财富。此后，宗派政治又出现于儒家政治舞台上。在这种环境下，宗派的出现不足为怪，而且肆意横行，受到纵容。嘉庆继位后，命和珅自尽，这标志着从乾隆到嘉庆朝的重大变化。但是，朝廷内外的宗派势力出乎意料地蔓延开来，进入公共政治场所。③

18、19世纪之际的政治焦点集中于和珅可疑的品质和特殊的专断机制，这展示出从乾隆末年到鸦片战争前夕士大夫们政治主张和学术兴趣的变化过程。围绕和珅的争论导致士大夫"团体"在18世纪90年代悄然兴起，到嘉庆年间，即以清议的面貌出现。对东林党政治遗产的重视起源于现实危机。现实危机提醒19世纪初叶富有变革意识的士大夫想起过去的东林党人,他们曾受到皇帝宠臣所控制的朝廷迫害的威胁。

东林党人反对主宰明廷的魏忠贤阉党的势力。18世纪末,儒家士大夫们却面对宫廷侍卫和珅及其同党左右朝局的局面。和珅无恶不作,刚愎自用,常州士学比之为魏忠贤。庄述祖如同庄廷臣抵制魏忠贤一样,表现了常州人对和珅的蔑视(他不敢直接冒犯他)。这种政治动机衍化为清议。④

一 朋党问题再起

18世纪晚期,政治手腕和派别还仅限于朝廷法律认可的范围之内。清代皇帝同明代统治者一样,把士大夫建立的非血缘性社团视为对以皇帝本人为终点的垂直性效忠体制产生威胁的组织。儒家政治文化中反对士绅结社的意识形态界线常为清代皇帝引用。17世纪,清代皇帝再次重申,士人社团自私、专断,与朝廷体现的公众利益相抵触。

早在1652年,参与科举考试的生员就被禁止与同行串通,建立或加入社团。雍正、乾隆反复抨击士人结社传统,他们批判士人结社的依据是士人应是公众利益的保卫者。他们认为,士人社团的狭小私利曾导致明亡,如果任其发展,将会对本朝产生相同的负面影响。⑤

雍正继位的第一年(1723年5月22日)就下达谕旨,公开谴责明代党社对明亡所负的责任,认为朋党之风是极坏的行为模式,明朝末年,士人已结朋党,彼此倾轧,终致同归于尽,而结党之习仍未消除。清朝统治者除利用儒家悠久的反朋党思想内容外,还以明亡为最近的事例来论证结党之风违反正统儒家的政治文化价值,将会产生何种不良后果。清代统治者自诩为是比汉族王朝更有力的传统儒家政治文化的维护者,这带有明显的讽刺意味。⑥

雍正皇帝深感朋党可能导致的威胁——他的危机感最有可能来自他本人建立朋党的体会。康熙晚年,雍正本人曾为争夺皇位暗结朋党。1724年,雍正撰写长篇论文《朋党论》,驳斥欧阳修以同一题目为士人结党辩护的文章。晚明东林党人和复社成员都从欧文中寻找道德支持。如本书第一章所言,欧阳修区分"公党"、"私党"之别,为前者辩护,视之为与帝国垂直型权力结构相适应的士人组织。

欧阳修的论点经不起晚明时期许多东林党人左右摇摆的政治表现的检验。"公党"没有取得朝廷的合法性,这是明朝政治废弛的一个关键内容。然而,如同雍正对欧阳修的名文所作的公开及影响广泛的反驳所言,结党之习并未完全消除。雍正帝本人在一股握有重权、伪称代表朝廷公意的朋党势力支持下承继皇位,他本人却著文否定政治团体的合法性。⑦

达诺德·孟洛(Donald Munro)、大卫·尼维森(David Nivison)注意到雍正《朋党论》的专制性。这位皇帝宣称,朝廷利益永远与"大公"相谐。

> 天尊地卑,而君臣之分定。为人臣者,又当惟知有君,惟知有君则其情固不可解,而能与君同好恶,夫是之谓一德一心而上下交。乃有心怀二之,不能与君同好恶,以至于上下之情睽,而尊卑之分逆,则皆朋党之习为之害矣。

而党派的本质即与反映国家公共利益的朝廷的善恶是非标准相对立。

> (君主)惟恐其所见之未尽当也,故虚其心以博稽众论,以尽归于至正,而人君从之,方合于大公。若朋党之徒,挟偏私以惑主听,而人君或误用之,则是以至公之心仅成其至私之事矣。

雍正帝的驳论固然是朋党依然活动的明证,但是,他的论文将官方儒学的忧虑转化为朝廷政策和正统意识形态。⑧

乾隆帝对朋党之风怀有同样的疑虑,支持其父为士人参与政治生活设定的界线。尼维森描述了1781年发生的一件事。乾隆借此事驳回礼部侍郎钱载的固执请求。钱载要求将尧陵从山西迁往山东,似乎是一个无关痛痒的建议。但是,作为一条联结儒家正统与帝国威信的纽带,乾隆帝从围绕此事的争论中看出了与朝廷意志相违背的传统士人朋党的问题。他下旨提出严厉的警告:

> 钱载本系晚达,且其事只系考古,是以不加深咎。若遇朝廷政治,亦似此哓哓不已,朕必重治其罪。即如明季诸臣,每因遇事呦哕,盈廷聚讼,假公济私。始则各成门户,继且分树党援,以致无益于国政,而国是日非,不可不引为炯戒。⑨

乾隆帝担心曾损害明代朝廷道德合法性的礼制之争再起,因而反驳清代倡导的正统理学关键人物程颐的主张。我们发现,乾隆皇帝批驳了理学中某些与满洲统治者特权相悖的内容。程颐曾在哲宗继位期间三次上书,据尼维森分析,这些上书反映出"儒家知识分子要求皇权受绅权指导的极端倾向"。

程颐主张,明君应听从宰相的意见,年幼的君主如果有周公之类的大臣辅助、引导,国家就会出现好政府。程颐认为,皇帝即位后,"与近习处久,熟则生亵慢;与贤士大夫处久,熟则生爱敬"。他断言:"天下重任唯宰相与经筵。"⑩

乾隆帝认为程颐的主张(不同于程朱正统学说的其他部分)是冒犯君权。

> 夫用宰相者,非人君其谁为之?使为人君者但深居高处,自修其德,惟以天下之治乱付之宰相,己不过问。幸而所用若范、韩,犹不免有上殿之相争。设不幸而用若王、吕,天下岂有不乱者,此不可也。且使为宰相者居然以天下之治乱为己任,而目无其君,此尤大不可也。

同明代帝王一样,清代君主竭力抑制官僚机构和大臣权力,尽力强化君权。在这一过程中,宗派受到皇帝自以为是的批评。⑪

在雍正、乾隆两帝看来,士绅官僚一旦借助"非正常"同行渠道谋取私利,朋党之风就会兴起。如前所述,皇帝的这类主张从帝国长期存在的反士绅结社的政治思想中汲取认识论和意识形态力量。尼维森扼要分析了19世纪清议兴起之前的官方主张:

> 官方认定,人们决不会出于非私利的目的——保卫国家、捍卫王权、维护公益走到一起。士绅如要为朝廷效力,就须做一名忠臣;如有建议,则应直接进奏皇上;相信宸断。臣下无权怀疑皇帝用人选择,无权建议皇帝让权于下。这样一来,结党之习,尤其是那些求一己私利的朋党就会消除,这种风气也必须根除。在乾隆这样的全盛时代,宗派之习不能存在。

这种论调并未幸免于向嘉庆时代转变的冲击。和珅事件成为士大夫重新审视自身对国家和官僚体制特殊责任的分水岭。东林党人的政治参与意识,在沉寂了一个半世纪之后,已不再是宗派主义自私自利的明证,而成为社会的典范。⑫

二 士人对和珅的评价

和珅事件同明末阉党乱政一样,改变了儒家话语对士绅在王朝衰微时期所承担政治责任的看法,因为一个成功跻身于帝国政治的宗派得到皇帝的宠幸。和珅赢得皇帝的支持后,可以毫无顾忌地形成一个由其支持者结成的群体,这个群体其实就是一个在中央和省一级部门握有重权的朋党势力。这种非正规的(许多人视为非法的)晋升之路也是前代某些王朝宦官扩张自身权势的捷径。

18世纪90年代的反和珅势力同17世纪20年代的反魏忠贤阉党势力一样,使士绅及官僚阶层的不满分子汇成一股强有力的力量,形成一个与和珅势力对立的群体。乾隆直接或间接执政的最后20年(他于1795年禅位,实行"训政")中,在意识形态一致的面纱背后,秘密的政治集团出现了,后来还发展为公开的清议。⑬

在许多满汉官员眼中,和珅对儒家政治生活和官场带来的威胁远远超过朋党之风造成的危害。意识形态领域对党社的限制受到士大夫所深切关注的和珅为个人私欲损害皇权行为的挑战,朝廷有关"党社"的禁令受到道德上的质疑。儒士中与和珅对立的力量现在占据有利的位置。作为关心时政的士大夫,他们的"公心"与窃国之盗的私欲相冲突。18世纪90年代,围绕政治团体的话语焦点正在逐步转变。

当然,即是在已禅位的乾隆皇帝1799年去世之前,环境仍无太大变化。例如,庄存与等朝廷要员并不敢公开议论时政。因此,18世纪80年代,庄才选择今文经学对《春秋》的解释掩饰他对和珅的不满。10年以后,嘉庆帝采纳了与这位英俊而握有重权的满洲人对立的那些大臣们的建议,逐步清除和珅的势力。嘉庆执掌朝政,下令有资格的官员可上书皇帝讨论朝廷面临的问题。这一"开言路"之举标志着皇帝数十年禁止上奏与己无关的建议之后,又开放言路。⑭

令人惊讶的是,和珅的许多对手都是汉学家,他们聚集于满洲大学士阿桂和朱珪的周围,朱是北方人,和嘉庆帝亦师亦友。阿桂是庄存与10年前在朝任内阁学士时的同事。朱珪的哥哥朱筠是一位著名的汉学家和考证研究赞助者。朱本人也是汉学和考据的支持者,他被担任礼部尚书的学生请进京城。汉学家在反和珅集团中的作用表明汉学前所未有地卷入政治之中。它表明,传统观点认为的汉学与政治无关的形象需要进一步修改。⑮

在朱珪周围聚集的汉学家中,洪亮吉、孙星衍、张惠言都是常州人。常州学术的贡献及经世传统在朱珪周围的学者中不应低估。洪、张都和常州庄氏家族关系密切。庄存与曾反对和珅,并与阿桂过从甚密(阿桂曾试图提拔庄存与之侄庄述祖,但受到和珅的阻挠)。他的经学研究对朱珪及其同道有特殊的意义。和珅自杀两年后,朱珪曾为庄存与的《春秋正辞》写序,盛赞著者对《春秋公羊传》的研究。如前所述,庄氏著作含有反和珅的内容。⑯

对朱珪的许多同道来说,嘉庆仅清除和珅势力还远远不够。嘉庆尽管承认和珅的许多党羽也应承担责任,但不允许对其父乾隆帝的任何批评,而正是乾隆帝赋予和珅巨大的权力。此外,嘉庆不希望进行全面的清洗——而这是清除和珅势力的惟一途径,他认为和珅应为部下的腐败负责。在他看来,敌人不是一个宗派,而是一个人。随着和珅势力的消除,皇帝希望大臣的忠诚再回到它应到的地方——皇帝本人那里。

三　洪亮吉案

但是,嘉庆帝对处理和珅擅政的节制态度在1799年9月下旬受到挑战。当时,常州士人洪亮吉强烈要求朝廷消除和珅在朝期间的结党营私活动,洪氏对皇帝的含蓄批评(由诚亲王转呈,因为洪本人并无上书皇帝的权力)前无先例,他向嘉庆帝的慷慨陈词是19世纪士人政治参与意识复兴的公开体现。东林党人风格的政治行为又出现了,尽管它的命运在嘉庆考虑应付洪亮吉上书的对策时,仍安危未卜。洪的同事、好友和支持者都担心他将为此送掉性命。⑰

洪亮吉曾为皇帝的重臣朱珪所提携,他送给朱珪一份上书副本。诚亲王将洪的上书立刻转交嘉庆帝。皇帝闻之大怒,立刻撤消洪在翰林院的任职。洪亮吉将上书副本散于朱珪及其他人,此举更使皇帝火上浇油。嘉庆帝还因朱珪未主动上交洪的上书,下令把他的官职降级三等。刑部和军机大臣会商后,奏请皇帝将洪亮吉以大不敬处死。朱珪一派面临严峻的挑战。嘉庆帝凭借儒家政治理论意识形态方面的全面支持,正在利用这一机会消除那些妨害他政治决策的各种对立力量。

苏姗·马恩(Susan Mann)曾研究过洪的被捕在北京士人中间引发的骚动。洪亮吉下狱后,他的好友、内阁中书赵怀玉曾于洪被捕当晚,入狱探视。马恩的书引用了生动记述两人会面的材料:

> 内阁中书赵怀玉,亮吉同里友也,即狱而诀之以酒。怀玉一滴不能下咽,欲语而复止者再。亮察其有异,卒问曰:"何哉?君乃作此面目向人,岂有所言耶?何嗫嚅也。"怀玉未有以应,已而,哽咽出声曰:"闻有旨。"亮吉方伏案大食,遽仰首曰:"我知之,斩立

决耳。"因字谓怀玉曰:"味辛,吾乃今日知死耶何为然也。"颜色不乱,饮如初。

洪亮吉根据道德基础,慎重而公开地再次认定一个心忧时政的士人有向朝廷上书言事的权力。[18]

作为常州汉学圈中一位在18世纪80年代即赢得全国性知名度的学者,洪亮吉曾是一位家境贫寒的贫民子弟,年轻时曾在庄氏族学中上过学(详参第二章)。他果敢的上书行为起初被视为告别考证家的地理、金石和经学研究之举。然而,若从常州经世传统(我们已讨论过无锡的东林遗产和武进庄、刘两族)考察,就不难看出,洪亮吉的上书是长期潜伏的关心政治传统的体现。政治和经世风气仍然是常州学术传统和庄、刘两族成员的重要内容。[19]

是什么因素推动这一议政之举的突然爆发?和珅死后,这一事件的发生极为明显地说明,在和珅时代已产生出愤怒、挫败和无望感。当时,和珅及党羽的腐败、地方战事的失利引发清朝中后期国家与社会的裂痕。我们从18世纪常州学派的领袖人物庄存与的政治生涯可以找到士人观念转变的重要线索。如前所述,他转向公羊学就是为抒发对18世纪80年代政治腐败的不满。他对《春秋》的研究标志着从古文经学的实证学风向更强的唯意志论儒学的重大转折。唯意志论和政治参与意识源于《公羊传》,《公羊传》描述的孔子"素王"形象出现于周朝衰落时期,这个时期与和珅当政时乾隆朝衰微的局面十分相似。[20]

洪亮吉1799年的上奏活动、庄存与的公羊学研究绝不是空穴来风。那些在18世纪80年代形成庄存与经学的社会和政治力量转入18世纪90年代,在这个时代,洪亮吉向朝廷政策提出的挑战是士人政治参与意识的公开表现。两位常州博学传统的后继者展示出18、19世纪之际的学术和政治思潮,这股思潮后来成为整个清朝的主流。鸦片战争爆发40年之前,士人的政治参与意识和今文经学的意志学说都呈上升势头。

四　士人的再次崛起

如前所述，庄存与对时政的批评带着经学面纱，他没有直抒胸臆，因为他和其他官员已经为乾隆帝所疏远。庄存与只目睹到和珅的得势，洪亮吉却向他们的腐败行为提出抗议。当然，不能把洪亮吉1799年的上书归因于庄存与公羊学的影响，但两者都是士人围绕和珅影响朝政展开争论的产物。此外，庄、洪两人都汲取常州学术和经世传统来阐发他们引人注目的主张。洪亮吉与常州庄氏家族长期关系密切，这种关系可追溯到洪氏少年时代，一直保持到洪氏成年。洪亮吉虽然是一位不同于今文经学的汉学家，但仍属常州学术的一部分。㉑

洪亮吉的上书是一位目击和珅失势，在新皇帝继位后看到随之而来的改革前景的学者的成果。当改革无法落实，洪感到有必要打破沉寂：

> 然区区之心，有不能自己者，上则不胜犬马恋主之诚，下则不敢忘师友赠言之义。盖某本辞臣也，本无言责，但自思通籍以来，不数年间，受国家逾格之恩屡矣。夫受恩不酬，非国士也；有非不尽，亦非人臣所敢出矣。

作为一位关心时政的翰林院官员，洪亮吉的上书之举还应从重新审视翰林院官员有限作用的角度加以考察，翰林院以前缺乏政治意识。㉒ 姚鼐，一位受大多数汉学家非政治倾向困扰的宋学倡导者曾写过《翰林论》。他指责翰林院纯学术倾向的虚伪性及其疏于鼓励诚实的偏向，并指责翰林院官员丧失前代御史官员的"谏书"传统。或许是注意到洪亮吉向诚亲王的上书之举，他说：

> 是故君子求乎道，细人求乎技。君子之职以道，细人之职以技。……技之中固有道焉，不若极忠谏诤为道之大也。徒以文字

居翰林者,是技而已。

姚鼐尖锐地指出,明代翰林院官员的"谏书"风气远过于清代的同行。洪亮吉的上书之举在许多方面都是清议的雏形,清议则是19世纪士大夫政治参与意识的特点。㉓

洪亮吉求助于一个关心时政的个人,而不是某个派别。他单独上书,可以逃避儒家反对朋党机制的全部力量。他孤立一人的上书方式还可部分地解释嘉庆帝没有治他死罪而代之以将他流放伊犁的原因。更重要的是,嘉庆对洪亮吉的赦免还表明,士人若通过合适的渠道表达自己的异议,仍可得到宽恕。㉔

一个经由皇权授权的非常先例建立了。洪亮吉上书一事轰动帝国,他在赴遥远的伊犁流放地的路上,被仰慕的人群和士绅当做英雄对待。嘉庆深知处死洪亮吉无意之中将会在官僚阶层制造恐怖气氛,妨碍其他大臣自由讨论和提出他所需要的建议。他一直认为,自己无意处决洪亮吉,还宣称常将洪亮吉的谏书置诸枕边,随时提醒自己作为一个处理国家大事的统治者的责任。

1800年,皇帝赦免了洪亮吉。当时,发生大旱,朝廷实行大赦以求天佑。洪亮吉因而被准予还乡。皇帝在大赦诏书中,公开自责自己处罚上书言事官员。据官方记载,诏书颁布后不久即降下大雨,皇帝还写诗庆贺,此诗被洪亮吉收入自己的诗文集之中。㉕

苏姗·马恩注意到洪亮吉仅把自己看做是在言路传统上的一名诚实的儒家官员。她指出:

> 对于帝国权力的成员和清朝权力机构的变化而言,洪亮吉上书事件标志着平衡的改变,这种平衡的重心将从皇帝转向官僚系统。洪亮吉时代的帝王既无力阻止,甚至没有察觉到皇权威信的式微,而这正是洪亮吉及其他同时代人在二三十年间看到的。

到1800年,中国的政治气候发生了变化,嘉庆皇帝宽恕了未经允许的对皇帝公开的批评,这种批评是他的祖父——雍正皇帝、父

亲——乾隆皇帝公开严禁的。㉖

当然,洪亮吉此举并未导致党社的合法化。嘉庆帝缓和皇帝独断专行形象的努力并不意味着收回甚至修订儒家反对集体性政治参与主张的倾向。事实上,嘉庆帝也担心惩除和珅余党的措施会引发类似的晚明的党争。他以宽恕和珅党羽来防止朝廷分裂,现在他同样宽恕了洪亮吉。

东林遗风式的党社仍然受到朝廷和儒家意识形态的明确禁止。19世纪,帝国制度处于内部叛乱与外国帝国主义入侵的夹击之中。中国士绅阶层逐步寻找政治的合法性为他们在决定自身命运时所发挥的作用辩护。清议出现了,它试图抚慰士大夫的悲愤之情,解决朝廷难题。宗派、党社因现实的政治、经济、社会问题而形成了。㉗

洪亮吉激烈的上书言事行为标志着士绅的政治参与意识在中华帝国晚期的政治体制和意识形态允许的范围内迈开公开的第一步。乾嘉之际的变迁改变了19世纪适用今文经学和经世思想的争论焦点。今文经学和经世思想之所以有助于清议派需要的完整意识形态的形成,自然不是偶然的。这套意识形态对于清议派争夺上层政治权力、取得处理帝国腐败所需要的政治手段,都是必要的。

随着王朝的衰落,士绅的影响加强了。清议派重新评价17世纪的先贤。东林遗产重新受到格外重视,并被尽可能地效仿。东林党人与清初的经世学者曾重新评定官僚体制中士人凝聚力的问题。他们的努力被19世纪关注现实危机的人们视为英雄之举。㉘

第二节 语言的政治

18、19世纪的文学争论反映出文人学术观和政治观的变化。桐城宋学与常州今文经学都与要求复兴古文派、更妥当地阐发儒家思想的运动息息相关。桐城和常州古文家都声称,政治性语言受到汉学家学术语言的拙劣对待。政治评判与学术客观性又陷于冲突之中。桐城和常州的古文倡导者认为汉学家倡导的骈体文以及八股文都违背儒学理想。

一 文人界（Literary genres）

本书前面讨论了文风与经世学说的联系，特别考察了常州古文与晚明唐顺之的关系。后来的常州文人认为唐顺之是儒家"文以载道"理想的代表。这里我们可以找到儒家为文学的辩护，在文学追求中，任何对道德及政治理想的论述都与阐述这些理想的叙述方式息息相关。清代常州和桐城的文人都特别相信，儒家的价值观念与古代经典代表的特定叙事风格关系密切。㉙

宋学倡导者对儒学理想的解释和汉学家们的解释有差异，这种差异与围绕着何种叙述形式能更好地把握儒学式公共生活的核心内容而展开的争论遥相呼应。宋学占上风的地区（特别是桐城和常州）也是古文的堡垒，这绝非巧合。令人奇怪的是，站在形而上学立场上贬斥人欲的宋学竟与可以直抒政治观点的古文关系密切，而承认人欲合理性的汉学则与倡导以文节情的骈体文联系甚密。㉚

与宋明理学家相比，清代汉学家对诗歌的兴趣大大减退。他们留下的作品也很少为其本人和文学批评界所重视。与此相反，宋明时期，唐代嗜诗的风气一直十分流行。黄宗羲、顾炎武均为清初文学批评变迁中的关键性人物，他们都重视经学，将其置诸比诗学更为重要的位置。

清初以降，顾、黄等人都认为，诗只是一种次要的艺术，相对经世之学这一儒学的核心内容，仅具有边缘价值。经史之学才是首要的。顾亭林曾为自己的研究作辩护，他解释道：

> 君子之为学，以明道也，以救世也。徒以诗文而已，所谓"雕虫篆刻"，亦何益哉！㉛

18世纪，惠栋等汉学家步武前贤，将文学兴趣仅限制于考校诗文的文字讹误。据近藤光男研究，惠栋运用考证方法治诗歌，是一种学术化的诗歌话语形式。在一个考据之风很浓的时代,这种形式的出现不足为奇。

由于文学和学术领域相互影响,考据方法还被用于研究、分类——即整理古代的诗和文章。近藤光男已指出:18 世纪江南考据学派的胜利,体现为诗歌话语与文学批评的重大转变。吴宏一在最近的清词研究论著中也指出:考证方法在文学批评中扮演着相当重要的角色。17、18 世纪,诗歌系统理论的形成为词、骈、散文等领域的批评运动作了补充。吴认为,清代批评家认为他们在鉴赏能赋予诗歌以美学力量的韵律和用词方面已取得最后的成功。㉜

清代文人对诗歌的重视程度与明人相比,不太突出。阎若璩(尽管他参加了其父的诗社)、姚际恒、戴震等文献学者死后几乎没有留下什么诗作。钱大昕一直努力以经史研究称誉学界,当他的诗未经他允许就收入文集出版时,他对因此而获得的诗人美誉却大为不满。

历史学者章学诚也有意疏远诗歌。他对此解释道:史家关注的是治道,而诗则无关紧要。在他看来,诗至多是拙劣的散文。他特别反感和忌妒袁枚的诗名,他斥袁的诗作"庸俗"。㉝

当然,清代士大夫(包括考据家在内)仍然写诗、品诗。有清一代,诗作常是作者著作的一部分。朱彝尊、陈维崧除文献学建树外,还以对词学复兴的贡献享誉于世。到 18 世纪后期,在朱彝尊的老家常州,写词成为当地文人的重要爱好,并因此形成"常州词派"。

赵翼尽管毕生致力于史学研究,但也以常州诗人闻名于世。张惠言虽是常州学术顶峰的象征,他的词作同样著名于世,但对他来说,仍不及其易学论著有价值(详参第四章)。直到 19 世纪,学术的地位仍优于诗文,一个人的诗文作品仅被视为文献考证的点缀。㉞

二 乾嘉转折之际的古文

桐城和阳湖(后者位于常州)的古文家把文学争论带入 19 世纪。进入 19 世纪,新的社会和政治条件迫使经世学者寻找一种更适宜表达自己政治见解的文学载体。汉宋之争常被误认为文学争论。与汉学家对诗及文学批评的冷漠态度相反,一套新的散文批评理论早在18世纪后期即已崛起。

那些热衷于骈文的文学批评家可以引用八股文的写作格式。常州古文的批评者李兆洛甚至怀疑古文的真实性,他声称骈文是阐发经典学说的真正的叙事形式。李的观点代表汉学的主张。因为古文是唐宋时期的产物,它与汉代经学遗产的联系微乎其微,且令人怀疑。汉代儒士多以近乎骈文的文体写作,这确实证实了李的观点,李认为骈文近古,最有可能是载道之文的形式。非政治的汉学家们对骈体文的爱好意味着阅读代替了背诵,表现出作文章要求强调内容优于形式的表现风格。㉟

甚至桐城古文派也受到这些文学主张的影响。文体批评家自由地应用各类文体。李兆洛曾怀疑古文的起源,可他本人即以精通古文驰名。桐城宋学始祖方苞强调作文应遵循"义法",18世纪后期、19世纪早期,桐城宋学的代言人姚鼐创立了评定优秀文章的八条标准。

姚认为文章的内容与风格相统一。他也强调要精通考证,尽管他只视考证为文章、义理的附庸。阮元批评桐城古文的义法窃自八股文。据记载,方苞常用古文方法作八股文,又用八股文法作古文。姚鼐的古文和八股文也很相似。㊱

但是,19世纪的古文捍卫者常嘲笑八股文是明代文章演化而来的杂烩体。古文则被誉为卓异的文学表达形式,与过于僵化、缺乏创造力的八股文相比,优点更为明显。19世纪后期,古文提倡者呼吁废除科举考试的时文部分。一些宋学家也支持改变科举考试中一种神化宋学的形式。㊲

1799年,姚鼐编《古文辞类纂》,将古代文章分为十三类——论、信、墓志铭、跋等。与八股文汇编不同,姚的著作可被当做教本,该书以一种方便读者的形式将许多已行世的古文作品汇集到一起。后来,李兆洛编著《骈体文钞》以抵消姚著的影响。文体同儒学观点一样,成为清代学术争论的一部分。㊳

姚鼐曾批评翰林院官员将太多的时间浪费于文学问题,特别是八股时文的讨论上。他倾向于一种更为积极的经世立场,希望翰林院官员劝谏皇帝关注国事。根据桐城派的观点,古文不是要逃避政治责任,相反,它是文人向皇帝及其他人反映自己主张的最适当的文学形式。姚鼐、姚莹、方东树等桐城派古文家都认为,经世致用与精通古文并不矛盾,而且还相互补充。

三　经世思潮与文人交往

詹姆斯·波拉彻克(James Polachek)论述了文学或美学的联系在鸦片战争前北京地区士绅同行群体形成过程中的中心地位。嘉庆帝宽恕洪亮吉上书之举后,对文人上书的宽容在19世纪初期促使许多诗社的建立。17世纪东林党消失后,这类社团曾被取缔。19世纪社团"热"的重新出现表明,家庭已不再是朝廷允许存在的惟一合法的士绅组织形式(详参第一章)。㉝

据波拉彻克分析,诗社成为志向更为远大的士人组织的雏型,士人一旦被动员起来参与独立的政治活动,这类组织就会出现。诗社也是社会认可的组织,在这种组织中,共有的理想使文化精英结成更为稳固的政治团体。因此,文学联系的重要性若从早期漠视政治的汉学家和积极参与政治的理学家之间展开的风格学争论考察,就不再是士大夫们无所事事的象征。相反,它体现出士人社团对积极参与政治的士大夫们倡导的古文的应用。那些政治积极参与者反对18世纪汉学家所持的脱离政治的态度。㊵

"再修辞化"的风格形式并未产生本身具有政治目的的团体。但是,审美态度一致性的形成却使志趣相同的士人结成松散的政治联盟。这种团体一旦面对社会、政治、军事难题,将同晚明士人社团一样公开亮出自己的政治立场。波拉彻克揭示出更为激进的清议社团(晚明政治风景线的一部分)如何渊源于这些早期的士人群体。尽管士人围绕着风格——也即审美问题组织社团,但其中暗含政治内容。本书下面将从东林党人经世意识重新崛起的背景讨论这些群体。例如,19世纪,明遗民顾炎武经世致用之学的影响力远远超过他早先的"汉学开山"的声望。19世纪30年代,聚集于汉学家张穆左右的士人形成的社团在顾炎武的改革主张中寻找医治清朝崩溃的急救药。1843年,张穆等人在北京修祠祭祀顾炎武,同时为自己的经世主张辩护。㊶

与18世纪考证学者的职业型学者的角色及非政治性群体相比,19世纪的文学社团为士人提供了一个表达政治参与意识的组织。洪亮吉1799年上书诚亲王的"不得已"与其冷静的语言学和地理学研究相比较,可以给我们提供一条了解汉宋之争语言政治的线索。和珅时代之后政治语言缓慢而坚定地从汉学客观的研究模式转变成为充满政治内容的论题,这些论题与桐城古文和常州今文经学关系密切。㊷

四 常州的古文

常州阳湖派是风行19世纪的文学社团的先驱。它由不同的文学、经学兼长的士人组成。作为著名的古文家,张惠言、恽敬是常州古文派的主干。他们与常州文人联系广泛,在当地形成一个影响广泛的群体。这个群体审美标准一致,都关心和珅擅政带来的恶果。阳湖派基础广泛,汉、宋两派都为其审美兴趣所容纳。㊸

常州的文学和政治群体包括赵怀玉、黄景仁、洪亮吉、刘逢禄、庄绶甲、李兆洛,他们在18世纪、19世纪之际直接或间接地参与这一群体的活动。他们与张惠言、恽敬都是常州经世传统、文学风格、今文经学研究三结合的体现。

庄存与的公羊学、刘逢禄的今文经学都是常州士人对于自身在儒家政治生活中角色态度变化的一部分。这种变化当然不能归因于今文经学。但是,公羊学理论支持汉宋之争产生出许多思想和文学的变化。㊹

张惠言认为,词隐含着有为之人对现实不满的"微义"。这是文学与今文经学主张相重合的例证。写词要求骈文家具备的博学和古文家需要的复杂风格,成为士人表达儒家道德价值观的合适媒介。人们常用褒贬理论解释孔子的《春秋》、《诗经》,西汉今文经学尤其如此。张惠言认为词作也含有类似的讽政内容。《春秋》、《诗经》通过诗文反映东周时期礼崩乐坏的现状,词与它们一样,体现出其所出现时代的社会弊病。张惠言用庄存与在《公羊传》中发现的意蕴解释词作。传统文献遗产为批评时政提供了媒介。⑥

第三节 经世之学、变革与东林遗风的复兴

19世纪的经世主张不足为奇,经世传统可追溯到明代,它在常州及其他地区因为精英家族保持着朝廷官员和地方领袖的双重角色而幸存下来。常州庄、刘两族只是江南经世传统的两个例证。19世纪最具新意的是经世学说中压倒一切的改革主张。国家的现状不再是19世纪经世话语的出发点。

经世等儒家语汇并不总带有改革含义。防洪、减少预算开支、修订历法、修改典制等经世内容同样存在于日常和持续性制度框架之内。由于自动地将经世活动与变革意识等同起来,我们常忽视中华帝国晚期经世话语的基本模式,假定改革主张代表经世之学的复兴,其实它只是儒学自古以来存在的理由。

那些不加辨别地接受中国19世纪慷慨激昂的政治变革主张的论者通常认为经世意识在18世纪已销声匿迹。我们关于常州今文学派的讨论表明,经世之学仍是汉学风行时代的潜流。和珅崛起之前,乾隆朝的行政效率与前代相比,说明皇帝仍有效地控制国家的运转。一个复杂的社会所要求的政治和社会组织同样需要官僚和技术专家加以维护。而且,常州庄、刘两族世代为官、精通举业的"职业化精英"存在的事实也迫使我们放弃经世之学直到19世纪才复兴的说法。

尽管汉学与考据因18世纪经学研究的客观性及非政治化学术角色而受到19世纪学者的猛烈攻击。汉学家们也反对和珅及其党羽。他们触发了就士人在政治事务中扮演的角色问题展开的争论。许多士人逐步认识到传统的权宜之计不能解决人口增加、政治腐败、外来侵略等问题。如本书下面对常州人恽敬的研究所言,19世纪初叶的许多士人已认识到,要废除过时的土地和税收管理方式,需要对帝国政

策和制度进行大的改革。⑯

士人们对国家的危机认识越清楚,他们对改革的呼唤就越急切。改革式的经世致用主张就取代了修补制度式的经世学说。18世纪的经世学说缺乏改革意识,这一点在激昂慷慨地反省乾隆后期历史的批评声中为人忽略了。今文经学本身就是这种转变的产物。庄存与借《公羊传》所阐发的儒家意志主义学说,其初衷本质上是保守的。但是,到19世纪,今文经学就被运用于政治参与意识和变革思潮。

一 东林遗产的崛起

在清朝统治的最后一个世纪,呼唤帝国制度变革的激越声音越来越频繁。到19世纪早期,经学、经世学说、文学汇合起来,支持士绅参与政事。常州这方面的建树尤其突出。

如前所述,庄存与的公羊学是对和珅当政的回应。1799年洪亮吉轰动一时的上书行动是对道德败坏、士人政治责任感缺乏的全面批评。在19世纪的最初10年,恽敬论述了圣人治国方针的灵活性和适应性。庄、洪、恽都是常州学派的产物。

乾嘉之际,道德危机意识加强,朝廷对上书言事的逐步宽容与人们对早期士绅的道德批判和政治抗议的浓厚兴趣结合起来。士人现在更重视恢复他们一度放弃的对政治事务的责任感。而反对朋党的主张则被置于次要位置。与清议关系最密切的先例已为东林党人建立起来了。晚明士人的努力一旦被视为士人解决动荡时代道德危机的楷模,那些支持限制晚明士人党社活动的理论就失去效力,士人政治意识复兴的道路就会重新被打开。⑰

教育19世纪的士人重新了解东林先贤的尝试开始使人们从新的视角理解晚明东林党人的失败。学术官僚王昶(汉学倡导者,学生时代曾在苏州和钱大昕、王鸣盛一起读过书)后来编著过有关东林书院的史著,他视此为复兴东林遗产的第一步。这个创举深得常州士人的支持。

赵怀玉、李兆洛都是常州文人团体的一员,他们帮助刊印17世纪东林党及复社人士的著作。王昶同样编过明末经世学者陈子龙的文集,还为他写过年谱。乾嘉转变期的一个关键性人物李兆洛也编过一部史书,热情讴歌东林先辈的道德风范。㊽

无锡人秦瀛是著名汉学家秦惠田的侄孙,他是古文家张惠言的弟子。他帮助王昶收集东林书院的材料,王将这些材料整理编辑,收入一部记述全国书院的论著之中。王认为著录书院有助于发扬晚明东林人士倡导的道德主张。秦瀛还写过一篇纪念1797—1799年东林书院改革的文章,文中强调无锡士人在晚明国家事务中的重要性。秦瀛认为,这一改革将使东林书院重显生机,再次成为无锡士人关注的焦点,帮助士人摆脱单一的科举应试教育的束缚。但是,他同时强调要消除晚明党争的流弊。秦瀛在1799年论述东林书院时,同洪亮吉一样,还不能公开为文人社团辩护。㊾

但是,秦瀛在1795年为发现东林党开创者顾宪成的自传手稿而作的文章中,重新评价了顾宪成在危害明代政治的党争中所扮演的角色。秦瀛注意到孔子本人的反朋党主张,但是他赞扬顾宪成用"公心"引导东林党。

他认为,顾宪成不应为朋党的出现承担责任,相反,他把那些志同道合的仁人志士招集到一起。孔子说过:"君子矜而不争,群而不党。"㊿秦瀛试图巧妙地消除儒家政治理论中反对结成党社的内容。他引用孔子有关的权威性观点抵消当时反对结党建社论调的影响,为士人社团的建立开拓有限的空间。秦瀛为文人社团的辩护后为晚清今文经学改革派康有为、梁启超所采纳,他们视"群"为自己政治变革主张的核心内容。

例如,康有为著《长兴学记》一书,曾继承发挥秦瀛提出的"群"的概念,并纳入自己的政治主张之中。康认为,仁体现于具体的社会环境之中,就是人类得以彼此相依形成的社团模式。康有为力图在法律禁止社团存在的环境下,为帝国士人政治团体的存在做辩护。

梁启超把康有为阐发的"群"的主张变成自己政治改革理论的核心内容。他在《说群》一文中不再重视仁的道德特性,而代之以分析政治一体性、政治参与、政治合法性、政治团体范围等重要问题。秦瀛等

19世纪早期的东林学风倡导者是一些缺乏分析地在帝制语境中活动的儒生，梁启超却超出了传统的樊篱，尽管他仍采用前人遗留的有关政治群体的主张。(51)

303 秦瀛虽然钦佩东林党人的道德勇气，但承认他们卷入晚明的政争。悲剧在于顾宪成在东林书院召集同仁时，并未考虑到党争问题。秦瀛纠正了长期以来流行的东林党加剧了促成明亡的党争的说法，他断言，东林学人卷入政治并非是有意的。他说："公已前殁，未罹其毒，且非公所及料。故余尝谓东林之祸非公之咎，而明之亡亦并非东林之咎。"秦的论述表明，朝廷禁止建立党社的意识形态前提再次受到质疑。(52)

19世纪20、30年代，管同、方东树唤起士人对东林党人进一步的兴趣。管同深得方东树敬重，他是19世纪20年代处理运河管理危机的经世主张的倡导者之一。管同在一篇论述明清政治、风俗变迁的论著中认为清朝对清议的遏制过于严厉。他认为，尽管宗派主义需严加防范，但是，党禁引发的鸦雀无声的局面将造成一种无人承担改革责任的文化氛围。

管同赋予他所讨论的政治价值观以文化变革的外衣，他认为，士民不是统治者为所欲为、任意宰割的鱼肉。他进一步指出，国家风俗不会一成不变；士人要求改变法度。如果风俗不变，有志之士就无法脱颖而出。这样，即使变革法度，又有谁能把它付诸实施呢？管同认为前代
304 王朝的衰落往往与他们落伍于时代步伐有关，而成功的王朝都认识到纠正时弊的必要性。管同的讨论意味着当时的文人更关心个人金榜题名，或学术声望，而不关心时政。他呼唤新的文化价值观，它应鼓励学者、官员正视现实难题。(53)

宋学的捍卫者方东树同样钦佩东林党人的救世精神和参与意识。方在致李兆洛的一封信中，曾为东林党人的经世精神辩护，并把其视为汉学家倡导的脱离政治风气的解毒剂。方东树在列举汉学家政治、道德两方面漠视国事的流弊后，怀着仰羡之情记述了晚明士人忧国忧民之心，他们与后世的考据癖们形成鲜明的对照。(54)

方东树的见解与17世纪中叶的明遗民黄宗羲对东林学派的著名

论断极其相似,方指出:今言东林清议之害,祸延家国,窃寻此论百余年来,缙绅大夫皆同此云云矣。(东林)特风气太盛,间亦有一二不屑,依附其间,而正人君子固已多矣。当时误国败事者,岂皆出东林清议乎?故蔽罪东林,可谓不察其本末矣。

方东树在致李兆洛的信中严厉批评了东林党人应为明亡负责的论调。事实上,方东树推翻了清朝的共识,即东林党人卷入的党争是明朝腐败的重要祸首。他声称,自己以有关调查为依据,反驳一个多世纪以来在士绅中间广泛流行的东林祸国论,这种对东林党的批评缺乏根据。他指出,东林党人维护程朱理学为基础的宋学的道德勇气和责任感被17世纪以来那些急于为明朝灭亡寻找替罪羊的人所忽略了。方东树质问道:那些削弱明朝并导致其灭亡的,难道都是东林党人吗? 305
魏忠贤的阉党及其他宗派就不应承担责任吗?这些邪党与东林党人的高尚目标和道德情怀呈对立之势。(55)

方东树放弃流行的关于明亡的论调,他把明亡归咎于17世纪20年代政治共识消失后国事日非的局面。他指出:那些将明亡归咎于东林党的人并未弄清事情的原委。他声称:帝国政权之所以落入宦官庸臣之手,明代皇帝要承担主要责任。如果统治者懂得如何重用那些既敏且贤、公正无私的大臣,朋党就不会出现。明代专制孕育出导致其灭亡的党争和内讧。

方东树认为:明亡的终极原因在于无视东林党人代表的"清议"。方东树通过纠正有关东林党的俗见,力图将积极的经世精神注入士人中间,取代汉学漠视时政风俗的风气。这种努力在一系列广泛的建议下得到鼓励。宋学和今文学派都为经世学风和变法意识的兴起添火加油。方东树为东林党的辩护为19世纪的士人提供一种政治活动使用的角色模式。反对朋党的意识形态禁令让位于复兴中的士大夫政治参与意识。(56)

二　从宗族组织到士绅社团

19世纪,志趣相投的士大夫结成社团,这种行为受到越来越多的支持。国家意识形态在消解士大夫的凝聚力、将非血缘的党社转化为更易容忍接受的建立于血缘基础的宗族组织方面的作用大大削弱。这一过程扭转了晚明清初以来血缘宗法团体代替非血缘团体成为动员士绅的主要方式的趋势。

19世纪的清议社团是非血缘同行形成的士绅社团再次出现的象征。血缘关系仍然是地方社会士绅凝聚力的主要来源。但是，在更为广泛的省际乃至国内政治舞台上，血缘关系已退居次要地位。东林式的士人社团开始同17世纪一样左右政治讨论。

19世纪初叶今文学派的变迁就是一个典型事例。18世纪的今文经学曾受常州两个有势力的家族的保护和推动，这两个家族还凭血缘关系强化自身在朝廷和地方的利益。18世纪的今文经学只是以血缘关系为基础的地方性学派的体现。但是，刘逢禄之后，今文经学的发展即超出其源于庄、刘两族的范围。政治气候改变了，公羊学研究不再需要宗族维护其合法性，支持其生存。19世纪风行的今文经学主张成为士大夫社团倡导经世主张和变法维新学说的媒介。

宗族曾经满足了动员士大夫的需要，血缘关系使这类动员得到了儒学理论上的认可。现在，在东林式的文学政治社团中，士人们聚集起来，发出更为激越的关注时政的呼声。19世纪初叶的改革意识建立于本书最后将讨论的思想变革与文学争论的会合点周围。政治学语言（常州今文经学曾促进其发展）与语言政治学的变迁纵横交错，密不可分。㊼

第四节 政治学的语言

在常州府，政治学语言的逐步变化体现于平行而重叠的两个发展方向上。一方面是庄、刘两族借庄存与、刘逢禄经学论著表达的带有激进的唯意志论和政治参与意识的经学观点。公羊学在政治、道德双重危机的时代树立了积极入世的孔子形象。这一形象出现并流行于乾嘉易代之际，洪亮吉等人把当时的政治、社会危机归结为道德危机。清代的孔子形象屡屡变化,从宋儒的道德圣人到汉学的教师,而后演变成今文经学的政治活动家,这种变化与前面论述的思想、文学变化彼此相呼应。㊽

在另一方面,这种变化与常州的文学争论恰好同时发生。此后,阳湖成为古文传统的中心,后来竟能与桐城派在文学界齐名。经学话语与文学表达形式相互补充,成为19世纪的政治学语言。经学与文学的一致性体现于常州文人恽敬的改革论著之中。

一 恽敬

恽敬是庄氏家族的知己,与庄述祖的关系尤为密切。他是常州古文派与今文经学相结合的又一个有趣的例证。他对今文经学学说的运用是我们论述鸦片战争以前常州今文经学发展演变历史的一个合适的结尾。在龚自珍、魏源到北京问学于刘逢禄15年之前,常州学者已清晰地阐述了经世变法和今文经学主张。恽敬的主张表明,晚清康有为等人的改革主张并非没有先例。

恽敬精通经史,一直官居微职,晚年在江西南昌府遭弹劾而去职,1814年,恽敬退职还乡。恽氏家族世代以文学艺术建树称誉于世,他的同族恽寿平以绘画为生,拒绝出仕清廷,成为清代著名的风景画家。恽家在明代地位显赫。入清后,因家族成员效忠故明王朝,拒绝出仕,再未取得类似明代的显赫地位。㊾

恽敬著有《三代因革论》,这是一组文章,共八篇。它提供了一扇独特的窗口,使我们看到作为表达政治见解媒介的古文与作为政治改革主张的今文经学的结合情况。恽敬运用三代改革的理论依据呼唤古代圣哲的改革精神。从我们的初衷看,恽敬的文章体现出我们讨论过的思想、政治、文学三方面问题的结合。

恽敬吸收夏、商、周三代变革论这一公羊学的重要观念,他以三代圣贤推行的政治改革(因革)为依据指出,根据时代的变迁而变革不仅是合理的,而且是必须的。早在康有为及西方冲击来临之前,今文学派已摆脱汉学的影响,成为为时代政治变革辩护的公开渠道。㊿

二　今文经学的遗产：从训诂到政治

恽敬系列文章的出现证明，今文经学与阳湖古文派已在相当程度上接受了改革意识。

> 圣人治天下，非操削而为局也，求其之方而已，必将有以合乎人情之所宜。是故中制者，圣人之法也。

309 “合乎人情”的观点与18世纪后期戴震等人为代表的重新评价人欲的学术倾向相一致。18世纪70年代，戴震斥责程朱理学“以理杀人”，但他的批评仍限于学术问题。到恽敬时代，学术环境变了，恽敬将经典认可的人欲置诸更广泛的政治变革研究中加以讨论，认为改革的目标在于顺遂人情。作为一位考证学者，戴震还未发现对新儒学道德理论的重新评判与改制变革的联系。(61)

恽敬认为，东周时期篡夺天子权力的五霸的治术与圣人相反。他强调制度与人情相谐发展的必要性。“于人情苟不至，甚不便，圣人必不违之，此三代之道也。”不幸的是，三代之道在春秋战国时期已经失传。汉代力图复兴三代之学也无济于事。秦朝暴政建立后，历代王朝再也未获得三代之道的精髓。恽敬著文讨论三代之制的目的：“吾故详论之，求王政之端而究其同异，以破诸儒博士之说，庶圣人治天下之道，可无惑焉。”(62)

恽敬《三代因革论》的第二篇讨论了早期分封侯制时代保证耕种者获得适当收益的土地政策。恽敬认为古代圣人根据条件的变化调节政策，认识到不应拘泥古制。当分封制不适于时代变化后，圣人又寻
310 找新的方式解决满足人民需要的土地所有权难题。恽敬指出：

> 故曰：越乎中制与不满乎中制者，非人情所甚不，圣人必不违之也。故由吾之说，则三代之所久安长治可知也；不由吾之说，则禹汤文武之说已溃裂矣，其子孙岂有一口之暇哉？此可质之万世

者也。㉓

灵活性可谓治国安邦的基本条件。

在《三代因革论》的第三篇，恽敬阐明了自己的主题，适应性是治国有方的秘诀。古人根据自己的时代创建制度。"至于先代之制，其可更者更之，不可更且不必更者仍之，如是而已。"

恽敬以井田制的变迁为例论证自己的观点。井田制是一种孟子以后历代儒家视为典范的土地平均分配使用制度。恽敬根据《公羊传》的记载认为人们对这一儒家理想化的神圣制度理解不当，因为井田制通行的时代条件已经消失。他指出，要在帝国人口、疆域增加的条件下维持井田制，就需要"因时宜均民情"调整、改革制度。夏、商、周三代土地制度的成功改革即是典范，也是警示，圣人的遗产不是一成不变的。㉔

恽敬在《三代因革论》的第四篇考察儒家范式的局限。他指出，历史的现实要比抽象的政治、道德理论更应受到重视。

> 井田不可废之法也，而卒废。儒者皆蔽罪商鞅。虽然，鞅之罪，开秦之阡陌也。彼自关以东，井田之废，非鞅之罪也。夫法之将行也，圣人不能使之不行；法之将废也，圣人不能使之不废。

恽敬指责宋儒拘泥孔子一成不变的社会、政治规则，力图把制度变革和经世致用重新统一起来。他显然借助对法家的间接辩护来否定儒学教条。

恽敬认为，许多制度能行之后世，关键原因在于因民之欲，一旦不能做到这一点，就会被抛弃。井田制只能在小国寡民的时代施行。国家的疆域一旦扩大，这种只适用于小国的制度就无法实行。

> 是故春秋战国之民，其先享井田之利不可见也，所见者身蒙井田之害而已。利远则易忘，害近则其去之也。㉕

随着天道、人事不尽地流变,制度改革就发生了。恽敬把秦朝看做古代中国与帝制中国的分水岭。随之而来的制度变革并非法家的过失,而是时代"不得不办"的产物。

> 是故秦者,古今之界也。自秦以前,朝野上下所行者,皆三代之制也。自秦以后,朝野上下所行者,皆非三代之制也。井田其一也。然则圣人虑此奈何?曰:圣人者,非所能测也。虽然,其书具在,可考而知焉。……使孔子、孟子生于始皇之时,岂必驱天下而复井田哉?噫,此俗儒必争之说也。

恽敬把帝国体制变革的主张纳入儒学之中,发展了儒学。⑯

《三代因革论》的前四篇写于1810年。九年之后,恽敬又续写了后四篇。在第五篇中,他将目光转向税制。他认为,三代土地税率较高,为十取一。但国家通过强制劳役的办法征集财力,满足公共和军事需求。三代以降,土地税降低,为三十取一。但人民不再平均承担劳役,只有奴隶、佣工才为谋生服劳役。

在三代平均政策下,人民安乐,现在则忍受痛苦悲伤。在民众之中,随着社会与物质分工产生出寄生阶层,发达的商业和手工业意味着越来越多的人无所生产,从事生产的人越来越少。但是,这种不均衡的发展不会持续太长时间。在恽敬看来,天地之潜力不能长久支撑如此不均衡的发展。⑰

当人们以自由农的身份耕种土地时,就会想起理想时代。恽敬主张要改变现今富者有田而贫者佣耕的局面,这种不公正的土地制度产生无止尽的贫困循环。他指出,这就是他所论述的"农病"。恽敬关于古代的论述反映出当时农业发展的状况,本书第一章曾予以讨论。恽敬平均赋役的主张是针对里甲制与明初以来推行的赋税制度。三代以后农民佃户化的发展类似明代后期的社会变化状况。商业化和商品化力量恰恰在晚明的一条鞭改革时达到高潮。它有效地拆除了税收制度中的劳役部分,迫使许多农民变成佃农和奴仆。在恽敬看来,古代是当代难题的反映。

手工业者、商人同样承受着三代以后不公正税收制度带来的经济混乱。恽敬指出，古代的圣人制定政策促使四民（士、农、工、商）提高生产率，满足社会的要求。四民数量减少，社会日趋庞大的需求就得不到满足。旧的社会界线已经过时。他提出下列解决方案：

> 圣人之道奈何？曰：不病四民而已。不病四民之道奈何？曰：不病农工商而重督士而已。

任何人都能看到恽敬指出的人口过剩与嘉庆时代日趋严重的社会贫困化之间的联系，因而才要求士绅减轻对农、商的控制。⑱

恽敬在第六篇讨论了三代军制。夏、商、周三代都实行"民兵制"，民兵制由那些不服兵役居民组成的基层组织提供后勤供给。不服兵役的居民提供武器、衣物和食物。周代衰亡的重要原因在于当时的统治者没有维持民兵制必需的组织机构。

但是，恽敬补充道，随着帝国疆域的扩大，小规模的地方性军事组织已不再适用于大规模军事战争的需要。在小国可以实施兵农合一的制度。但是，在后世的大帝国中若实行这种军事机制必然是自取灭亡。强迫士兵务农，必然导致军队战斗力的下降。强迫农民在务农的同时参军，必然破坏农业生产。帝国规模不断扩大的时代，随着经济条件的变化，过去的军事组织形式已经过时。

恽敬指出，汉唐时期已实行兵制改革。儒生凭三代产生的理想范式指责与之不合的改革。恽敬称这类责难不识时务。他认为，重要的应是实施与现实条件相符的改革。民兵制应根据最新最先进的方式加以组建。把军事组织缩小到与古代小国寡民时代相适宜的形式，其后果可能适得其反。⑲

恽敬在第七篇讨论了古代处理国家劳役的管理政策。恽敬讨论了三代繁多的国家劳役负担（"兵役"、"田役"、"力役"等），把古代劳役平均分摊的制度与后代服役不均的局面相比较。他在讨论古制的掩盖下，描述了15世纪以后国家劳役货币化的趋向，本书第一章就此择要做过论述。恽敬认为，其结果是导致地方平摊官役的税收制度的消失。富人可以雇人应付官差。

恽敬发现,唐代中叶以来,帝国经济上仰赖富裕的南方,早期管理官役的官僚制度已不敷使用。唐宋时代,疆域扩大,人口增多,这就要求更多民众承担官差以处理以前由官员负责的税收、军事制度。恽敬认为,地方乡村负责人承担越来越多的官差,并为此得到官授之职,明代里甲制度反映出这一长时段的官僚化进程。他认为,这种变革是为了弥补早期劳役制度的不足。⑩

恽敬进一步指出,现在需要着手的是进行改革,纠正唐宋以来积累的官役不均的弊端。当时,劳役大多转嫁到那些无力承担的家庭身上。而那些能承担官役的则不断地逃避税收。恽敬支持一套渐进的税制改革方案。"天下无无弊之制,无不扰民之事,当择其合时势而害轻者行之。"

在恽敬看来,劳役制度的长处久已消失了。"宁知官役之可减,而苛扰之事除;知民役之可尽罢,而海内皆乐业矣。"⑪ 到 1800 年,恽敬这样的儒士已认识到劳役制度已经过时。

恽敬在第八篇雄辩扼要地总结了自己的观点。他认为,古代圣人已经建立了一个符合当代条件的理想制度。不过,这套理想制度的细节和政策仍需修改。

> 由是观之,圣人所以治天下之道,盖可知矣。利不十,不变法;功不十,不易器,此经常之说也。……先王之道,因时适变,为法不同。

古代圣贤已经提出一套灵活的主张,即避免全盘改革,又反对泥古守旧。

"中道"使圣人自由地在政治两极之间进行选择。恽敬最后抨击那些墨守古代圣人理想学说的迂儒。

> 彼诸儒博士者,过于尊圣贤而疏于察凡庶,敢于从古者而怯于赴时势,笃于信专门而薄于考通方,岂足以知圣人哉?

恽敬为抵消那些拘守古文经学一家圣人学说的乱言,大力倡导今文经学家强调经世、旨在改革的理论主张。⑫

恽敬以古文形式阐述了带有变革意识的儒家经世思想。三代之治是儒家经世思想向往的理想范式,但不是刻板效仿的制度偶像。在恽敬的心目中,井田制、民兵、官役都已过时,早已失去效力。恽敬在自己的文章中把孔子和三代圣人描述为富有创造性的改革家,他们能根据"时势"赋予自己的条件实施改革。但是,这些形象被谨慎地调整。作为今文经学家庄述祖、刘逢禄、宋翔凤的密友,恽敬通过自己的论文实现了古文的道德热情与今文经学的唯意志论的结合。18世纪晚期曾被广泛运用于宋学道德哲学阐发的文学形式,现在又为恽敬用于肯定人欲和阐述改革的必要性。汉学对中国政治制度史冷漠而客观的分析又被注入关心时政的经世情怀。⑬

按考据家的标准衡量,恽敬有关三代的论文不属上乘之作。但它是一位儒家经世人士要求以新方法解决旧问题的急切呼唤,以庄存与、洪亮吉、恽敬为代表的常州士人是和珅事件加剧的政治腐败所引发的社会和经济危机的产物。源于汉学思潮的思想变革要求得到了瓦解理学正统学说的严格形式主义的认识武器的补充,它与东林式政治参与者们的经世意识紧密呼应。学术变革演化为经世学说。

刘逢禄的好友及学生魏源同样力图实现今文经学的唯意志论与经世变革学说的综合。他在一篇与19世纪初恽敬的政制变革论著类似的文章中论述了改革的必然性:

> 三代以上,天皆不同今日之天,地皆不同今日之地,人皆不同今日之人,物皆不同今日之物……
>
> 宋儒专言三代,三代井田、封建、选举必不可复,即使功利之徒以迂腐病儒术。君子之为治也,无三代以上之心则必俗,不知三代以下之情势则必迂。

古代尽管是现代的基础,但不是永恒不变的模式。如同去年的历法不同用于今年,"善言古者,必有验于今矣"㉔。

恽敬把今文经学带入一个将最终导致晚清时期政治话语凌驾于经学考据之上的潮流之中。恽敬未受到20世纪学界的注意和表彰,他实际上完成了庄存与转向公羊学的政治目标,标志着今文经学的形成。在1810年前后,经学与政治话语用后新儒学的形式重新结合起来,后新儒学的合法性越来越多地来自汉宋折衷。通过重读恽敬的杰作,我们可以更好地理解鸦片战争爆发30年以前的今文经学家感受到的学术、社会、政治风向的变化。

注 释

① 李兆洛《养一斋文集》,14.1a—3a页。关于清代衰落的复杂性,见纳奎因《山东起义》,148—164页,以及《中国的千禧年起义》。

② 对于常州学者讨论东林遗风复兴的观点的研究,见波拉彻克《鸦片战争内幕》;埃斯特曼《皇帝与满大人》,20—29页。

③ 尼维森《和珅及其批评者》,209—243页。

④ 马恩《洪亮吉》,8—11、85—87、137—139页。

⑤《清高宗圣训》,192.10a—11a页;尼维森《和珅及其批评者》,223—224页。

⑥《清世宗圣训》,19.1b页。引文英译见尼维森《和珅及其批评者》,224页。

⑦ 孟洛《中国思想中"利"的观念》,184—186页;尼维森《和珅及其批评者》,225页。

⑧《清世宗实录》,343—344页,英译引文见孟洛《中国思想中"利"的观念》,185页;尼维森《和珅及其批评者》,225—226页。

⑨《清高宗实录》,192.10a—11a页,英译引文见尼维森《和珅及其批评者》,223—225页。

⑩《二程遗书》,《伊川文集》,2.2a—4a页;尼维森《和珅及其批评者》,230—231页。

⑪ 见乾隆皇帝《书程颐论经筵札子后》,2页,英译引文见《和珅及其批评者》,231页。

⑫ 尼维森《和珅及其批评者》,232页。

⑬ 同上书,232—243页。

⑭ 同上书,240—241页;胡克《儒学与中国检查制度》,182—208页。

⑮ 拙著《从理学到朴学》,13—26、105—107页;尼维森《和珅及其批评者》,209—243页。该书提到的和珅反对者不少为汉学家:焦循(1763—1820)、孙星衍(1753—1818)、洪亮吉(1746—1809)、汪辉祖(1731—1807)、张惠言(1761—1802)等。

⑯ 朱珪《春秋正辞》序,1a—2a页。《且仕庵文集》203—204、221—223页都提到张惠言、

庄述祖对和珅的不满。

⑰ 尼维森《和珅及其批评者》,240—241 页;马恩《学术与政治》,30—32 页。

⑱ 马恩《洪亮吉》,158—159 页;《碑传集》,51.3a—3b 页;李垣《国朝耆献类征》,132.27a—b 页;恽敬《大云山房文集》,163 页。

⑲ 马恩《学术与政治》30—33 页讨论了洪亮吉学术发展所面临的考据研究和政治异议的协调问题。

⑳ 史华慈《清代学术概论》英译本序,6—7 页。

㉑ 洪亮吉曾与庄述祖交流过学术观点,见《洪北江诗文集》卷六;波拉彻克《鸦片战争内幕》。

㉒ 《碑传集》,51.6b 页,英译引文见马恩《洪亮吉》,161 页。

㉓ 姚鼐《惜抱轩全集》,1.4a—5a 页;波拉彻克《文人团体》;维特伯克《龚自珍》。有关清议的最新研究见埃斯特曼《皇帝与满大人》,20—29 页。

㉔ 尼维森《和珅及其批评者》,242 页。

㉕ 马恩《洪亮吉》,159—160 页;《清仁宗实录》,50.44a 页。

㉖ 同上书,160 页;尼维森《和珅及其批评者》,243 页。

㉗ 《大清会典事例》卷二十二 17091 页收录了嘉庆四年的有关诏书;波拉彻克《鸦片战争内幕》。

㉘ 维特伯克《龚自珍》,16—17 页;埃斯特曼《皇帝与满大人》,16—29 页;兰肯《公共观念与政治权力》。

㉙ 徐珂《清稗类钞》,70.31—37 页;赵《常州学派》,153—161 页。关于周敦颐对文以载道的阐发,见刘若愚《中国文学理论》,114、128 页。

㉚ 马克林特《德性之后》,135 页;另参拙著《作为哲学的批评》。

㉛ 顾炎武的论述见《顾亭林诗文集》,103 页;山井涌《顾亭林的学术观》,33—35 页;《黄宗羲的学问观》,74—75 页。

㉜ 近藤光男《惠栋和钱大昕》,715—716 页;《考据学与诗文研究关系之例》;吴宏一《清代诗学初探》;刘若愚《中国诗歌的艺术》,67—69、77—80 页,《中国文学理论》,45、88—97 页。

㉝ 章学诚《文史通义》,585—589 页;近藤光男《钱大昕的文学》、《惠栋与钱大昕》,705—706 页;尼维森《章学诚》,134、137、246 页;河田悌一《清代学术的一个侧面》,97—98 页。关于阎若璩与其父的著名诗社——望社的关系,见李元庚《望社姓氏考》。

㉞ 青木正儿《清代文学评论史》,546—553 页;吴宏一《常州派词学研究》,33—62 页;龙沐勋《论常州词派》,1—3、20 页。关于张惠言从文学到考据学的转变,见汪喜荀《且住庵文集》,204 页。

㉟ 有关这次文学争论见《李申蓍年谱》;薛子衡所著李兆洛《行状》,2b—3a 页;杜清一《中国科举制度论集》。

㊱ 姚鼐《惜抱轩全集》47—48 页(卷四)有一篇为谢启昆《小学考》所写的序言,该文表述了作者对考据学的重视。同书 80—81 页收有姚鼐致秦瀛的一封信,信中提到实现义理、辞章、考证三者均衡发展的主张,有关讨论见王泽浦的《桐城派的义法》,125—133 页。乔国章《论桐城派古文和清朝的文化统治》,136—137、138—139 页;博拉德在《中国文学的考察》一书中的有关讨论;Leung Man-Kem《阮元》,109—130 页。

㊲ 杜清一《中国科举考试制度论集》,405—406 页;钱仲联《桐城派古文与时文的关系问题》,151—158 页。

㊳ 爱德华茨《中国散文的十三种文体》,770—788 页;蒋逸雪《谈有关桐城派的几个问题》,77—87 页。

㊴ 波彻拉克《鸦片战争内幕》。

㊵ 同上。

㊶ 库恩《晚清的观点》,15 页;盖《考据学运动》,100 页。

㊷ 波拉彻克《鸦片战争内幕》。

㊸ 维海姆《中国儒学》,309—310 页。

㊹ 有关刘逢禄与这些文学思潮及其他文士的关系见赵震《毗陵文录》,2.33a 页;维特伯克《龚自珍》,1—7 页。

㊺ Yeh Chia-ying Chao《常州学派》,157—162 页。

㊻ 有关恽敬的论述见维海姆《中国儒学》,309—310 页;哈威尔《中国的社会、人口、政治变迁》,417 页;梅茨格《清朝官僚系统的内部组织》。

㊼ 维特伯克《龚自珍》,16—17 页;波拉彻克《鸦片战争内幕》。

㊽ 李兆洛《养一斋文集》,10.5b、6.1a—2b、30a—32b、7.3a—4a 页;胡默尔《中国名人传》,102—103、805—807 页。

㊾ 台北故宫博物院收藏李兆洛传稿,no.6774(1—3);《魏源集》,358—361 页。秦瀛见徐珂《清稗类钞》70.34 页;秦瀛《小岘山房文集》,4.11a—12a、5.40a 页。姚鼐致秦瀛的信见姚氏《惜抱轩全集》,80—81 页(卷七)。

㊿《论语引得》,32/15/22 页;劳英译《论语》,135 页。顾宪成的手稿可能是由于政治形势的变化才得以重见天日。顾氏后裔曾向秦瀛展示过这些手稿。

(51) 秦瀛《小岘山房文集》,6.11a 页;张《祖先》,322—353 页;康有为《长兴学记》,9a—9b 页。有关论述见张灏《梁启超与中国思想的过渡》,45、95—100 页;魏斐德《自主的代价》,64—66 页;梁启超《饮冰室文集》卷一,3—4 页。

(52) 秦瀛《小岘山房文集》,6.11a—11b 页。

(53) 管同《因寄轩文集》初集,4.1a—3b页。

(54) 方东树《仪卫轩文集》,6.6a—9a页。有关方东树见拙著《从理学到朴学》,240—248页。

(55) 方东树《仪卫轩文集》,6.10b—11a页;《明儒学案》,613页;《明儒学案》英译本,223—234页。

(56) 方东树《仪卫轩文集》,6.11b—15b页;Harootunian《走向复兴》,129—245页讨论了政治文化与文化政治。

(57) Harootunian, H.D.《走向复兴:德川时代政治意识的发展》,129—245页。

(58) 岛田虔次《辛亥革命时期的孔子问题》,3—8页。

(59) 维海姆《中国儒学》,309页;胡默尔《中国名人传》,959—960页;《武进阳湖县合志》(1886),26.46a—b页。恽敬与庄氏家族的联系见恽敬《大云山房文集》,182—183、211、226、232页。

(60) 恽敬《大云山房文集》,4—12页(初集卷一)。

(61) 恽敬《三代因革论》,4页。关于戴震的观点见拙著《哲学批评》,172—175页。

(62) 恽敬《三代因革论》,4页。

(63) 恽敬《三代因革论》二,5—6页。

(64) 恽敬《三代因革论》三,6—7页。

(65) 恽敬《三代因革论》四,7—8页。

(66) 同上书,8页。

(67) 恽敬《三代因革论》五,8页。

(68) 同上书,8—9页。

(69) 恽敬《三代因革论》六,9—10页。

(70) 恽敬《三代因革论》七,10—11页。

(71) 同上书,11页。

(72) 恽敬《三代因革论》,11—12页。

(73) 恽敬《与宋于廷书》,142页;《答庄成一先生书》,226页。

(74)《魏源集》,47—49、156—158页。

结　论

　　清代中国的皇权大多是隐蔽的,它通常笼罩着一层儒家学说和理论的外衣。引自经典的政治语言是晚期帝国意识形态主张的体现。皇帝、朝臣、军官、士绅都借经典为他们对公共及私人事务的垄断辩护。经学研究被作为一种系统化的政治话语,成为一种为国家特权合法性辩护的具有意识形态封闭性、排他性的系统。晚期帝国的政治权力通过儒家道德、政治哲学反射到令人仰慕的制度和符号系统之中。

　　1800年以后,当中华帝国晚期政治文化的正常体制已无法与令人敬仰的道德理想沟通时,一种可选择的合法的政治、军事权力选择向清朝提出挑战。到1900年前后,革命派、立宪派、保守分子、造反者都以自己的意识形态主张赤裸裸地争夺政治权力。他们都希望推行自己的意识形态。其赌注是高昂的,现代国家为取代传统帝制花费了数百万条生命的代价。在一系列变革的过程中,维护国家权力合法性的政治话语的内容、形式都在急剧地变动着。在国家意识形态方面,西方政治理论(共和学说和马克思主义)先后取代儒学成为国家存在的依据。

　　没有几种政治观念的历史像1911年革命前中国的政治价值观一样古老。尽管孔子以一位伟大的审判官的面貌出现,中国历史的帝王都背弃了帝国的政治理想。儒家政治文化在经历法家、道家、佛教的攻击后,仍然完整无损。

　　皇帝、官僚、学者、起义者你方唱罢我登场。社会经济条件在中国生态环境允许的限度内不断变化着。甚至国家政治意识形态也摇摆不定。常为人所遵守的是对圣人倡导的对三代之治的追求,就是这些圣人为中国社会、军事、经济、学术生活提供可行的指南。他们的系统方法被从不同的角度加以解释,但在1911年前,从未被替代过。在过去几千年中,三代之治是为现代提供的不容置疑的指南。

本书试图分析中华帝国向新的政治话语过渡的关键性阶段儒家经典话语与政治合法性长期为人忽略的联系。我们已考察了今文经学与古文经学勾画的两种对立的孔子形象,以更深入细致地理解作为中华帝国意识形态来源的经学研究。我们的研究将提供对中华帝国晚期学术变化的政治背景更扎实的理解。经学研究若脱离政治环境加以理解(如许多汉学家通常的研究),将失去他们本身具有的学术上的重要性以及与社会的内在关联。

19世纪的常州今文经学遗产重要而不独特,今文经学肯定在士绅阶层以新的政治话语形式取代过时的理学政治价值观的逐步变革中扮演了重要角色。而新儒家自明代以来就为集权体制服务。但是,19世纪,宋学的倡导者同样处于倡导政治改革的前沿。社会和经济的压力同前所未有的人口压力一道向清代中国的统治者和官僚们提出了史无前例的要求。

如同恽敬富有洞察力的论著所言,今文经学家已不再满足于分封制时代的古代理想。人们要求可选择的解答。许多儒士认识到帝国尊奉的许多典制已不再是神圣不可侵犯的。史无前例的现实条件要求前无古人的解决方案。"因时而变"成为19世纪初叶一代经世学者的共同口号,他们正在寻求解决似乎突然出现的种种体制和思想危机的现实答案。

儒家以古治今的信念仍完好无损。但是,古代成为众多相互冲突的道德和政治承诺的理想的体现。无论是汉学还是宋学捍卫的古代典制,都经历着最终导致帝国灭亡的信心危机。庄存与向与公羊学联系在一起的微言大义的转变是一关键事件。它表明,这种信任危机已从帝国体制蔓延到晚明以来庄氏祖先及其本人信奉的儒家价值观念。这位翰林院官员既非藉藉无名的儒士,也非微不足道的小官,他借自已对非正统的今文经学典籍的细心研究显示出他对新儒家理论的失望。不要忘记，他自年轻时就精通新儒学，在任皇帝秘书时还为之辩护。

现在看来，1800年的中国已处于全面引发中国社会变革力量兴起的西方及日本侵略的前夜。庄存与、洪亮吉、恽敬等儒生已觉察到，惟有政治改革，帝国才有希望顺利地应付所面临的种种难题。但求助于一种儒学形式来修补帝国的创伤注定是不会成功的。不过，今文经学——历史上第一个官方儒学形态的再次出现竟与帝国的终结同时发生。改革意识经过1898年戊戌变法的失败而延续下来。

今文经学代表着一个充满政治、社会、经济动乱的时代的新信仰，它倡导经世致用和必要的变革。19世纪的中国先后经历了摆脱东汉以来流传下来的古文经学模式和理想的意识形态以及后新儒学束缚的解放历程。常州庄、刘两族重建的儒家传统就标志着这一解放历程的第一步。常州今文经学家同其东林先贤一样，反对国家专断和压迫性权威，他们与东林党人的不同之处在于，后者仍停留于新儒家的政治话语范围之内，而前者已吸取西汉今文经学的资源充实自己的政治见解。朱熹被抛在后面，孔子又以经世学者和唯意志论的代言人身份出场了。

从庄存与、刘逢禄起，今文经学家求助于古典的重构来为现代授权，为将来立法。常州学者还未达到政治革命的高度，也还未完全理解社会进步的程度。但是，他们主张的历史变革观念，他们倡导的对现实制度的变革都是此后著名的今文经学家所倡导的社会、政治变革主张形成的基础，这一变革主张在19世纪90年代被康有为、梁启超、谭嗣同作了精心的阐发。

常州今文经学从来不是革命的。尽管今文学者在儒学政治框架中注入变革的内容，他们却确信经典理想在当代的价值。对他们来说，儒学仍是新的信仰和政治行为模式的起点和毋庸置疑的内容。他们的学术动机仍然与他们有意或无意的对家庭及宗族的社会承诺关系密切。正是家族培育了他们，促使他们投身公共事务。常州学者尽管有反权威的意识，但仍然维护士绅官僚的社会地位，凭借这种地位，士绅官僚才能建立宗族组织,继续控制地方事务。他们有限地批评了帝国专制政治统治,但不打算以激进的方式取代儒家国家政治制度或我们称之为"士绅"精英统治的局面。

因此,常州今文学派既是一笔学术遗产,又是一个中华帝国内体现经学社会和政治功用的有启发性的例证。我们对18世纪后期常州府今文经学重新崛起的考察将记录士绅社会宗族结构、经学、政治理论明显的对应格局。通晓经典将使诸如庄、刘之类的精英家族的子弟科举及第,进入政坛,获取社会声望。因此,我们探讨今文经学的兴起也将为我们提供一个独特的视角去考察常州士绅如何经历明清两朝巨大的历史变化。

不过,在20世纪导致帝制中国解体的过程中,庄、刘之类的士绅也难以幸免于难。当清朝于1911年崩溃时,帝制的解体加速了充斥于帝国体制的士绅群体和职业声望的重构进程。王朝的覆灭还导致了为帝制以及士绅垄断科举做辩护的经学的衰落。帝制、地方士绅、儒家意识形态的发展已成为一个密不可分的网络。他们一荣俱荣,一损俱损,留给后人的将只是他们原初的政治、社会、学术共同体的残枝碎叶。庄、刘之类的大家族及他们产生的学术流派的命运也不例外。

我已分析了中华帝国晚期经学、政治、宗族三者交织相连的关系,希望由此证明他们彼此的不可分割性。我所勾勒的中国社会和学术历史的画面仍是不完善的。但是,对常州今文学派的研究揭示了前现代中国士绅阶层如何围绕经典安排自己的文化资源,以维持自己长期的社会和政治统治地位。这项研究还表明,庄存与这样的中国士绅官僚因何以一种隐蔽的学术和政治方式改变自己对所服务王朝的看法。从最后的分析中可以看出,今文经学在中华帝国晚期的再次出现正好介乎国家正统学说与士绅异议形式、国家的文化霸权与士绅的政治脆弱性之间。

附　表

一　明代常州庄氏家族主要支系表

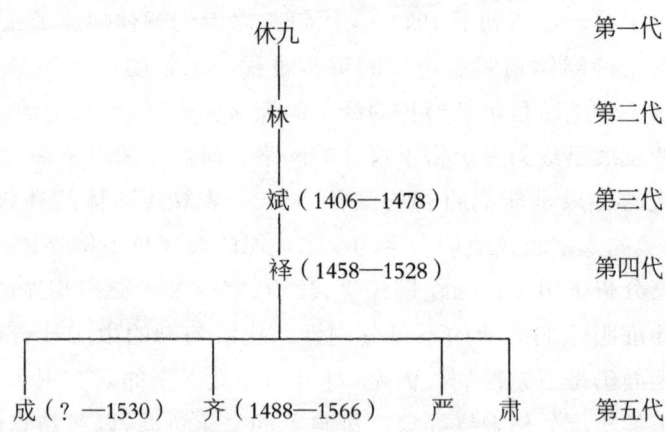

二 明代庄氏家族第二房主要支系表

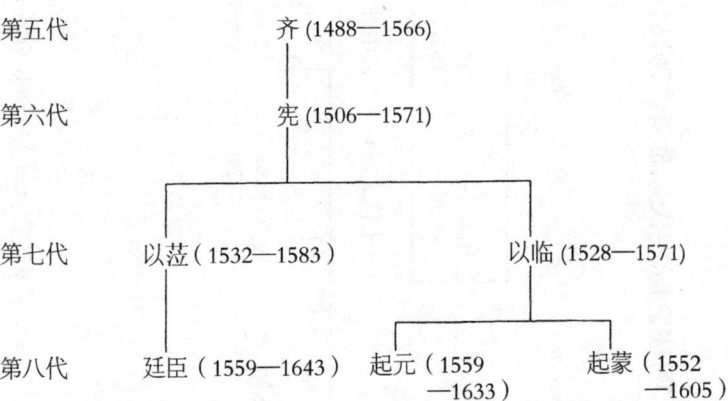

三 明清之际庄氏家族第二房谱系表

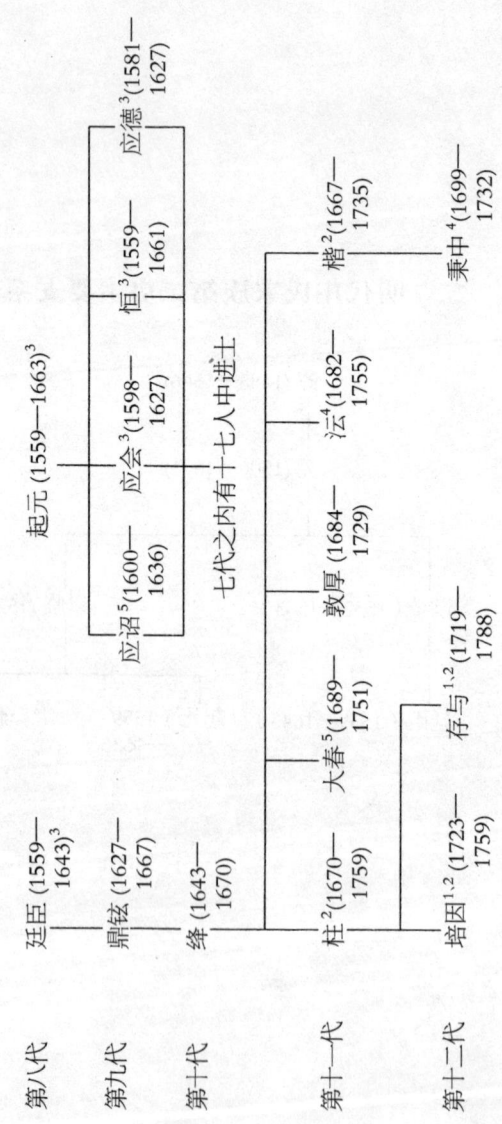

附注：1. 大学士；2. 翰林院官员；3. 进士；4. 举人；5. 副榜。

四 清代庄氏家族第二房主要支系表

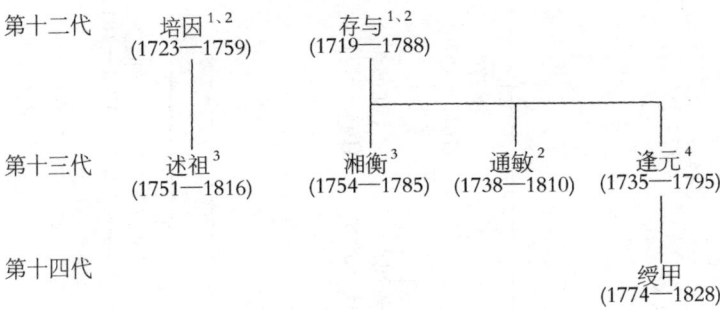

附注：1. 大学士；2. 翰林院官员；3. 进士；4. 举人。

五 明代常州刘氏家族一房、二房主要支系表

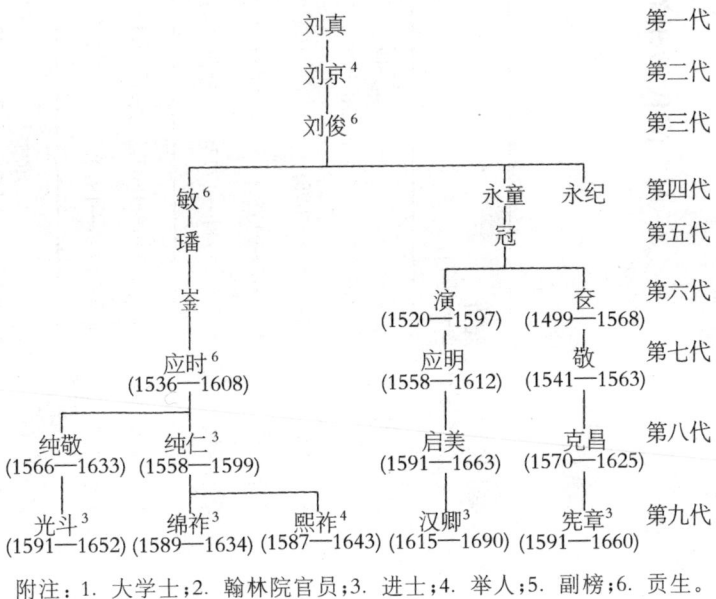

附注：1. 大学士；2. 翰林院官员；3. 进士；4. 举人；5. 副榜；6. 贡生。

244 经学、政治和宗族——中华帝国晚期常州今文学派研究

六 清代常州刘氏家族主要支系表

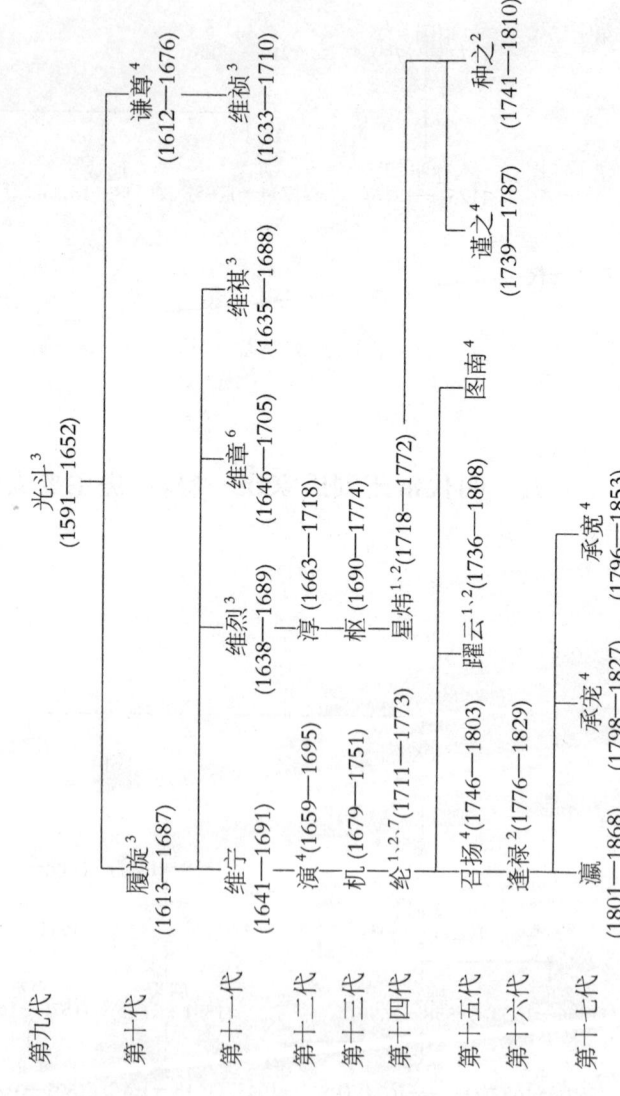

附注：附注：1. 大学士；2. 翰林院官员；3. 进士；4. 举人；5. 副榜；6. 贡生；7. 军机处官员。

参考书目

艾亨(Ahern, Emily)《中国的礼仪和政治》,剑桥,剑桥大学出版社,1981。《中国宗族的支系:一种透过族谱的考察》,《美国民族学家》3(1976),1—25页。

安皆川《郝经〈春秋非左〉序》,见《湖北丛书》本,1891。

青木正儿《清代文学评论史》,见《青木正儿全集》,东京,1969。

阿特维尔(Atwell, William S.)《从教育到政治:论复社》,见狄百瑞主编《新儒学的解体》,纽约,哥伦比亚大学出版社,1975。

伯克(Baker, Hugh)《中国的家庭和宗族》,伦敦,麦克米兰,1979。

比蒂(Beattie, Hilary)《抵抗的选择:桐城的个案分析》,见史景迁、威尔斯主编《从明到清:17世纪中国的征服、地域和连续性》,纽黑文,耶鲁大学出版社,1979。《中国的土地和宗族:明清时期安徽桐城研究》,剑桥,剑桥大学出版社,1979。

伯纳德(Bernard, Henry S.J.)《明末哲学运动的原因》,《北京天主教大学年鉴》8(1931),67—73页。

波特和莫里斯(Bodde, Derk and Clarence Morris)《中华帝国的法律》,费城,宾夕法尼亚大学出版社,1973。

波尔(Bol, Peter)《朱子对文学的再界定》,见狄百瑞等主编《理学教育:正规阶段》,伯克利,加利福尼亚大学出版社。《文化与中国11世纪的"道"》,博士论文,普林斯顿大学,1982。

布迪欧(Bourdieu, Pierre)《实践理论纲要》,理查德·尼斯英译,剑桥,剑桥大学出版社,1977。

布迪欧等(Bourdieu, Pierre, and Tean-Claude Passersou)《教育、社会、文化的再生产》,理查德·尼斯英译,加利福尼亚,1977。

布鲁克(Brook, Timothy)《16 世纪中国的商业网络》,《远东经济与社会史杂志》24.2(1981),165—185 页。《明代地方管理的空间结构》,《近代中国》6.1(1985),1—55 页。

布施(Busch, Heinrich)《东林书院及其政治、哲学意义》,*Monumenta Serica* 14(1949—1955),1—163 页。

高居翰(Cahill, James)《告别海岸：明代早、中期的中国绘画》,纽约,1978。

常(Chan, Hok-lam)《元代的正史修纂：辽、金、宋三史的撰写》,约翰·郎格劳斯主编《蒙古统治下的中国》,普林斯顿大学出版社,1981。

常(Chan, Wing-tsit),《〈传习录〉和王阳明的其他新儒学著作》,纽约,哥伦比亚大学出版社,1963。《近思录：新儒学选集》,朱熹和吕祖谦编撰,哥伦比亚大学出版社,1967。

张(Chang, Frank)《祖先：一个中国家庭 900 年的历史》,纽约,1988。

张灏(Chang, Hao)《危机中的中国知识分子：寻求意义和秩序》,伯克利,加利福尼亚大学出版社,1987。《梁启超与中国思想的过渡》,剑桥,哈佛大学出版社,1971。《新儒家的经世理想》,《清史问题》,3.1(1974)。

张西堂《刘逢禄〈左氏春秋考证〉序》,北京,1932。

章学诚《章氏遗书》,上海,商务印书馆,1936。《文史通义》,台北,汉山出版社,1973。

张惠言《张皋文笺易全集》,养一斋版,1820。《茗柯文四编》,《四部丛刊二编》本,上海,商务印书馆,1934—1935。

张珂《清代常州词派与词人》,《常州古今》1(1980)。

张伯英《刘师培〈左庵集〉序》,北京,1928。

《常州府志》1618 年版。

《常州府志》1695 年版。

《常州府志》1886 年版。

《常州府志续集》,1513 年版。

赵震《毗陵文录》,常州,1931。

赵振祚《李兆洛〈养一斋文集〉序》,1852。

赵(Chao, Chia-ying Yeh)《常州学派的词学批评》,见奥斯汀·里克特主编《中国文学批评：从孔夫子到梁启超》,普林斯顿,普林斯顿大学出版社,1978。

赵汸《春秋属辞》,《通志堂经解》,1676,广州重刊本,1873。

赵怀玉《庄楷〈蓼原山房诗集〉序》,抄本,1875—1908。《杨椿〈孟邻堂集〉序》,常州,1822。《亦有生斋文钞》,1819。

陈乔枞《左海续集》,1846。

陈庆新《宋儒春秋尊王要义的发微与其政治思想》,《新亚学报》1A(1971),269—368页。

陈(Chen, Fu-mei Chang)《论清律的例》,《哈佛亚洲研究杂志》30(1970),212—224页。

陈奂《公羊逸礼考证》,《丛书集成》,上海,商务印书馆,1935—1937。

陈立《句溪杂著》,1843。

陈亮《龙川文集》,《四部备要》,上海,中华书局,1927—1935。

陈善《张惠言〈周易虞氏义〉后序》,见张惠言《张皋文笺易全集》,1820。

陈寿祺《左海经辨》,1823。

陈维崧《湖海楼全集》,1795。

程颐《河南程氏遗书》,见《二程全书》,上海,1927—1935。

程树德《九朝律考》,上海,商务印书馆,1955。季本《春秋私考》,1557。

嵇文甫《晚明思想史论》,重庆,商务印书馆,1944。

蒋景祁《湖海楼全集》序,1795。《俪体文原序》,1795。

江藩《汉学师承记》,上海,上海书店,1983。

蒋逸雪《谈桐城派文派的几个问题》,见《桐城派研究论文集》,合肥,安徽人民出版社,1963。

《江南通志》,1684。

《江苏城市历史地理》,南京,江苏科技出版社,1982。《江苏六十一县志》,上海,商务印书馆,1937。

乔国章《论桐城派古文和清朝的文化统治》,见《桐城派研究论文集》,合肥,安徽人民出版社,1963。

钱仲联《桐城派古文与时文的关系问题》,见《桐城派研究论文集》,合肥,安徽人民出版社,1963。

钱玄同《〈左氏春秋考证〉书后》,1932。

钱一本《范衍》,1606。《龟记》,1613。

乾隆帝《书程颐论经筵札子后》,转引自钱穆《中国近三百年学术史·自序》,台北,商务印书馆,1972。

钱穆《中国近三百年学术史》,台北,商务印书馆,1972。《两汉经学今古文评议》,台北,三民书店,1971。

钱大昕《潜研堂文集》,《国学基本丛书》本。《廿二史考异》序,上海,商务印书馆,1938。

金日升《颂天胪笔》,1633。

秦瀛《小岘山人文集》,1837。

秦(Ching, Julia)《道及道统》,《思想史杂志》35:3(1974),371—388页。

《清朝通典》,上海,商务印书馆,1936。

《清史列传》,台北,中华书局,1962。

钱实甫编《清代职官年表》四卷本,北京,中华书局,1980。

《钦定学政全书》,1773。

周予同《经今古文学》,台北,商务印书馆,1967。《周予同经学史论著选集》,上海,上海人民出版社,1983。

《诸暨庄氏宗谱》,1883

《诸暨庄氏宗谱》,1796。

朱熹《朱子大全》,上海,商务印书馆,1920—1922。《朱子大全》,上海,中华书局,1925—1927。《朱子语类》,台北,成文书局。《朱文公文集》,《四部丛刊》本,上海,商务印书馆,1934—1935。《中庸章句》,台北,商务印书馆,1980。

朱彝尊《经义考》,上海,中华书局,1927—1935。

朱珪《春秋正辞》序,见《皇清经解》,广州,学海堂,1860。

朱倓《明季社党研究》,重庆,商务印书馆,1945。

瞿同祖《中国社会与中国法律》,巴黎,1961。

庄述祖传稿,no. 4470,台北,故宫博物院。

庄存与传稿,no. 5784,同上。

庄有可传稿,no. 4470,同上。

李兆洛传稿,no. 6774(1—3),同上。

刘逢禄传稿,no. 4455(1),同上。

刘纶传稿,no. 5741,同上。

宋翔凤传稿,no. 4455(1),同上。

戴望传稿,no. 4455(1),同上。

庄吉发《清高宗乾隆时代的乡试》,《大陆杂志》,52,4(1975)。

庄起元《漆园卮言》,1615。

庄柱《毗陵科第考》,1868。

庄翊昆《卢文弨〈常州府艺文志〉叙略》。

庄令舆、徐永宣《毗陵六逸诗钞》，1717。

庄培因《策》，见北京中国第一历史档案馆藏 1754 年《会试录》。

《庄氏经学家家传》，抄本。

庄绶甲《周官记跋》，见《拾遗补艺斋遗书》。《尚书既见跋》，见《拾遗补艺斋遗书》。《尚书考异叙目》，同上。《拾遗补艺斋遗书》，1838。

庄述祖《珍艺宧遗书》，1809。《夏小正经传考释》序，见《珍艺宧遗书》。《夏小正音读考》序，同上。《历代载籍足征录》，1809，同上。《白虎通义考》，1784，同上。《尚书今古文考证》，同上。《说文古籀疏证目》，同上。《文钞》，同上。

杜预《春秋释例》序，1802。

庄存与《周官记》，见《皇清经解续编》，江阴，南菁书院，1888。《春秋正辞》，见《皇清经解》，1860。《春秋举例》，见《味经斋遗书》，1882。《春秋要旨》，同上。

《系传辞论》，同上。《序卦传论》，同上。《象传论上篇》，同上。《味经斋遗书》，1882。

庄雅州《夏小正析论》，台北，文史哲出版社。

庄应会《纂辑经武胜略正集》序，明刻本。

庄有可《今文尚书集注》，1794。《周官指掌序》。《慕良杂纂》，见《庄大久先生遗著》，1930。

《春秋经传引得》，台北，1966。

《春秋公羊传》，台北，1974。

《重修毗陵志》，1483。

《重修大清一统志》，1820。

柯文（Cohen，Myron）《中国家庭和宗族的发展》，1983，稿本。

柯尔（Cole，James）《绍兴：清代社会史研究》，博士论文，斯坦福大学，1975。

克劳福德（Crawford，Robert）《阮大铖传》，《中国文化》6(1965)，28—105 页。

克里尔（Creel，Herrlee，G.）《孔子和中国的道》，纽约，1960。《申不害》，芝加哥大学出版社，1974。《孔子是无神论吗》，《通报》29(1939)，55—99 页。

克劳斯利（Crossley，Pamela）《〈满洲源流考〉与满洲遗产的形成》，《亚洲研究杂志》，46，4(1987)，761—790 页。

达莱斯（Dardess，John W.）《儒学和集权》，斯坦福，斯坦福大学出版社。《陈氏家庭：元明之际的社会组织与新儒学》，《哈佛亚洲研究杂志》34(1974)，7—53 页。

戴维斯（Davis，Richard L.）《杨维祯〈正统论〉的政治思想》，《通报》69，1—3(1983)，33—72 页。

狄百瑞(de Bary, Wm. Theodore)《中国专制与儒家理想》,见费正清主编《中国思想与文明》,芝加哥,芝加哥大学出版社,1957。《理学正统与心性之学》,纽约,哥伦比亚大学出版社。《中国传统的源泉》卷一,纽约,哥伦比亚大学出版社。《新儒学的展开》,纽约,哥伦比亚大学出版社。

丹纳拉(Dennevline, Jerry)《许都与南京的教训:政治一体性与江南抗清斗争》,见史景迁等主编《从明到清:17世纪中国的征服、地域、连续性》,纽黑文,耶鲁大学出版社,1979。《宋清时期无锡宗族发展中的婚姻、生育和救济活动》,见埃伯莱等主编《中华帝国晚期(1000—1940)的宗族组织》,伯克利,加利福尼亚大学出版社,1986。《清末无锡县新华赈济产业和地方领导权威》,《远东研究论著选辑》(芝加哥大学)4,1979—1980,19—70页。

《明代名人辞典》,二卷本,纽约,哥伦比亚大学出版社,1976。

蒂里希(Dietrich, Craig)《中国近代早期的棉花栽培和手工业》,见威尔蒙特《中国社会的经济结构》,斯坦福,斯坦福大学出版社,1972。

迪隆(Dillon, Michael)《明代手工业中心之一的景德镇》,《明代研究》6,(1978),37—44页。

杜勃(Dubs, Homer)英译《汉书》三卷本,巴尔的摩,1955。

达尔(Dull, Jack)《汉代谶纬历史引论》,博士论文,华盛顿大学,1966。

埃尔(Earl, David M.)《君主与国家:德川时期日本政治思想史》,博士论文,华盛顿大学,1964。

埃斯特曼(Eastman, Lloyd)《皇帝和满大人:中法战争期间(1880—1885)中国政策的制定》,剑桥,哈佛大学出版社,1967。

埃伯哈特(Eberhard, Wolfram)《传统中国社会的流动性》,莱登,1962。

埃伯莱(Ebrey, Patricia Buckley)《宋代的家庭观念》,《亚洲研究杂志》,43.2(1984),219—243页。《宗族组织发展的初期阶段》,见埃伯莱等主编《中华帝国晚期(1000—1940)的宗族组织》,伯克利,加利福尼亚大学出版社,1986。《东汉的附庸关系》,《美国远东协会会刊》103(3),1983,533—542页。《清代中国宗族类型:桐城张氏再考察》,《清史问题》,4,9(1983),1—20页。

埃伯莱等主编(Ebrey, Patricia Buckley and James L. Wanston,)《中华帝国晚期(1000—1940)的宗族组织》,伯克利,加利福尼亚大学出版社,1986。

爱德华茨(Edwards, E. D.)《中国十三类文章的分类指南》,《清史问题》,4,no.6(1979),51—82页。

艾尔曼(Elman, Benjamin)《清代学术流派》,《清史问题》,4,no.6(1979),51—82

页。《哲学批评：清代考据研究的观念变化》，《清华学报》，n.s.，17(1985)，165—198页。《从理学到朴学：中华帝国晚期社会与思想文化面面观》，剑桥，哈佛大学，东亚研究委员会，1984。《学海堂与广东今文经学的崛起》，《清史问题》，4，no.2(1979)，51—82页。《义理与考证：人心道心之辨》，《通报》59，nos.4—5(1983)，175—222页。《晚清宋学的相关性：魏源与〈皇朝经世文编〉》，《近代中国》9，no.2(1988)，1—28页。《理学的解体：中华帝国后期从理学向朴学的转变》，《清华学报》15(1983)，67—89页。

埃尔文(Elvin，Mark)《市镇与水路：1480—1910年的上海县》，见施坚雅编《中华帝国后期的城市》，斯坦福，斯坦福大学出版社，1977。《工程全书》，《四部备要》，上海，中华书局，1927—1935。

埃斯克拉(Escarra，Jean)《中国法律》，西特尔，华盛顿大学出版社，1936。

方苞《方苞集》，上海，上海古籍出版社，1983。

方东树《仪卫轩文集》，1868。

方行《中国封建社会的经济结构和资本主义萌芽》，《中国社会科学》1981，4。

佛莱(Faure，David)《中国农业社会的结构》，纽约，牛津大学出版社。

弗里德曼(Freedman，Maurice)《中国宗族与社会：福建和广东》，伦敦，1966。《中国东南的宗法组织》，纽约，1965。施坚雅主编《中国社会研究》，斯坦福，斯坦福大学出版社，1979。

傅衣凌《明清农村社会经济》，北京，三联书店，1961。

冯友兰《中国哲学史》，波德英译，二卷本，普林斯顿，普林斯顿大学出版社，1952—1953。

吉兹(Geertz，Clifford)《作为一种文化制度的意识形态》，见大卫·埃伯特主编《意识形态与不满》，纽约，自由出版社，1985。

谢和耐(Gernet，Jacques)《中国和基督教的冲撞》，劳埃德英译，剑桥，剑桥大学出版社，1985。

古德里希(Goodrich，L.C.)《乾隆朝的文字狱》，巴尔的摩，1935。

格里德(Grieder，Jerome)《现代中国的学术与政治》，纽约，自由出版社，1981。

格里姆(Grimm，Tilemann)《国家与权力的对立：明代专制主义初探》，见施拉姆主编《中国国家权力的范围》，伦敦，1985。

格罗等主编(Grove，Linda，and Christian Daniels)《中国的社会与国家：日本明清社会经济史研究》，东京，东京大学出版社，1984。

盖(Guy，R. Kent)《考据运动的发展：顾炎武与〈四库全书〉》，《清华学报》16(1984)，97—118页。《〈四库全书〉：乾隆晚期的朝廷与学者》，剑桥，哈佛东亚研究委员会,1987。

滨岛敦俊《明末南直隶苏松常三府均田均役法的研究》,《东洋学报》57,nos.3—4(1976),81—115页。《明代江南农村研究》,东京,东京大学出版社,1982。

《韩非子索引》,北京,中华书局,1982。

郝敬《春秋直解》。《春秋非左》,见《湖北丛书》,1891。《读〈春秋〉》,见《春秋直解》。《读〈尚书〉》,见《湖北丛书》本《尚书辨解》,1891。

原田正己《清末思想家的纬书观》,东京,1984。

Harootunian, H.D.《走向复兴：德川时代日本政治意识的发展》,伯克利,加利福尼亚大学出版社,1970。

哈特曼(Hartman, Charles)《哲学家韩愈：来自〈论语辟邪〉的证据》,《清华学报》16,nos.1,2(1984),57—94页。

哈威尔(Hartwell, Robert)《750—1550年中国的社会、人口、政治变迁》,《哈佛亚洲研究杂志》42,no.2(1982),365—426页。

《11,12世纪中国的历史、公共政策、社会科学》,《美国历史评论》76,no.3(1971),690—727页。

海特(Hatch, George)《苏轼传》,见《宋代传记》二卷本,1976。

海格尔(Hegel, Robert)《17世纪中国的小说》,纽约,哥伦比亚大学出版社,1981。

汉德森(Henderson, John)《中国宇宙论的兴衰历程》,纽约,哥伦比亚大学出版社,1984。

赫沃特(Hervout, Yves)编,《宋代传记》,香港,中文大学出版社,1978。

日原利国《白虎通义研究绪论》,《日本中国学会报》14(1962),63—78页。《汉代春秋公羊传研究的发展》,《日本中国学会报》12(1960),1—16页。《春秋公羊传的伦理观》,《东洋史研究》23,no.3(1964),237—276页。

何柄棣《中华帝国的成功阶梯》,纽约,1962。《扬州盐商》,《哈佛亚洲研究杂志》,17(1954),130—168页。《中国人口研究(1368—1953)》,剑桥,哈佛大学出版社,1959。

郝允一(Ho, Yun-yi)《明代初期祭祀的意识形态含义》,《明代研究》6(1978),55—67页。《明初的礼部和效祀》,台北,1980。

霍布斯沃姆等编(Hobsbawm, Eric, and Terence Ranger)《传统的发明》,剑桥,剑桥大学出版社,1984。侯外庐《近世中国思想学说史》,二卷本,上海,上海书店,1947。《论明清之际的社会阶级关系与启蒙思潮的特点》,《新建设》,1955,5,26—35页。

《西营刘氏家谱》,1792,1876。

肖公权《传统中国的法家与集权》,《清华学报》4,no.2(1964),108—121页。

《近代中国与新世界：康有为变法与大同思想研究》，西特尔，华盛顿大学出版社，1975。《农业中国：19世纪的帝国管理》，西特尔，华盛顿大学出版社，1967。

谢启昆《小学考》，台北，1969。

谢国桢《明末清初的学风》，北京，人民出版社，1982。

邢义田《秦汉的律令学》，《历史语言研究所集刊》54, no.4(1984), 51—101页。

徐乾学《湖海楼全集》序，1795。

徐复观《两汉思想史》，香港，中文大学出版社，1975。

徐珂《清稗类钞》，上海，商务印书馆，1920。

徐世昌《清儒学案》，台北，1966。

徐用宣《补要袖珍小儿用方论》，1634。

薛子衡《〈李兆洛〉行状》，见《养一斋集》，1852。

薛应旂《房山薛先生全集》，1556。《房山先生文录》，1553。

《学海堂集》四编，广东学海堂，1825—1886。

《学海堂志》，香港，1964。

《续修四库全书提要》，台北，商务印书馆，1972。

胡(Hu, Hsien Chin)《中国宗族的功能》，纽约，1948。

黄俊杰《孟子道德观的政治形式：赵岐的〈孟子注〉及其在东汉经学中的地位》，《汉学研究》1, no.1(1983), 219—258页。

黄(Huang, Ch'ing-lien)《明代的里甲制度及其在扬州府的运行》，《历史语言研究所集刊》54(1983), 103—155页。

黄俊杰《旧学与新知的会通：朱子对孟子道德观的阐释》，《新亚学术集刊》3(1982), 197—222页。

黄汝亨《漆园卮言》序，见庄起元《漆园卮言》。黄宗智《梁启超与现代中国的自由主义》，西特尔，华盛顿大学出版社，1972。《华北小农经济与社会变迁》，斯坦福，斯坦福大学出版社，1985。

黄仁宇(Huang, Ray)《16世纪明代政府财政和税收》，剑桥，剑桥大学出版社，1974。

黄道周《易象正》凡例，见《石斋先生经传九种》，1693。

黄宗羲《明儒学案》，台北，1973。《明儒学案》英文节译本，火奴鲁鲁，夏威夷大学出版社，1987。

黄源盛《汉代春秋折狱之研究》，台北，硕士论文。

《皇清经解》，学海堂，1860。

《皇清经解续编》，南菁书院，1888。

《皇清名臣奏议》，1796—1820。

胡克(Hucker, Charles O.)《儒学与中国的审查制度》，见尼维森等编《行动中的儒学》，斯坦福，斯坦福大学出版社，1969。《明代传统国家》，杜克逊，亚利桑那大学出版社，1961。《晚明时期的东林运动》，见费正清《中国思想与制度》，芝加哥，芝加哥大学出版社，1973。《明代的中国政府：七方面的研究》，纽约，哥伦比亚大学出版社，1969。

惠周惕《诗说》，1812。

惠士奇《半农先生春秋说》，1749。

惠栋《周易述》，1825。《易汉学》序。《易汉学》，1825。《易例》，见《皇清经解续编》，南菁书院，1888。

《惠氏四世传经图册》，抄本，1904。

弗尔斯(Hulsewe, A.F.P.)《汉律拾遗》，莱登，1955。《会试录》，北京，中国第一历史档案馆。

洪亮吉《洪北江全集》，1877。《洪亮吉诗文集》，台北，1983。《年谱》，见1877年版《洪北江全集》附录。

海姆斯(Hymes, Robert)《宋元时期福州的婚姻、宗族及地区主义倾向》，见埃伯莱等编《中华帝国晚期(1000—1940)的宗族组织》，伯克利，加利福尼亚大学出版社，1986。

《官僚与士绅：福建、江西地区在两宋时期的精英阶层》，剑桥，剑桥大学出版社，1987。《宜兴县志》，1869。

稻叶一郎《中唐时期新儒学的考察》，见《中国中古史研究：隋唐的社会与文化》，东京，1970。

阮元《周易虞氏易》序，见《张皋文笺易全集》，1820。《春秋正辞》序，见《味经室遗书》。《揅经室集》，台北，1964。

容肇祖《学海堂考》，《岭南学报》，3, no.4(1934), 1—147页。

卡恩(Kahn, Harold)《一个王子的教育：皇帝学习成为自己的角色》，见阿尔伯特·弗沃克主编《走向现代中国历史》，伯克利，加利福尼亚大学出版社，1967。

康有为《长兴学记》，1891。《新学伪经考》，台北，1962。

高本汉《〈左传〉的真伪及性质》，1926。《〈周礼〉与〈左传〉的早期史》，《古代远东博物馆年鉴》，3(1931), 1—59页。

川胜守《中国封建国家的精英结构》，东京大学出版社，1980。《中国近世都市的社会构造：明末清初的江南城镇》，《史潮》6(1979), 65—90页。

河田悌一《清代学术的一个侧面》,《东方学》57(1979),84—105 页。

克泽(Kertzer, David)《礼仪、政治和权力》,纽黑文,耶鲁大学出版社,1988。

卡思勒(Kessler, Lawrence)《康熙与清朝统治的巩固》,芝加哥,芝加哥大学出版社,1976。

近藤光男《惠栋与钱大昕》,《吉川博士纪念中国文学论集》,东京,1968。《考证学与诗文研究关系一例》,《有瞳》2(1973),43—49 页。《汪中与国史儒林传稿》,《人文科学论集》3(1964),64—69 页。《钱大昕的文学》,《东京支那学报》7(1961),25—28 页,《清代的经学和纬书》,东京,1984。

克莱默斯(Kramers, R.P.)《孔子家语:孔子的学术言论》,莱登,1950。

顾颉刚《春秋的孔子与汉代的孔子》,见《古史辨》七卷本,北京、上海,1926—1941。《汉代学术史略》,台北,1972。

古清美《清初经世之学与东林学派的关系》,《孔孟月刊》24, no.3(1985),44—51 页。

顾宪成《泾皋藏稿》,明刻本。《小心斋札记》,见《顾端文公遗书》,清刻本。《顾端文公遗书》,清刻本。

顾宏丁(Ku Hung-ting)《清代(1730—1796)高层官员的流动模式》,《远东史论集》29(1984),44—66 页。

顾栋高《春秋大事表》,1873。

顾炎武《日知录》,台北,1974。《顾亭林诗文集》,香港,中华书局,1976。

管同《因寄轩文集》,1833。

阮元编《诂经精舍文集》,台北,商务印书馆,1966。

归有光《归震川先生全集》,1575。

孔费力《晚清政治观》,见《NEH 现代中国研究计划回顾》,2(1981),1—18 页。

孔广森《春秋公羊经传通义》序,见《皇清经解》,广州,学海堂,1860。

龚自珍《龚自珍全集》,上海人民出版社,1975。《龚自珍年谱》,见《龚自珍全集》附录,上海人民出版社,1975。

《孔子家语》,台北,1972。

郭绍虞《纪念诗人黄仲则》,上海,学林出版社,1983。

《国朝常州词录》,1896。

邝(Kwong, Luke S.K.)《百日的辉煌:1898 年的人格、政治和观念》,剑桥,哈佛东亚研究委员会,1984。

郎格罗斯(Lauglois, John D, Jr.)《元代政治思想中的〈春秋〉、法律、经世意识》,见狄百瑞等编《元代思想：蒙古统治下的中国思想和宗教》，纽约，哥伦比亚大学出版社，1982。

劳(Lau, D.C.)英译《论语》，纽约，1979。英译《孟子》，纽约，1979。

莱格(Legge, James)英译《春秋和左传》，台北，文史哲出版社，1971。英译《四书》，纽约，1966。英译《书经》，台北，文史哲出版社，1972。

伦马凯(Leung, Man-kam)《阮元(1764—1849)：一个中国学术官僚的一生》，博士论文，夏威夷大学，1977。

列文森(Levenson, Joseph)《儒教中国及其现代命运》，三卷本，伯克利，加利福尼亚大学出版社，1969。

李兆洛《珍艺宦遗书》序，见庄述祖《珍艺宦遗书》，1809。《养一斋文集》，1851，1872。

李新霖《清代经今文学述》，《国文研究所季刊》，22(1978)，113—311 页。

李桓《国朝耆献类征》。

《李申耆年谱》，嘉业堂刻本。

李天佑《明末江阴、嘉定人民的抗清斗争》，上海，上海人民出版社，1955。

李元庚《望社姓氏考》，《国粹学报》71《史篇外》。

梁启超《近代学风的地理分布》，见《饮冰室专集》，台北，中华书局，1972。《中国近三百年学术史》，台北，中华书局，1955。《清代学术概论》，Immanua Hsu 英译本，剑桥，哈佛大学出版社，1959。《饮冰室文集》，台北，中华书局，1970。

《礼记今注今译》，王梦鸥注译，台北，商务印书馆，1974。

林庆彰《明代考据学研究》，台北，学生书局，1984。《明代的汉宋学问题》，《东吴文史学报》5(1986)，133—150 页。

林丽同《明末东林派的几个政治观念》，《国立台湾师范大学历史学报》11(1983)，20—42 页。

凌曙《公羊礼疏》，见《皇清经解续编》，南菁书院，1888。《公羊问答》，见《皇清经解续编》，南菁书院，1888。

《历代职官表》，香港。

刘兆滨《清代科举》，台北，1979。

刘知己《史通·释评》，台北，华世出版社，1975。

刘贡《春秋释例》序，台北，中华书局，1970。

刘逢禄《箴膏盲评》，见《皇清经解》，1860。《虞氏易言》，见张惠言《张皋文笺易全集》，1820。《春秋公羊经何氏释例》，见《皇清经解》，1860。《春秋论》，见《刘礼部集》，

1827。《公羊春秋何氏解诂笺》序,见《皇清经解》,1860。《尚书今古文集解》序,台北,商务印书馆,1977。《诗古微》序,见《刘礼部集》,1827。《论语述何》,见《皇清经解》,1860。《左氏春秋考证》,1805。《左氏春秋考证》,顾颉刚编,北京,1932。

刘歆《移太常博士书》,见班固《汉书》。

柳诒征《江苏书院志初稿》,《国学图书馆年刊》4(1931),1—112页。

刘(Liu, James, J.Y.)《中国诗歌的艺术》,芝加哥,芝加哥大学出版社,1962。《中国文学理论》,芝加哥,芝加哥大学出版社,1975。

刘子健《欧阳修:11世纪的新儒家》,斯坦福,斯坦福大学出版社,1967。《宋代中国的改革》,剑桥,哈佛东亚研究中心,1959。

刘纶《刘文定公集》,1772。

刘(Liu, Shih-chi)《1500—1900江南商业城镇历史演变和城市化的一些思考》,《美国亚洲评论》,2, no.1, 1984,1—27页。

刘师培《群经大义相通论》,台北,1959。《汉宋义理学异同论》,见《刘申叔先生遗书》,1934。《左庵集》,北京,1928。

刘文淇《青溪旧屋文集》,1883。《句溪杂著》序,1843。

卢见曾《王应麟〈郑氏周易〉序》,1756。《周易述》序,1825。

吕宗力《纬书与西汉今文经学》,东京,1984。

卢文弨《常州府八邑艺文志》。《抱经堂文集》,上海,商务印书馆,1937。《毗陵经籍志》。

卢元骏《经学之发展与今古文分合》,《孔孟月刊》,15, no.4(1976),35—43页。

雷(Liu, Adam, Y.C.)《翰林院:人才摇篮》,1981。伦明《续书楼读书记》,《燕京学报》,1928,457—511页。

《龙城书院科艺》,1901。龙沐勋《论常州词派》,《同声》,1, no.10(1941),1—20页。

《论语引得》,台北,1966。

马克林特(MacIntyre, Aladair)《德性之后:一种道德理论》,1981。

梅克纳特(McKnight, Brlan)《法律官员:宋代的职业学术》,见狄百瑞等主编《新儒家的教育形成时期》,伯克利,加利福尼亚大学出版社,1989。《法律的模式和思想的模式:宋代中国士的研究》,《美国远东协会杂志》,102, no.2(1982),323—331页。

马尔姆维斯特(Malmqvist, Göran)《公羊传和穀梁传研究》,《远东古代博物馆年鉴》,43(1971),67—222页。

马米茨(Mammitzsch, Ulrich)《魏忠贤:明末朝廷的党争与阉官》,博士论文,夏威夷大学,1968。

马恩(Mann[Jones], Susan)《洪亮吉：18世纪后期政治难题的观察和分析》，博士论文，斯坦福大学，1972。《18世纪晚期中国的学术与政治》，《清史问题》，3, no.4(1975), 28—49页。

曼海姆(Mannheim, Karl)《知识现象的意识形态和社会解释》，见沃尔夫主编《来自曼海姆》，纽约，牛津大学出版社，1971。

马克斯(Marcus, George E.)《美国家族王朝及其制度性遗产的信托作用》，见他的《人种学问题：精英阶层》，新墨西哥大学出版社，1983。

马斯伯乐(Maspero, Henri)《左传的著者及年代》，*Mélanges Chinois et buddhiques* 1(1931—1932), 137—215页。

梅(Mei, Diana Yu-shih)《古文家韩愈》，《清华学报》，7, no.1(1968), 143—208页。

孟森《明清史论著集刊》，台北，1965。

《孟子集注大全》，见胡广编《四书大全》，北京，1776。

《孟子引得》，北京，1941。

梅克尔(Meskill, John)《明代的政治与书院》，见胡克主编《明代的中国政府：七方面的研究》，纽约，哥伦比亚大学出版社，1969。《明代书院：一种历史论述》杜克逊，亚利桑那大学出版社，1982。

梅茨格(Metzger, Thomas)《清代官僚制度的内部组织》，剑桥，哈佛大学出版社，1973。

《明史》，台北，1982。

沟口雄三《中国前近代思想的曲折展开》，东京，东京大学出版社，1980。《东林党人的思想》，《东洋文化研究纪要》，75(1978), 111—341页。

莫里(Mori, Masao)《明代的士绅》，*Acta Asiatica* 36(1979), 31—38页。

牟特(Mote, F.W.)《元代的儒家隐士》，见奥泽·瑞特《儒家信教》，斯坦福大学出版社，1960。《中国专制主义的发展》，*Oriens Extremus* 8, no. 1(1961), 1—41页。

牟润孙《两宋春秋学之主流》，《大陆杂志》，5, no. 4(1952), 113—115页；no.5(1952), 170—172页。

孟洛(Munro, Donald)《中国思想中的"趣味"论》，《思想史杂志》，41, no.2, 179—187页。《人性的偶像：一幅宋代的肖像》，普林斯顿，普林斯顿大学出版社，1988。

Najita Tetsuo《日本：现代日本政治的思想基础》，芝加哥，芝加哥大学出版社，1980。

中村俊也《孔广森的〈春秋公羊通义叙〉》，《中国文史哲论集》，1979, 891—902页。

纳奎因(Naquin, Susan)《中国的千禧年起义：1813年的八卦教兴起》，纽黑文，耶鲁大学出版社,1981。《山东起义：1774年的王伦起义》,纽黑文,耶鲁大学出版社,1981。

李约瑟《中国科学与文明》六卷本,剑桥,剑桥大学出版社,1954。

仁井田升《中国法制史研究》,东京大学出版社,1964。

Nishijima Sadao《中国早期棉织业的发展》,格罗夫英译,见格罗夫等主编《中国的社会与国家：日本明清社会经济史研究》,东京,东京大学出版社,1984。

尼维森(Nivison, David S.)《和珅及其批评者》,见尼维森等主编《行动中的儒学》,斯坦福,斯坦福大学出版社,1969。《章学诚(1738—1801)的生平与思想》,斯坦福,斯坦福大学出版社,1966。

小岛祐马《中国的社会思想》,东京,1967。

Okada Takehiko《江户时期的儒学》,东京,1982。大久保英子《明清时代书院的研究》,1976。小野和子《明末结社考》,《史林》45,no.2(1962),37—67页,45,no.3(1962),67—92页。《东林党考》1、2,《东方学报》,52(1980),563—594页；55(1983),307—315页。

大谷敏夫《扬州常州学术考》,见小野和子主编《明清时代的政治和社会》,东京,1983。

欧阳修《欧阳文忠公文集》,台北,商务印书馆,1967。

班固《汉书》,台北,1974。

潘耒《日知录》序,见魏源《皇朝经世文编》,1827。

帕森斯(Parsons, James)《明代官僚制度：停滞力量诸特征》,见胡克主编《明代的中国政府：七方面的研究》,纽约,哥伦比亚大学出版社,1969。

帕斯特纳克(Pasternak, Burton)《中国婚姻中虐妻问题的原因与人口后果》,见汉莱等编《东亚历史中的家庭与人口》,斯坦福,斯坦福大学出版社,1985。《中国家族发展中界线的作用》,《亚洲研究杂志》,28(1969),551—561页。

钱仪吉编《碑传集》,1893。

巴里甘(Pelikan, Jaroslav)《横贯诸世纪的耶稣：它在文化史上的地位》,纽黑文,耶鲁大学出版社,1985。

波根斯(Perkins, Dwight)《1368—1968年中国的农业发展》,芝加哥,1969。

帕特森(Peterson, Williard)《瓠瓜：方以智及其对学术界的冲击》,纽黑文,耶鲁大学出版社,1979。《传教士进入明廷前的历法改革》,《明代研究》21(1986),45—61页。

皮锡瑞《经学历史》,香港,中华书局,1961。《毗陵庄氏增修族谱》,常州,1935。

《毗陵庄氏族谱》,1875。

《毗陵唐氏家谱》,1948。

波考克(Pocock, J.G.A.)《政治、语言和时代：政治思想和历史论文集》,纽约,1971。

波拉彻克(Polachek, James)《鸦片战争的内幕》稿本。《19世纪中国的文人群体与群体政治》,博士论文,伯克利,加利福尼亚大学出版社,1977。

博拉德(Pollard, David)《中国文学的考察：周作人的文学观与传统的关系》,伯克利,加利福尼亚大学出版社,1973。

波特(Potter, Jack)《传统中国的土地和宗族》,见莫利斯·弗里德曼《中国社会的家庭与宗族》,斯坦福,斯坦福大学出版社,1970。

普莱勃兰克(Pulleyblank, Edwin)《唐代的新儒学与新法家》,见瑞特主编《孔子的人格》,斯坦福,斯坦福大学出版社,1960。

兰肯(Rankin, Mary)《公共观念与政治权力：19世纪后期中国清议》,《亚洲研究杂志》,41,no.3(1982),453—484页。

罗斯基(Rawski, Evelyn)《清代中国的教育与识字率》,密执安大学中国研究中心,1979。

利夫(Rieff, Philip)《治愈法的胜利》,纽约,1968。

桑坦格罗(Santangelo, Paolo)《苏州织造》,见萨来姆《中国国家权力的范围》伦敦,亚非学院,1985。

萨里蒂(Sariti, Anthony W.)《司马光政治思想中的君主、官僚和绝权主义》,《亚洲研究杂志》,32,no.1(1972),53—76页。

萨索(Saso, Michael)《何谓河图》,《宗教史》,17,no.3,4(1978),399—416页。

佐藤震二《清代公羊学派考》上,《九州中国学会报》19(1973),20—25页。

施罗克尔(Schirokauer, Conrad)《处于攻击下的新儒学：伪学的责难》,见海格编《宋代中国的危机与繁荣》,杜克逊,亚利桑那大学出版社,1975。

史华兹(Schwarz, Benjamin I.)《清代学术概论》英译本序,剑桥,哈佛大学出版社,1959。《作为解释类别的传统与现代的界线》,*Daedalus*(1972),71—88页。

尚钺《中国资本主义关系发生及演变的初步研究》,北京,三联书店,1956。

《尚书通检》,哈佛燕京学社,1936。

上谕档,台北故宫博物院。

邵懿辰《半岩庐遗文》,1862。

舒斯基(Schutskii, Iulian)《易经研究》,普林斯顿,普林斯顿大学出版社,1979。

沈家本《汉律摭遗》,台北。

重田德《士绅统治的起源与结构》,丹尼尔英译,见格罗夫主编《中国的社会与国家:日本明清社会经济史研究》,东京,东京大学出版社,1984。《清代社会经济史研究》,东京,1975。

施(Shih, Vincent)《太平天国的意识形态》,西特尔,华盛顿大学出版社,1972。

《诗经引得》,台北,1972。

《十三经注疏》,台北,重印本。

岛田虔次《中国近代思维的挫折》,东京,1970。《辛亥革命时期的孔子问题》,见小野秀川美《辛亥革命研究》,东京,1978。

席文(Sivin, Nathan)《哥白尼在中国》,1973。《从理学到朴学》序,剑桥,哈佛东亚研究委员会,1984。

施坚雅(Skinner, G. William)《农业中国的市场与社会结构》,杜克逊,亚利桑那大学出版社,又见《亚洲研究杂志》,24, no.1, 3—43; no.2, 195—228 页; no.3, 363—399页。《中华帝国晚期的流动策略:一个地区分析》,见史密斯《地区分析》卷一《经济系统》,纽约,1976。

史密斯(Smith, Joanna Handlin)《仁慈的团体:明清时期族产的再形成》,《亚洲研究杂志》,46, no.2, 309—331 页。

纪昀等编《四库全书总目》,台湾,1974。

司马迁《史记》,北京,中华书局,1972。

司马光《资治通鉴》,台北,1980。

《四书大全》,1776。

司徒琳《清代思想中的变化性与连续性》,见《剑桥中国史》第九卷,剑桥,剑桥大学出版社,即将出版。《南明:1644—1662》,纽黑文,耶鲁大学出版社。

苏完恩《洪北江全集》序,1877。《授经堂重刊遗集序》,见洪亮吉《洪北江全集》,1877。

苏舆《春秋繁露义证》,东京,1973。

孙复《春秋尊王发微》,1873。

孙慎行《玄晏斋困思抄》1614—1630 年版。

法郎克(Herbert Franke)编《宋人传记集》,1976。

宋翔凤《论语说义》,见《皇清经解续编》,江阴,南菁书院,1888。《朴学庐文钞》,1851—1860 年刊行。

宋鼎宗《宋儒春秋攘夷说》,《成功大学学报》,18, 7—20 页。

《大清会典事例》,上海,商务印书馆,1908。

《大清仁宗睿皇帝实录》，台北，1964。

《大清高宗纯皇帝实录》，台北，1964。

《清高宗圣训》，北京。

《清世宗实录》，台北，1964。

《清世宗圣训》，北京。

《戴震文集》，北京，中华书局，1974。

戴望《刘先生行状》，见戴望《谪麟堂遗集》，1875。《论语注》，1888。《颜氏学记》，台北，1980。

台恩(Tain, Tzey-yueh)《董仲舒的思想体系：它的来源及对汉代学者的影响》，博士论文，Tanaka, Masatoshi《16, 17世纪江南手工业》，格罗夫英译，见格罗夫等主编《中国的社会与国家：日本明清社会经济史研究》，东京，东京大学出版社，1984。

汤志钧《清代常州经今文学与戊戌变法》，见氏著《戊戌变法史论丛》，香港，1973。《清代经今文学的复兴》，《中国史研究》3(1980)，145—156页。

汤志钧与艾尔曼《1898年变法的再评价：Luke S.K. Kwong 的〈百日维新〉书评》，《近代中国》8, no.1(1987)，205—213页。

唐鹤征《常州府志序》，1886。

唐顺之《荆川先生文集》，1549。《春秋私考》序。《唐荆川先生文集》，见《常州先哲遗书》，台北，1971。

陶湘宣《国朝常州骈体文录》，1890。

田浩(Tillman, Hoyt)《12世纪中国的民族主义的雏形：以陈亮为例》，《哈佛亚洲研究杂志》，39, no.2(1979)，403—428。《功利主义儒家：陈亮对朱熹的挑战》，剑桥，哈佛东亚研究委员会，1982。

Tjan Tjoe Som《白虎通：白虎厅的广泛讨论》，莱登，1949—1952。

陶泽特(Trauzettel, Rdlf)《宋代的爱国主义：朝向中国民族主义的第一步》，见海格《宋代中国的危机和繁荣》，杜克逊，亚利桑那大学出版社，1978。

臧琳《经义杂记叙录》，见《拜经堂丛书》，1799。

臧庸《礼部侍郎庄公小传》，见《拜经堂文集》，台北，1930。

曾国藩《茗柯文四编》序，见《四部丛刊二编》本《茗柯文四编》，上海，1934—1935。

杜清一(Tu, Ching-i)《中国科举考试论集》，Monumenta Serica 31(1974—1975)，393—406页。《明代的理学与文学批评：以唐顺之为例》，提交台湾淡水第四届国际比较文学会议论文。

杜维运《赵翼传》，台北，1983。

杜预《春秋释例》,台北,中华书局,1970。北京,1802。

董士锡《家谱》,见其《齐物论斋集》。《齐物论斋集文录》,抄本,1843。《易说》序,见庄存与《味经斋遗书》,1882。《桐城派研究论文集》,合肥,安徽人民出版社,1963。

《通志堂经解》,1873。

《东林别乘》,广州,1958。

《东林始末》,1982。

《东林书院志》,1733。

崔彻特(Twitchett, Denis)《评J.A.瓦特森的论文》,《中国季刊》,92(1982),623—627页。《评现代中国社会经济史研究》,《日本东方学家国际会议丛刊》,10(1965),33—39,154—172页。《家族管理文献:方氏家族族产管理条例》,亚洲,8(1960—1961),1—35页。《方氏族产(1050—1760)》见尼维森等《行动中的儒学》,斯坦福,斯坦福大学出版社,1959。

宇野精一《中国古典学的展开》,东京,1949。《刘歆伪造〈周礼〉说研究》,《东亚论丛》5(1941),237—273页。

温德莫施(Vandermeersch, Leon)《中国人法律观念的考察》,见萨拉姆《中国国家权力的范围》,伦敦,亚非学院,1985。

斯朴林克(von der Sprenkel)等《明代的高官:〈明史年表〉注》《亚非学院年鉴》14(1952),83—114页。

魏斐德(Wakeman, Frederic)《中国与17世纪的危机》,《近代中国》7, no.1(1986),1—16页。《历史与意志:毛泽东思想的哲学考察》,伯克利,加利福尼亚大学出版社,1975。《清军征服江南期间的地方主义与忠臣意识》,见魏斐德主编《中华帝国晚期的冲突与控制》,伯克利,加利福尼亚大学出版社,1975。《论〈皇清经世文编〉》,《清史问题》,1, no.10(1969),8—22页。《自主的代价:明清政治中的知识分子》,*Daedalus* 101, no.2(1972),35—70页。

王昶《春融堂集》,1807。

王家检《魏源年谱》,台北,中央研究院,1967。

王交《春秋私考》后序,1557。

汪中《述学》,台北,1970。

汪喜荀《且住庵文集》,台北,1971。

王鸣盛《十七史商榷》序。

王念孙《申受府君行述》,见《西营刘氏家谱》,1876。

王泽浦《桐城派的义法》,见《桐城派研究论文集》,合肥,安徽人民出版社,1963。

王阳明《传习录》,见《王阳明全集》,台北,1973。《王阳明全集》,香港,1959。

王益谦(Wang, Yeh-chien)《中国近世的土地税收》,剑桥,哈佛大学出版社,1973。

王毓诠《明代赋役制度的几个特点》,《明代研究》21(1986),1—44页。

温斯顿(Watson, Burton)英译《韩非子》,纽约,哥伦比亚大学出版社,1964。英译《中国大史学家传》,二卷本,纽约,哥伦比亚大学出版社,1971。

瓦特森(Watson, James L.)《中国宗族发展的人类学考察》,见埃伯莱等主编《中华帝国晚期(1000—1940)的宗族组织》,伯克利,加利福尼亚大学出版社,1986。《中国家族的再考察:历史研究的人类学考察》,《中国季刊》92(1982),589—622页。《传统中国的土地继承制度:一个个案分析》,《现代亚洲研究》,11,no.1(1977),161—182页。

瓦特森(Watson, Rubie S.)《一个中国宗族的形成:海辉(音译)的邓氏》,《现代亚洲研究》16,no.1(1982),69—100页。

瓦特(Watt, John)《中华帝国晚期的地方行政管理》,纽约,哥伦比亚大学出版社,1972。

韦伯(Weber, Max)《中国的宗教》,格斯英译,纽约,1954。

魏源《古微堂内外集》,台北,1966。《古微堂文稿·老子本义》,1900。《刘礼部遗书》序见《魏源集》北京,中华书局,1976。《书古微》,1878。《魏源集》,北京,中华书局,1976。《皇朝经世文编》,台北,世界书店,1964。

翁方纲《复初斋文集》,1877。

韦特伯克(Whitbeck, Judith)《龚自珍与19世纪中国士人志趣的转变》,《清史问题》,4,no.10(1983),1—32页。

威恩斯(Wiens, Mi Chu)《14、15世纪财政税收制度改革》,《明代研究》3(1976),53—69页。《中国近代早期的棉纺织业与农业社会转型》,《香港中文大学中国研究丛刊》7,no.2(1974),515—534页。《地主与农民:16、17世纪》,《现代中国》6,no.1(1980),3—34页。

维海姆(Wilhelm, Hellmut)《大变动前夜的中国儒学》,见詹森《改变中的日本对现代的态度》,普林斯顿,普林斯顿大学出版社,1965。

沃(Woo, Kang)《董仲舒春秋公羊学的政治思想》,巴黎,1932。

吴昌绶《定盦先生年谱》,见朱杰勤《龚自珍研究》,香港,1971。

吴修《两当轩诗钞》序,1858。

吴宏一《清代诗学初谈》,台北,牧童出版社,1977。

《武进庄氏增修族谱》,1829。

《武进天宁寺志》,台北,1973。

《武进阳湖县合志》,1866。

《无锡金匮县志》,1814。

徐扬杰《宋明以降的宗族制度》,《中国社会科学》3(1980),29—82页。

Yamane Yukio《15、16世纪的赋税改革》,丹斯顿英译,见格罗夫编《中国的国家与社会:日本明清社会经济史研究》,东京,东京大学出版社,1984。

山井涌《顾亭林的学术观》,《中央大学文学部纪要》35(1964),67—93页。《黄宗羲的学问观》,《东京支那学报》3(1957),31—50页。

杨超曾《记录》,见惠栋编《半农先生〈春秋〉说》,1749。"碑",见惠栋编《半农先生〈春秋〉说》,1749。

羊淇《明末东林党与常州》,《常州古今》,2(1981),201—220页。

杨椿《春秋后考》序,见《孟邻堂集》,1822。《春秋大事表》序,1873。《孟邻堂集》,1822。

杨向奎《经史斋学术文集》,上海,上海人民出版社,1983。《清代的今文经学》,《清史论丛》1(1979),177—209页。《中国古代社会与古代思想研究》,上海,中华书局,1964。

杨慎《俗儒泥古》,见《太史升庵文集》,1582。《太史升庵文集》,1582。

姚际恒《春秋论旨》,见其《春秋通论》,抄本。《春秋通论》,抄本。

姚鼐《惜抱轩九经说》。《惜抱轩全集》,1907。《古文辞类纂》,1820。

姚莹《东溟文集》,1867。

安居香山《谶纬思想的综合研究》,东京,1984。

叶显恩《明清徽州农村社会与租佃制》,合肥,安徽人民出版社,1983。

叶国良《宋人疑经改经考》,台湾,台湾大学,1980。

阎若璩《尚书古文疏证》,见《皇清经解续编》,1888。《经义杂记》序,见《拜经堂丛书》,1799。

颜元《四书正误》,见《颜李丛书》,1965。

《颜李丛书》,台湾,广文书局,1965。

吉原文昭《北宋春秋学一瞥》,见《中国哲学史的探索和展望》,东京,1976。

辛元(Yuan, Tsing)《1550—1770年景德镇陶瓷业》,《明代研究》6(1978),45—53页。《城市混乱与骚动》,见史景迁、威尔斯主编《从明到清:17世纪中国的征服、地区、连续性》,纽黑文,耶鲁大学出版社,1979。

恽敬《大云山房集》,台北,1964。

Zito, Angla R.《重献的祭品:宇宙论与文本编著》,《清史问题》,5, no.2(1984),

47—74页。

车尔道夫(Zurndorfer, Harriet)《16世纪中国商人与商业》,《莱登中国学研究》,1981。《地方宗族与地方发展：800—1500徽州休宁方氏宗族的个案分析》,《通报》,70(1984),18—59页。《明清时期的暴力与政治抗议》,《国际社会史评论》,28(1983),304—319页。

译者按：

1. 原著引用的不少善本、档案，因无法查找，仅根据英译引文还原为中文。

2. 原著者作注释时，对书名、篇名均有所简省，其中提及的不少书名、篇名与引用中的相应名称稍有出入，译考一仍其旧，未加改动。

"海外中国研究丛书"书目

1. 中国的现代化　[美]吉尔伯特·罗兹曼 主编　国家社会科学基金"比较现代化"课题组 译　沈宗美 校
2. 寻求富强:严复与西方　[美]本杰明·史华兹 著　叶凤美 译
3. 中国现代思想中的唯科学主义(1900—1950)　[美]郭颖颐 著　雷颐 译
4. 台湾:走向工业化社会　[美]吴元黎 著
5. 中国思想传统的现代诠释　余英时 著
6. 胡适与中国的文艺复兴:中国革命中的自由主义,1917—1937　[美]格里德 著　鲁奇 译
7. 德国思想家论中国　[德]夏瑞春 编　陈爱政 等译
8. 摆脱困境:新儒学与中国政治文化的演进　[美]墨子刻 著　颜世安 高华 黄东兰 译
9. 儒家思想新论:创造性转换的自我　[美]杜维明 著　曹幼华 单丁 译　周文彰 等校
10. 洪业:清朝开国史　[美]魏斐德 著　陈苏镇 薄小莹　包伟民 陈晓燕 牛朴 谭天星 译　阎步克 等校
11. 走向 21 世纪:中国经济的现状、问题和前景　[美]D. H. 帕金斯 著　陈志标 编译
12. 中国:传统与变革　[美]费正清 赖肖尔 主编　陈仲丹 潘兴明 庞朝阳 译　吴世民 张子清 洪邮生 校
13. 中华帝国的法律　[美]D. 布朗 C. 莫里斯 著　朱勇 译　梁治平 校
14. 梁启超与中国思想的过渡(1890—1907)　[美]张灏 著　崔志海 葛夫平 译
15. 儒教与道教　[德]马克斯·韦伯 著　洪天富 译
16. 中国政治　[美]詹姆斯·R. 汤森 布兰特利·沃马克 著　顾速 董方 译
17. 文化、权力与国家:1900—1942 年的华北农村　[美]杜赞奇 著　王福明 译
18. 义和团运动的起源　[美]周锡瑞 著　张俊义 王栋 译
19. 在传统与现代性之间:王韬与晚清革命　[美]柯文 著　雷颐 罗检秋 译
20. 最后的儒家:梁漱溟与中国现代化的两难　[美]艾恺 著　王宗昱 冀建中 译
21. 蒙元入侵前夜的中国日常生活　[法]谢和耐 著　刘东 译
22. 东亚之锋　[美]小 R. 霍夫亨兹 K. E. 柯德尔 著　黎鸣 译
23. 中国社会史　[法]谢和耐 著　黄建华 黄迅余 译
24. 从理学到朴学:中华帝国晚期思想与社会变化面面观　[美]艾尔曼 著　赵刚 译
25. 孔子哲学思微　[美]郝大维 安乐哲 著　蒋弋为 李志林 译
26. 北美中国古典文学研究名家十年文选　乐黛云　陈珏 编选
27. 东亚文明:五个阶段的对话　[美]狄百瑞 著　何兆武 何冰 译
28. 五四运动:现代中国的思想革命　[美]周策纵 著　周子平 等译
29. 近代中国与新世界:康有为变法与大同思想研究　[美]萧公权 著　汪荣祖 译
30. 功利主义儒家:陈亮对朱熹的挑战　[美]田浩 著　姜长苏 译
31. 莱布尼兹和儒学　[美]孟德卫 著　张学智 译
32. 佛教征服中国:佛教在中国中古早期的传播与适应　[荷兰]许理和 著　李四龙 裴勇 等译
33. 新政革命与日本:中国,1898—1912　[美]任达 著　李仲贤 译
34. 经学、政治和宗族:中华帝国晚期常州今文学派研究　[美]艾尔曼 著　赵刚 译
35. 中国制度史研究　[美]杨联陞 著　彭刚 程钢 译

36. 汉代农业:早期中国农业经济的形成　[美]许倬云 著　程农 张鸣 译　邓正来 校
37. 转变的中国:历史变迁与欧洲经验的局限　[美]王国斌 著　李伯重 连玲玲 译
38. 欧洲中国古典文学研究名家十年文选乐黛云　陈珏 龚刚 编选
39. 中国农民经济:河北和山东的农民发展,1890—1949　[美]马若孟 史建云 译
40. 汉哲学思维的文化探源　[美]郝大维 安乐哲 著　施忠连 译
41. 近代中国之种族观念　[英]冯客 著　杨立华 译
42. 血路:革命中国中的沈定一(玄庐)传奇　[美]萧邦奇 著　周武彪 译
43. 历史三调:作为事件、经历和神话的义和团　[美]柯文 著　杜继东 译
44. 斯文:唐宋思想的转型　[美]包弼德 刘宁 译
45. 宋代江南经济史研究　[日]斯波义信 著　方健 何忠礼 译
46. 一个中国村庄:山东台头　杨懋春 著　张雄 沈炜 秦美珠 译
47. 现实主义的限制:革命时代的中国小说　[美]安敏成 著　姜涛 译
48. 上海罢工:中国工人政治研究　[美]裴宜理 著　刘平 译
49. 中国转向内在:两宋之际的文化转向　[美]刘子健 著　赵冬梅 译
50. 孔子:即凡而圣　[美]赫伯特·芬格莱特 著　彭国翔 张华 译
51. 18世纪中国的官僚制度与荒政　[法]魏丕信 著　徐建青 译
52. 他山的石头记:宇文所安自选集　[美]宇文所安 著　田晓菲 编译
53. 危险的愉悦:20世纪上海的娼妓问题与现代性　[美]贺萧 著　韩敏中 盛宁 译
54. 中国食物　[美]尤金·N.安德森 著　马孆 刘东 译　刘东 审校
55. 大分流:欧洲、中国及现代世界经济的发展　[美]彭慕兰 著　史建云 译
56. 古代中国的思想世界　[美]本杰明·史华兹 著　程钢 译　刘东 校
57. 内闱:宋代的婚姻和妇女生活　[美]伊沛霞 著　胡志宏 译
58. 中国北方村落的社会性别与权力　[加]朱爱岚 著　胡玉坤 译
59. 先贤的民主:杜威、孔子与中国民主之希望　[美]郝大维 安乐哲 著　何刚强 译
60. 向往心灵转化的庄子:内篇分析　[美]爱莲心 著　周炽成 译
61. 中国人的幸福观　[德]鲍吾刚 著　严蓓雯 韩雪临 吴德祖 译
62. 闺塾师:明末清初江南的才女文化　[美]高彦颐 著　李志生 译
63. 缀珍录:十八世纪及其前后的中国妇女　[美]曼素恩 著　定宜庄 颜宜葳 译
64. 革命与历史:中国马克思主义历史学的起源,1919—1937　[美]德里克 著　翁贺凯 译
65. 竞争的话语:明清小说中的正统性、本真性及所生成之意义　[美]艾梅兰 著　罗琳 译
66. 中国妇女与农村发展:云南禄村六十年的变迁　[加]宝森 著　胡玉坤 译
67. 中国近代思维的挫折　[日]岛田虔次 著　甘万萍 译
68. 中国的亚洲内陆边疆　[美]拉铁摩尔 著　唐晓峰 译
69. 为权力祈祷:佛教与晚明中国士绅社会的形成　[加]卜正民 著　张华 译
70. 天潢贵胄:宋代宗室史　[美]贾志扬 著　赵冬梅 译
71. 儒家之道:中国哲学之探讨　[美]倪德卫 著　[美]万白安 编　周炽成 译
72. 都市里的农家女:性别、流动与社会变迁　[澳]杰华 著　吴小英 译
73. 另类的现代性:改革开放时代中国性别化的渴望　[美]罗丽莎 著　黄新 译
74. 近代中国的知识分子与文明　[日]佐藤慎一 著　刘岳兵 译
75. 繁盛之阴:中国医学史中的性(960—1665)　[美]费侠莉 著　甄橙 主译　吴朝霞 主校
76. 中国大众宗教　[美]韦思谛 编　陈仲丹 译
77. 中国诗画语言研究　[法]程抱一 著　涂卫群 译
78. 中国的思维世界　[日]沟口雄三 小岛毅 著　孙歌 等译

79. 德国与中华民国　[美]柯伟林 著　陈谦平 陈红民 武菁 申晓云 译　钱乘旦 校
80. 中国近代经济史研究:清末海关财政与通商口岸市场圈　[日]滨下武志 著　高淑娟 孙彬 译
81. 回应革命与改革:皖北李村的社会变迁与延续　韩敏 著　陆益龙 徐新玉 译
82. 中国现代文学与电影中的城市:空间、时间与性别构形　[美]张英进 著　秦立彦 译
83. 现代的诱惑:书写半殖民地中国的现代主义(1917—1937)　[美]史书美 著　何恬 译
84. 开放的帝国:1600年前的中国历史　[美]芮乐伟·韩森 著　梁侃 邹劲风 译
85. 改良与革命:辛亥革命在两湖　[美]周锡瑞 著　杨慎之 译
86. 章学诚的生平及其思想　[美]倪德卫 著　杨立华 译
87. 卫生的现代性:中国通商口岸卫生与疾病的含义　[美]罗芙芸 著　向磊 译
88. 道与庶道:宋代以来的道教、民间信仰和神灵模式　[美]韩明士 著　皮庆生 译
89. 间谍王:戴笠与中国特工　[美]魏斐德 著　梁禾 译
90. 中国的女性与性相:1949年以来的性别话语　[英]艾华 著　施施 译
91. 近代中国的犯罪、惩罚与监狱　[荷]冯客 著　徐有威 等译　潘兴明 校
92. 帝国的隐喻:中国民间宗教　[英]王斯福 著　赵旭东 译
93. 王弼《老子注》研究　[德]瓦格纳 著　杨立华 译
94. 寻求正义:1905—1906年的抵制美货运动　[美]王冠华 著　刘甜甜 译
95. 传统中国日常生活中的协商:中古契约研究　[美]韩森 著　鲁西奇 译
96. 从民族国家拯救历史:民族主义话语与中国现代史研究　[美]杜赞奇 著　王宪明 高继美 李海燕 李点 译
97. 欧几里得在中国:汉译《几何原本》的源流与影响　[荷]安国风 著　纪志刚 郑诚 郑方磊 译
98. 十八世纪中国社会　[美]韩书瑞 罗友枝 著　陈仲丹 译
99. 中国与达尔文　[美]浦嘉珉 著　钟永强 译
100. 私人领域的变形:唐宋诗词中的园林与玩好　[美]杨晓山 著　文韬 译
101. 理解农民中国:社会科学哲学的案例研究　[美]李丹 著　张天虹 张洪云 张胜波 译
102. 山东叛乱:1774年的王伦起义　[美]韩书瑞 著　刘平 唐雁超 译
103. 毁灭的种子:战争与革命中的国民党中国(1937—1949)　[美]易劳逸 著　王建朗 王贤知 贾维 译
104. 缠足:"金莲崇拜"盛极而衰的演变　[美]高彦颐 著　苗延威 译
105. 饕餮之欲:当代中国的食与色　[美]冯珠娣 著　郭乙瑶 马磊 江素侠 译
106. 翻译的传说:中国新女性的形成(1898—1918)　胡缨 著　龙瑜宬 彭珊珊 译
107. 中国的经济革命:二十世纪的乡村工业　[日]顾琳 著　王玉茹 张玮 李进霞 译
108. 礼物、关系学与国家:中国人际关系与主体性建构　杨美慧 著　赵旭东 孙珉 译　张跃宏 译校
109. 朱熹的思维世界　[美]田浩 著
110. 皇帝和祖宗:华南的国家与宗族　[英]科大卫 著　卜永坚 译
111. 明清时代东亚海域的文化交流　[日]松浦章 著　郑洁西 等译
112. 中国美学问题　[美]苏源熙 著　卞东波 译　张强强 朱霞欢 校
113. 清代内河水运史研究　[日]松浦章 著　董科 译
114. 大萧条时期的中国:市场、国家与世界经济　[日]城山智子 著　孟凡礼 尚国敏 译　唐磊 校
115. 美国的中国形象(1931—1949)　[美]T.克里斯托弗·杰斯普森 著　姜智芹 译
116. 技术与性别:晚期帝制中国的权力经纬　[英]白馥兰 著　江湄 邓京力 译

117. 中国善书研究　[日]酒井忠夫 著　刘岳兵 何英莺 孙雪梅 译
118. 千年末世之乱:1813年八卦教起义　[美]韩书瑞 著　陈仲丹 译
119. 西学东渐与中国事情　[日]增田涉 著　由其民 周启乾 译
120. 六朝精神史研究　[日]吉川忠夫 著　王启发 译
121. 矢志不渝:明清时期的贞女现象　[美]卢苇菁 著　秦立彦 译
122. 明代乡村纠纷与秩序:以徽州文书为中心　[日]中岛乐章 著　郭万平 高飞 译
123. 中华帝国晚期的欲望与小说叙述　[美]黄卫总 著　张蕴爽 译
124. 虎、米、丝、泥:帝制晚期华南的环境与经济　[美]马立博 著　王玉茹 关永强 译
125. 一江黑水:中国未来的环境挑战　[美]易明 著　姜智芹 译
126. 《诗经》原意研究　[日]家井真 著　陆越 译
127. 施剑翘复仇案:民国时期公众同情的兴起与影响　[美]林郁沁 著　陈湘静 译
128. 华北的暴力和恐慌:义和团运动前夕基督教传播和社会冲突　[德]狄德满 著　崔华杰 译
129. 铁泪图:19世纪中国对于饥馑的文化反应　[美]艾志端 著　曹曦 译
130. 饶家驹安全区:战时上海的难民　[美]阮玛霞 著　白华山 译
131. 危险的边疆:游牧帝国与中国　[美]巴菲尔德 著　袁剑 译
132. 工程国家:民国时期(1927—1937)的淮河治理及国家建设　[美]戴维·艾伦·佩兹 著　姜智芹 译
133. 历史宝筏:过去、西方与中国妇女问题　[美]季家珍 著　杨可 译
134. 姐妹们与陌生人:上海棉纱厂女工,1919—1949　[美]韩起澜 著　韩慈 译
135. 银线:19世纪的世界与中国　林满红 著　詹庆华 林满红 译
136. 寻求中国民主　[澳]冯兆基 著　刘悦斌 徐硙 译
137. 墨梅　[美]毕嘉珍 著　陆敏珍 译
138. 清代上海沙船航运业史研究　[日]松浦章 著　杨蕾 王亦诤 董科 译
139. 男性特质论:中国的社会与性别　[澳]雷金庆 著　[澳]刘婷 译
140. 重读中国女性生命故事　游鉴明 胡缨 季家珍 主编
141. 跨太平洋位移:20世纪美国文学中的民族志、翻译和文本间旅行　黄运特 著　陈倩 译
142. 认知诸形式:反思人类精神的统一性与多样性　[英]G.E.R.劳埃德 著　池志培 译
143. 中国乡村的基督教:1860—1900 江西省的冲突与适应　[美]史维东 著　吴薇 译
144. 假想的"满大人":同情、现代性与中国疼痛　[美]韩瑞 著　袁剑 译
145. 中国的捐纳制度与社会　伍跃 著
146. 文书行政的汉帝国　[日]富谷至 著　刘恒武 孔李波 译
147. 城市里的陌生人:中国流动人口的空间、权力与社会网络的重构　[美]张骊 著　袁长庚 译
148. 性别、政治与民主:近代中国的妇女参政　[澳]李木兰 著　方小平 译
149. 近代日本的中国认识　[日]野村浩一 著　张学锋 译
150. 狮龙共舞:一个英国人笔下的威海卫与中国传统文化　[英]庄士敦 著　刘本森 译　威海市博物馆 郭大松 校
151. 人物、角色与心灵:《牡丹亭》与《桃花扇》中的身份认同　[美]吕立亭 著　白华山 译
152. 中国社会中的宗教与仪式　[美]武雅士 著　彭泽安 邵铁峰 译　郭潇威 校
153. 自贡商人:近代早期中国的企业家　[美]曾小萍 著　董建中 译
154. 大象的退却:一部中国环境史　[英]伊懋可 著　梅雪芹 毛利霞 王玉山 译
155. 明代江南土地制度研究　[日]森正夫 著　伍跃 张学锋 等译　范金民 夏维中 审校
156. 儒学与女性　[美]罗莎莉 著　丁佳伟 曹秀娟 译

157. 行善的艺术:晚明中国的慈善事业　[美]韩德林 著　吴士勇 王桐 史桢豪 译
158. 近代中国的渔业战争和环境变化　[美]穆盛博 著　胡文亮 译
159. 权力关系:宋代中国的家族、地位与国家　[美]柏文莉 著　刘云军 译
160. 权力源自地位:北京大学、知识分子与中国政治文化,1898—1929　[美]魏定熙 著　张蒙 译
161. 工开万物:17世纪中国的知识与技术　[德]薛凤 著　吴秀杰 白岚玲 译
162. 忠贞不贰:辽代的越境之举　[英]史怀梅 著　曹流 译
163. 内藤湖南:政治与汉学(1866—1934)　[美]傅佛果 著　陶德民 何英莺 译
164. 他者中的华人:中国近现代移民史　[美]孔飞力 著　李明欢 译　黄鸣奋 校
165. 古代中国的动物与灵异　[英]胡司德 著　蓝旭 译
166. 两访中国茶乡　[英]罗伯特·福琼 著　敖雪岗 译
167. 缔造选本:《花间集》的文化语境与诗学实践　[美]田安 著　马强才 译
168. 扬州评话探讨　[丹麦]易德波 著　米锋 易德波 李今芸 校译
169. 《左传》的书写与解读　李惠仪 著　文韬 许明德 译
170. 以竹为生:一个四川手工造纸村的20世纪社会史　[德]艾约博 著　韩巍 译　吴秀杰 校
171. 东方之旅:1579—1724耶稣会传教团在中国　[美]柏理安 著　毛瑞方 译
172. "地域社会"视野下的明清史研究:以江南和福建为中心　[日]森正夫 著　于志嘉 马一虹 黄东兰 阿风 等译
173. 技术、性别、历史:重新审视帝制中国的大转型　[英]白馥兰 著　吴秀杰 白岚玲 译
174. 中国小说戏曲史　[日]狩野直喜 张真 译
175. 历史上的黑暗一页:英国外交文件与英美海军档案中的南京大屠杀　[美]陆束屏 编著/翻译
176. 罗马与中国:比较视野下的古代世界帝国　[奥]沃尔特·施德尔 主编　李平 译
177. 矛与盾的共存:明清时期江西社会研究　[韩]吴金成 著　崔荣根 译　薛戈 校译
178. 唯一的希望:在中国独生子女政策下成年　[美]冯文 著　常姝 译
179. 国之枭雄:曹操传　[澳]张磊夫 著　方笑天 译
180. 汉帝国的日常生活　[英]鲁惟一 著　刘洁 余霄 译
181. 大分流之外:中国和欧洲经济变迁的政治　[美]王国斌 罗森塔尔 著　周琳 译　王国斌 张萌 审校
182. 中正之笔:颜真卿书法与宋代文人政治　[美]倪雅梅 著　杨简茹 译　祝帅 校译
183. 江南三角洲市镇研究　[日]森正夫 编　丁韵 胡婧 等译　范金民 审校
184. 忍辱负重的使命:美国外交官记载的南京大屠杀与劫后的社会状况　[美]陆束屏 编著/翻译
185. 修仙:古代中国的修行与社会记忆　[美]康儒博 著　顾漩 译
186. 烧钱:中国人生活世界中的物质精神　[美]柏桦 著　袁剑 刘玺鸿 译
187. 话语的长城:文化中国历险记　[美]苏源熙 著　盛珂 译
188. 诸葛武侯　[日]内藤湖南 著　张真 译
189. 盟友背信:一战中的中国　[英]吴芳思 克里斯托弗·阿南德尔 著　张宇扬 译
190. 亚里士多德在中国:语言、范畴和翻译　[英]罗伯特·沃迪 著　韩小强 译
191. 马背上的朝廷:巡幸与清朝统治的建构,1680—1785　[美]张勉治 著　董建中 译
192. 申不害:公元前四世纪中国的政治哲学家　[美]顾立雅 著　马腾 译
193. 晋武帝司马炎　[日]福原启郎 著　陆帅 译
194. 唐人如何吟诗:带你走进汉语音韵学　[日]大岛正二 著　柳悦 译

195. 古代中国的宇宙论　［日］浅野裕一 著　吴昊阳 译
196. 中国思想的道家之论：一种哲学解释　［美］陈汉生 著　周景松 谢尔逊 等译　张丰乾 校译
197. 诗歌之力：袁枚女弟子屈秉筠(1767—1810)　［加］孟留喜 著　吴夏平 译
198. 中国逻辑的发现　［德］顾有信 著　陈志伟 译
199. 高丽时代宋商往来研究　［韩］李镇汉 著　李廷青 戴琳剑译　楼正豪 校
200. 中国近世财政史研究　［日］岩井茂树 著　付勇 译　范金民 审校
201. 北京的人力车夫：1920年代的市民与政治　［美］史谦德 著　周书垚 袁剑 译　周育民 校
202. 魏晋政治社会史研究　［日］福原启郎 著　陆帅 刘萃峰 张紫毫 译
203. 宋帝国的危机与维系：信息、领土与人际网络　［比利时］魏希德 著　刘云军 译